云南改革开放口述史

苏红军 杨林兴　主编

中共党史出版社

图书在版编目（CIP）数据

云南改革开放口述史 / 苏红军，杨林兴主编 . -- 北京 : 中共党史出版社 , 2018.12
（改革开放口述史丛书）
ISBN 978-7-5098-4966-8

Ⅰ . ①云… Ⅱ . ①苏… ②杨… Ⅲ . ①改革开放—历史—云南 Ⅳ . ① D619.74

中国版本图书馆 CIP 数据核字 (2018) 第 270347 号

出版发行：中共党史出版社
责任编辑：潘鹏
复　　审：吴江
终　　审：汪晓军
责任校对：龚秀华
责任印制：谷智宇
责任监制：贺冬英
社　　址：北京市海淀区芙蓉里南街 6 号院 1 号楼
邮　　编：100080
网　　址：www.dscbs.com
经　　销：新华书店
印　　刷：北京盛通印刷股份有限公司
开　　本：170mm × 240mm　1/16
字　　数：202 千字
印　　张：13.75
印　　数：1—2050 册
版　　次：2018 年 12 月第 1 版
印　　次：2018 年 12 月第 1 次印刷
ISBN 978-7-5098-4966-8
定　　价：32.00 元

“改革开放口述史丛书”编委会

编委会主任　曲青山

编委会副主任　吴德刚

编委（按姓氏笔画为序）

刘荣刚　刘晓晨　苏红军　杨建伟　张志仁

胡庆国　徐塞声　高新民　程中才

《云南改革开放口述史》

主编　苏红军　杨林兴

副主编　杨伍荣　张晖　张晓飞

目　录

改革开放初期云南的经济体制改革

刘明辉

1979 年 12 月，云南省第五届人民代表大会第二次会议决定撤销云南省革命委员会，建立云南省人民代表大会常务委员会和恢复建立云南省人民政府。1980 年 1 月 1 日，云南省人民政府正式恢复成立，我也正式开始履行省长职务，直到 1983 年初离休。我们这届政府是改革开放后的第一届政府，按照云南省人民代表大会召开的次序排列，称为第五届省人民政府，也是云南省进行政治体制改革，实行省长负责制，发挥政府职能作用的首届政府。

1978 年党的十一届三中全会决定，把党的工作重心转移到经济建设上来。1979 年 4 月召开的中共中央工作会议，决定对国民经济实行“调整、改革、整顿、提高”的方针。为贯彻中央的方针，加快农业和轻工业的发展，不断解决人民的吃、穿、用问题，云南省委和省政府实行土地承包责任制、扩大企业经营自主权、经济责任制等举措，进行了一系列的经济体制改革，取得了丰硕的成果。

调整国民经济

我省的国民经济在长期高积累、低消费，偏重发展重工业，忽视轻工业和急于求成的思想指导下，各项重大比例失调的情况非常突出。从1958年到1976年的统计来看，全省粮食产量平均每年递增1.4%，而人口平均每年递增2.3%；工业总产值平均每年递增15.75%，而轻工业产值平均只递增13.93%。到1978年，全国人均轻工业产值为188元，而云南只有77元，为全国人均数的41%。国民经济比例关系严重失调，加上经济体制和企业管理等方面存在的许多问题，严重地阻碍了云南经济健康发展。我们研究后确定了云南国民经济调整的要求是：集中力量把农业搞上去；大力发展轻纺工业，把重工业转移到为农业、轻工业、市场服务的方面来；坚决压缩基本建设规模；加快科学、教育、文化事业的发展；坚决把人口自然增长率降下来，在发展生产的基础上不断改善人民生活。调整工作从1979年下半年开始，最初一段由于对调整国民经济的重要性认识不足，进展缓慢，落后于全国大多数省区。我任省长后，加快了调整国民经济的步伐，到1982年底告一段落，前后共三年时间，主要开展了以下几个方面的调整：

一是集中力量把农业搞上去。1979年3月，根据中央文件精神，我们制定了《关于当前农村几项经济政策问题的补充规定》（试行草案），以省委的名义向全省下发。我们决定在农村建立多种形式的责任制，扩大社员口粮按劳分配部分，允许社员把多余的粮食和其他农副产品拿到集市上出售，允许和鼓励社员利用农闲时间经营自留地和家庭副业，自留地占农田比例提高到10%（以后又提高到15%），社员每户可以饲养少量的奶牛、肉牛、羊，胶轮手推车可以私人购置等。为活跃农村经济，增加农民收入，根据中央统一决定，从1979年5月起，我们大幅度地调整了粮油的统购价格，甘蔗、茶叶、桑蚕、生猪、菜牛、菜羊的收购价格也都有提高。

1979年8月，我到禄劝、武定、元谋、永仁、大姚等县调查，发现农民负担过重，如大姚县“寅吃卯粮”达70多万公斤，姚安县被拐骗到河南的妇女，1978年1月到1979年8月就有120人。当地反映，这既有坏人欺骗宣传的问题，也有农民生活困难、负担重的问题。除了要坚决打击、取缔拐骗犯罪活动外，还必须从减轻农民负担、发展农村经济、增加农民收入上入手。为此，通过调查并经有关部门测算，我们研究并报中央批准，逐年减轻了农业税的负担。

在调研中，我也看到，禄劝自然条件好，每人平均有30亩山，可以养肉牛、奶牛、兔子、山羊；不利因素是水利条件差，全县30多万人口，只有水田和水浇地共10万亩。调查会上，农村干部和农民普遍反映：土地闲着，群众怕变，干部怕斗。为打消农民的顾虑，8月15日上午，在禄劝县召开的县、社、大队三干会上，我说：“三中全会讲工作重点转移，聚精会神搞四化。农村在四化中干什么？首先要把农业搞上去，把牧副渔业搞上去。禄劝山区辽阔，面积较大，要大养其牛，大养其羊，大养其兔；要发展板栗、生漆、桐子等经济林木。为此，首先要解决怕变、怕斗的问题，要解决怕人家说‘穿新鞋走老路’的问题，解决极左路线的干扰，解决所谓‘割资本主义尾巴’、‘穷过渡’的问题，只要是能发展生产，增加收入，该恢复的就要恢复，该放开的就要坚决放开，政策落实好，荒山变粮山，大干三五年，缺粮县变余粮县。”

根据我这次调查到的情况，8月，省委、省革委决定在全省范围内实行粮食起征点办法，规定以生产队为单位，凡当年口粮分配稻谷在200公斤以下、杂粮在150公斤以下、稻谷杂粮掺半175公斤以下的都实行公粮免征，余粮免购。同时，对凡口粮在稻谷200公斤、杂粮150公斤、稻谷杂粮掺半175公斤以下，或口粮标准虽在上述标准以上，但社员分配收入在45元以下的队，免征农业税。

在保证粮食稳定增长的同时，我们采取一些措施加快经济作物、林业和畜牧业的发展。1980年全省经济作物面积只占农作物总播种面积的6.1%，而全国平均为10.9%，林、牧、副、渔产值只占全部农业产值的35.64%。为此，我们开始把发挥云南优势列入重要议事日程，提出了趋利避害，发挥优势，在保证粮食逐步增长的前提下，逐年扩大经济作物播种面积，以及在广大山区、边疆民族地区实行因地制宜，宜农则农、宜林则林、宜牧则牧的方针。到 1984 年，经济作物种植面积的比重上升到 8.7%，林、牧、副、渔占全部农业产值的比重上升到 39.75%。

二是加快轻工业发展。重点是发展既有资源优势又有市场需要的食糖、卷烟、茶叶、毛纺、丝绸、皮革、造纸、制药、橡胶制品，以工业产品为原料的日用消费品，少数民族特需品和具有云南特色的工艺美术品等。1979 年至 1983 年，全省用于轻工业的基建投资近 5 亿元，比 1966 年到 1978 年基建投资总和还要多。轻工业基建投资占工业总投资比重逐年提高，1978 年为 9.7%，1980 年提高到 19%，1983 年又提高到 27%。省政府还协调相当数量的贷款用于轻纺工业老企业的挖潜、革新和改造，拿出外汇进口轻工业企业所需的原材料和设备，在贷款归还、税收、利润分配、附加工资提取等方面，采取了一些优惠政策，并鼓励各地积极发展集体企业和社队企业以加快轻工业的发展。1980 年至 1982 年，轻工业产值以年平均 11% 左右的速度增加，堪称轻工业的黄金时代。

三是调整重工业服务方向，改善重工业内部燃料、动力、原材料和加工的比例关系。调整中我们提出，要把长期主要为重工业本身发展和基本建设服务的机械工业等，转变为主要为轻工市场、农业、出口和城市建设多方面需要服务。按照这个要求，机械工业部门组织所属企业实施以质量求生存、以品种求发展、以出品带水平、以服务树信誉的方针，改变过去那种单纯等上级安排任务的做法，主动向市场找出路，终于较快地摆脱了困境。1982 年生产开始回升，1983 年总产值超过历史最好水平，并初步积累了把计划调节和市场调节结合起来的经验，增强了适应市场的能力和竞争能力。

对于长期从战时需要出发的国防科技工业，我们要求向军民结合的方向转变。国防科技工业积极贯彻中共中央提出的“平战结合、军民结合”的方针，努力开发民用产品。1979 年，我省 70% 的国防科技工业企业虽开始生产民用品，但品种杂、档次低。1980 年后逐步向高精和批量比较大的品种发展，先后开发出春花牌自行车、兰花牌冰箱、白玫牌洗衣机、山茶牌电视机、蓝箭牌汽车、民用光学仪器和民用爆破器材等产品。但由于思想不解放，观念陈旧，未及时推动产品升级换代，有些产品风行一时后，就迅速在市场消失。

对供应紧张的电力、煤炭、建材等，我们根据不同情况，采取了新建、改扩建和填平补齐等措施。电力上抓紧了巡检司、小龙潭、西洱河、黄泥河等骨干电站的建设，开始鲁布革水电站的新建，逐步扭转大电网特别是滇南电网缺电的严重局面，同时继续发展小电站。关停并转了一些小氮肥厂、农机工业企业。钢铁上增加了小型材、薄板、焊接管、镀锌管等短缺材料的生产。有色金属着重解决矿山欠账和采掘、采剥比例失调等问题。

四是压缩基建投资，调整生产性投资和非生产性投资的比例关系。1979 年至 1980 年，我们先后 5 批停缓建项目 197 个，压缩未完工程投资 8.3 亿元。但由于对调整的意义认识不足，虽然预算内投资和财政拨款压缩了，预算外的投资和银行贷款却增加了。1979 年和 1980 年全部基建不仅没有减少，反而增加，1980 年达到 14 亿元，比 1978 年的 11.77 亿元增加 18.9%。1981 年，我们贯彻中央的调整方针，将基建投资压缩到 9 亿元，压缩后的投资主要用于轻纺工业和文化教育、住宅、城市公用事业等建设。1982 年非生产性建设投资 5.8 亿元，占全部基建投资的 44.8%，其中文教、卫生、科研系统投资 1.21 亿元，接近全部投资的 10%，住宅投资 3.36 亿元，占全部投资的 25.9%。

五是控制人口增长，调整就业政策。1979 年 7 月，省革委下发《关于计划生育若干问题的试行规定》，提出计划生育的基本要求是“晚、少、稀”，一对夫妇生育子女最好为一个，不得超过两个，生育间隔须三年以上。从 1979 年起，人口自然增长率逐年下降，1978 年为 21.44‰，1979 年为 15.95‰，1980 年至 1983 年都在 13‰至 14‰之间。1980 年，我们提出，解决城镇劳动者就业问题的根本途径是解放思想，放宽政策，发展生产，广开就业门路，实行在政府统筹和指导下，劳动部门介绍就业、自愿组织起来就业和自谋就业相结合的方针。除国家机关、全民所有制和集体企事业单位安置外，我们还采取了五种安置办法：一是大力扶持和发展各种类型自负盈亏的合作社和合作小组，主要是一些待业青年自愿组合、自筹资金举办的集体企业；二是搞好全民企业内办集体企业；三是适当发展个体经济；四是成立各种劳动服务公司；五是在城镇郊区积极发展以知识青年为主的集体所有制场队和农工商、农工联合企业。从1979年到1984年，全省安置就业人数共54万人，其中全民所有制单位安置21.5万人，集体企业安置19.27万人，个体劳动者4.92万人。

经过3年的调整，我省各项主要比例关系有所改善。农业、轻工业、重工业产值占工农业总产值的比重，由1978年的45∶23.7∶31.3改变为1982年的45∶27.4∶27.6；轻工业和重工业产值比重占工业总产值的比重，由1978年的43∶57改变为1982年49.8∶50.2。人民生活也有所改善，农村社员全年人均纯收入由1978年的130元增至1982年的231元，城镇职工家庭平均每人每月生活费收入由1977年的23元增至1982年的39元。

推行家庭联产承包责任制

我省推行家庭联产承包责任制，一开始就落后于全国，这主要是云南省委对这个问题有一个认识过程。

1979年3月3日至5日，省委召开地委书记会议，我参加了这次会议。会议决定在农村推行多种形式的生产责任制，提倡元谋县大塘子生产队建立的“四定一奖”（即定面积、定产量、定措施、定报酬，超产部分奖励给作业组30%的产值，组里再评定到人）的管理责任制。3月28日，经省委讨论决定，省革委作出《关于当前农村几项经济政策的补充规定（试行草案）》。《规定》强调，生产队建立责任制，应根据生产需要、规模大小、经营管理水平，采取多种形式，不要“一刀切”。凡有条件的地方，应积极实行定工到作业组、联系产量计算报酬、超产奖励的生产责任制。但要坚持“三级所有、队为基础”的制度。

在全国农村改革形势的影响下，1979年11月，省委召开全省山区经济建设和民族工作座谈会，提出山区、民族地区经济政策要宽一些，经济管理要灵活一些。云南高寒、边沿分散的几个少数民族居住的大约100万人口的地区，干脆搞包产到户，包产以内的生产队统一分配，包产以外的归自己，或者搞群众创造的别的什么新形式。此时，全省第一次提出允许100万人口的边远山区包产到户，这在建立农业生产责任制上，虽然步伐慢了一些，但可以说是迈出了关键的一步。1980年7月，又决定推广到1037万人口的山区，都可以搞包产到户和大包干到户。

包产到户和大包干到户在山区推广后，迅速影响到被山区包围的全省粮食作物和经济作物主产区的平坝区，有些生产队的农民自动起来推广。省委虽然也认识到两包到户是社会主义性质的，但认为只是适宜于在集体经济非常薄弱地区推广的特殊政策和办法，担心它在平坝地区推行会从根本上动摇“三级所有、队为基础”的制度，破坏那些多年建设起来、得来不易的工副业和林牧业集体家当。因此，省委不同意在平坝地区搞。当群众不顾上级的反对，自动起来搞包干到户时，一些干部就采取强堵和强扭的办法，并强迫群众推行他们提出的这样那样的责任制。省委还对楚雄和宜良的包产到户进行了批评。

此时，安徽、四川搞了一段时间的土地承包到户，受到中央的肯定。邓小平还有个讲话，意思是像云南、贵州那些山沟沟的地方，索性放开。1980年1月底我到思茅地区调研，地委书记张文英汇报说，景东县331个生产队实行承包到户，95%的生产队都增产，文道生产队大旱之年每人增产粮食140斤。回来后，我在省政府会议上讲：包产到户只要群众愿意实行，能够增加生产的，都可以搞。在全国的大背景和邓小平讲话的推动下，省委的认识统一了，大大加强了推行家庭联产承包责任制的力度。

1981年5月21日至6月2日，省委召开地州市委书记会议，对农村推行生产责任制问题作了研究和部署。此前，省委印发了中央领导关于农业生产责任制问题的谈话精神，要求各地进行学习，并发动和依靠群众，总结经验，研究解决新问题，使云南农村的生产责任制进一步完善和提高。《云南日报》连续发出三篇评论员文章，对加强和完善农业生产责任制的方法和措施进行了讨论。在地州市委书记会议上，省委第一书记安平生指出："农村包产到户和包交提留到户，可能要突破一千万人口的地区，突破就突破，从实际出发，是好事，只要坚持社会主义公有制，实行按劳分配，尊重生产队自主权，能增产，群众要求搞什么，就搞什么"。这次会议，对解决坝区责任制是一次大的推动。6月，省委发出《关于继续组织干部深入基层的通知》，要求各级干部重点深入到那些实行"包产到户"、"包交提留到户"责任制的社队去，同群众商量，把生产责任制进一步健全和完善起来。

10月，省委召开全省县委书记会议，会上印发了地处姚安县坝区的关家生产队实行农田包干到户、工副业统一经营的经验。省委第一书记安平生就此对平坝地区实行生产责任制问题作出批示："关家生产队的经验说明，即使在平坝地区，在一个生产队内，对粮食实行统一经营，包干到户；对多种经营实行专业承包，联产计酬，是可行的。我们应以满腔热情支持这一新鲜经验。"会后，大包干责任制在我省平坝地区一般生产队普遍得到推广。随后，省委、省政府发出通知，规定承包到户到劳动组的耕地，有的地方可以一定三年五年不变，有的地方也可以一定八年十年不变。11月，省委批转省委农村工作部《关于当前农业生产责任制的几个问题的意见》，指出经过近三年来的实践，绝大多数生产队已选定了符合当地实际情况的责任制。要稳定下来，要在健全完善上狠下功夫，认真解决好有关政策问题。

实行包干到户责任制后，我们全省农业生产逐年恢复和发展，粮食总产量逐年提高，1979年为792.9万吨，1980年为865.55万吨，1981年为917.1万吨，1982年达到945.9万吨，3年之内增加了153万吨，显示了联产承包责任制对提高农民生产积极性、促进农业发展的巨大推动作用。

1982年7月，省委召开全省完善农业生产责任制座谈会，随后转发了《全省完善农业生产责任制座谈会纪要》。《纪要》总结了实行责任制三年来的基本经验，对全省责任制形式作了分析和概括，肯定多种形式的责任制符合云南的客观实际。特别强调完善责任制是一项长期而艰巨的任务，各级党委要坚持不懈地抓下去，一年突出地抓几项，连续抓几年，并肯定组织工作队和培训基层干部是完善提高责任制的成功经验。会议还强调健全多种经营责任制，积极推广多种形式的科技责任制。会后，昆明、玉溪、曲靖、大理等生产水平较高的地区也纷纷搞了大包干到户。年底，全省建立家庭联产承包责任制（即包干到户）的工作基本结束。

1983 年 2 月 2 日，省委发出关于认真贯彻执行中共中央关于《当前农村经济政策的若干问题》的意见，要求各级党委用中央文件精神进一步统一认识，继续派工作队狠抓完善责任制工作，关键是搞好合理承包。要大力发展专业户、重点户和各种形式的合作经济，在推广农业科学技术上要有一个大的突破。要抓紧进行人民公社体制和供销社体制改革的试点，采取扎实有力的措施，努力争取农业的持续增长。到 1984 年 2 月，全省专业户、重点户发展到了 52 万多户，占总农户的 10.5%。

后来，在几届省委、省政府的领导下，逐步深化改革，取消了茶叶、木材和猪牛羊、鸡鸭、禽蛋等的统购、派购，允许自由上市，价格随行就市，自由购销。过去 30 多年实行的国家计划收购和计划供应的办法也随之取消。

加快城镇经济体制的改革

我省城镇经济体制改革，是与农村经济体制改革同步进行的。首先进行的是企业自主权的改革。1979 年 2 月，全省工业干部会议提出了云南省扩大企业经营管理自主权的 13 条意见，并确定 50 个对国计民生有重大影响的大中型企业，作为第一批进行扩大企业自主权试点。同时，会议还提出年内要下决心整顿好 533 个企业，建成 215 个大型企业。7 月，省革委转发了国务院《关于扩大国营工业企业经营管理自主权的若干规定》等五个改革管理体制的文件，并决定再选择 50 个工交企业，按照国务院文件要求作为第二批进行扩大企业自主权的试点。12 月，省革委对企业经营管理自主权又作了补充规定，保障了试点工作的顺利进行。据统计，进行扩大企业自主权试点的 100 个企业，

1979年完成工业总产值比1978年增长11.4%，实现利润比1978年增长39.2%，实现超额利润1.1亿元。

其次是加快集体和个体经济的发展。我省城镇集体经济的发展比较缓慢，在国民经济中的比重比较小。除历史的原因外，主要是长期受“左”的影响，思想认识有差距，重视不够，措施不得力。为此，1979年9月，省委、省革委批转的《省革委待业人员安置领导小组和省劳动局关于认真做好城镇待业人员安置工作的报告》中提出，在社会主义经济领导下，从事法律许可范围内的不剥削他人的个体劳动，如走街串巷的磨刀、修鞋等，经工商行政部门审查批准，可发证给予营业。并强调，发展各种集体的街道生产与服务事业，绝不是权宜之计，它是社会主义经济的必要补充和助手。要改变过去那种只有全民企业才是社会主义的，集体企业是半社会主义的，集体转全民光荣、办集体是倒退的旧观念。报告提出，为支持各地办集体企业，对新办集体企业，可免所得税1年，1年以后，如有的单位还有困难，可适当照顾。11月，省革委又批转了省劳动局和省财政局商定的意见，对新办集体所有制企业的工商税、所得税，自开办之日起，免交2年，所得税的起征点为3000元，3000元以下的免交。

1981年5月，省委、省政府作出《关于发展城镇集体经济若干问题的决定》，强调各级各部门要积极扶持城镇集体经济的发展，充分发挥现有城镇集体企业的作用。要加强对集体经济的领导，各级党委都要把发展城镇集体经济的工作列为重要议程，一年讨论、检查几次，各级政府要有一位负责人分管这项工作，并对发展集体经济的指导思想和经营方向等问题作出了13条具体规定。

发展城镇个体工商户，是经济发展的客观要求。由于受“左”的思想影响，我省城镇个体工商户一度濒于绝迹，1978年底全省只有1419人。党的十一届三中全会以后，有了初步的恢复和发展，到1980年底已达15104人。但总的看，发展仍很缓慢，远远不能满足社会发展和人民生活的需要。1981年7月，我们作出《关于进一步恢复和发展城镇个体工商户的暂行规定》，要求在近期内个体经济有一个较快的发展，1981年力争恢复和发展到5万户。《规定》还对个体工商户的性质、地位和作用、开户要求和经营原则等具体政策作了规定。

第三，实行经济责任制的改革。在商业企业方面，1981 年 9 月，省委、省政府在印发省委财贸部、省财办《关于商业企业实行经济责任制的意见》的通知中，强调实行经济责任制是企业改革的突破口。《意见》对商业企业实行经济责任制的办法、形式及要注意的问题都提出了切实可行的建议。同时认为，改革打破了国营商业独家经营的局面，实行多种经济成分、多种流通渠道和多种经营形式，这是一件利国利民的大好事。

我省工业企业推行经济责任制是比较早的。党的十一届三中全会以后，我们即相继在 195 家企业中进行了扩大企业自主权试点，明确了企业的经济责任制，取得了明显的成效。据 1331 个县以上预算内工交企业的统计，已实行利润包干、利润留成、超计划利润分成、亏损包干等各种形式责任制的有 1222 个，占 92%。在企业内部比较普遍地推行了计件工资、超定额计件工资、浮动工资、记分计奖和定包奖等分配形式。但也还存在一些问题，主要是处理国家与企业经济关系的责任制，多数单位还不太完善；企业内部体现按劳取酬原则的分配办法才逐步实行，平均主义的倾向还比较普遍；思想政治工作有所放松。

为此，省委、省政府于 1981 年 11 月批转了省经委《关于我省工业生产推行经济责任制的意见》，要求进一步完善企业对国家的责任制，重点抓好企业内部的按劳分配，认真解决“吃大锅饭”、“端铁饭碗”的问题，对企业的经济责任制形式要因厂制宜，不搞“一刀切”。省委、省政府在批示中强调，推行经济责任制，涉及方方面面，必然会遇到许多问题。各级党委、政府要加强领导。各经济部门要紧密配合，领导干部要亲自蹲点，调查研究，总结经验。经过一年多的实践，1983 年 1 月，我们又要求 1983 年内全省所有工交企业都要实行不同形式的经济责任制。同时强调，完善经济责任制的重点要放到落实企业内部经济责任制上，把企业对国家承担的经济责任，层层分解落实到科室、车间、班组直至个人，在企业内部逐步形成一个纵横连锁、互相协调、严格考核、奖惩分明的岗位经济责任制。还提出，要稳定利润分成办法，对大型企业，可推行上交利润包干和递增包干，一定几年不变；中型企业，可选择一些进行以税代利的试点；利润在 10 万元以下的国营县属小企业，可试行自负盈亏，征收所得税办法等。

通过四年的艰苦工作，到 1983 年，我省经济体制改革取得了很大的成绩，为我省经济发展奠定了良好的基础。

云南的产业结构调整

普朝柱

在社会主义条件下，仍然存在着生产关系同生产力的矛盾，突出表现是经济体制、经营机制、管理体制同生产力发展要求不相适应，严重束缚和阻碍了生产力的发展。因此，必须改革一切束缚和阻碍生产力发展的经济体制、经营机制和管理制度，达到解放和发展生产力的目的。这样的改革，涉及社会生活的方方面面，关系到家家户户。

我走上云南省主要领导岗位，正是云南的改革向面上铺开、向纵深发展的关键时刻。在弄清云南处于社会主义初级阶段低层次的基本省情、云南工作的基本指导思想以及方针任务后，我认为，云南的改革和全国一样，是一场带有革命意义的变革，既不能修修补补、小打小闹，要有敢冒一点风险、敢闯一条新路的革命胆略；同时又要一切从云南边疆山区多民族和经济落后的实际出发，因地制宜地进行改革。因此，在改革的指导上，十分注意不断总结基层和群众成功的实践经验，把这些经验上升到理性认识的高度，再用来指导工作，也就是从群众中来，再到群众中坚持下去，把云南的改革积极稳妥地引向深入。其中，我们联系云南实际进行产业结构调整，就是这一工作方法的重要体现。

调整产业结构问题的提出及实施

党的十一届三中全会以前，云南经济发展和产业结构形成的历史过程，大体经历了三次较大的发展机遇。

第一次是抗日战争时期，国土沦陷，工厂内迁。当时把全国第一流的机械制造厂、唯一的光学仪器厂、电线厂等规模较大的军工企业迁到西南大后方昆明附近建厂。特别是大批技工人才的后撤，为云南工业的发展打下了基础。

第二次是新中国成立后的第一、二个五年计划期间，国家把云南当作全国的原材料重点基地，集中投资，重点搞大型矿山、冶金建设，把个旧、东川、会泽、易门等地建成了规模较大、技术力量较强、生产水平较高的重工业基地。当时苏联援建我国的 156 个项目中，就有 5 个项目安排在云南，工业投资连续多年占全国 6% 左右的份额。同时在西双版纳亚热带地区，建成了百万亩战略物资橡胶生产基地。

第三次是 20 世纪 60 年代，中央出于抵御外国势力入侵的考虑，提出“深挖洞，广积粮”的方针之后，把西南大后方作为“大三线”建设的重点，有很多项目安排到云南，云南成为军工企业较强的基地。这对云南的工业发展又是一次大的促进。“三线”建设主要内容是以成昆铁路为先导，以国防军工为重点，冶金、有色、机械、煤炭、电力、化工、森工、建材等相配套的建设规划格局，历时 17 年，共布点建设了 164 个“三线”厂家。“三线”建设对促进云南资源开发利用，推动少数民族地区的经济发展和社会进步起过重要作用。

这三次难得的历史机遇，为云南这个交通闭塞、民族众多、经济落后的边疆省份的经济发展打下了坚实的基础。但另一方面也必须看到，由这样一种历史过程所形成的一个以重工业为重点的产业结构极不合理，造成深层次的矛盾。其表现为：农业基础脆弱，与重工业的发展不相适应。农业商品率低下，全省市场上粮、油、肉类、副食品及生活日用品都十分紧缺，长期靠省外调入支撑市场供应。轻工业发展十分不足，长期低价格卖出初级产品原料，高价格买进工业品，既阻碍了工农群众收入的增加，又长期缓解不了市场生活用品紧缺的供求矛盾。

党的十一届三中全会以后，中共云南省委、省政府从经济发展战略高度调整产业结构，面临着下大决心下大力气加强农业基础和加速轻工业发展这两项艰巨的任务。目的是使云南的国民经济按照农、轻、重的发展顺序，走上良性循环、健康发展的道路。而调整农村产业结构，则是继农村实行家庭联产承包责任制之后的又一项重大改革。

1984年10月20日至27日，省委、省政府在昆明召开有各地州市和通海、富民等22个县市党政负责人参加的全省农业翻番座谈会，贯彻执行党中央、国务院《关于帮助贫困地区尽快改变面貌的通知》，研究云南农业在新形势下出现的新情况新问题，找出解决办法，以使云南省农业更快更全面地发展。我以省委副书记、省长的身份主持此次会议。10月20日，党的十二届三中全会在北京举行，通过了《中共中央关于经济体制改革的决定》。座谈会专门安排了两天时间学习传达党的十二届三中全会的公报和《决定》，以改革的思想统一认识，与会同志的眼界更开阔了。

根据党的十二届三中全会的精神，结合云南农业发展的实际以及座谈会的情况，我代表省委、省政府在座谈会上作了《调整产业结构，实现农业翻番》的讲话，正式提出了调整云南产业结构的问题。我指出，当前云南农业经济结构正在发生变化，包括劳动力结构、产业结构、消费结构、交换流通结构和技术结构都发生了新的变化，而目前农村存在的问题是想富而感到门路不多，想开发新产业而限制又太多，想发展新产品而技术又不高，生产出了产品而又流通不畅，领导的水平也不相适应。因此，我认为，云南要实现农业翻番，只靠传统的产业结构、初级产品的增产，是实现不了的，光靠种植业是富不起来的。云南农业翻番要靠建立新的产业。农村不能只搞种植业，还要搞养殖业、采矿业、加工业、商业、运输业、服务业、煤电能源工业、建材建筑业，使一业变八业。云南的穷根还是在产业结构不合理上，当前广大农民又急盼调整产业结构。有鉴于此，在讲话中我提出，云南农村经济正进入一个新的阶段性的发展进程，就是由以家庭联产承包责任制为中心的农业管理体制改革的阶段，进入了以调整建立新的产业结构为中心的农村经济结构改革的新阶段。这个新阶段的主要任务是：要从种植业转移出大批劳动力，去开辟新的生产门路，建立新的产业，建设具有中国特色社会主义的现代化新农业。从这个意义上讲，当前农业面临着一个战略性的新的历史转折。要实现农业翻番，下一步要紧紧抓住一个中心环节，采取四条有力措施。一个中心环节就是改革产业结构；四条有力措施是：一靠政策，二靠科学，三抓流通和消费，四要提高领导水平。在这次讲话中我提出调整产业结构内容虽不甚完整，但毕竟第一次正式提出了这个问题。

会后，省委、省政府对农村产业结构改革进行了具体的部署，调整产业结构工作从此在全省农村逐步开展并向纵深发展。以后，随着实践的不断发展，调整产业结构的内涵得到不断丰富和发展，并取得了瞩目的成绩。经过八九年的努力，到 1993 年，全省优势的经济作物和优势的经济林木发展到了 1700 多万亩，形成了规模化的优质轻工原料生产基地。同时倾全省的财力和外汇发展轻工业，把卷烟、制糖、制茶、橡胶等原料基地和优势产业发展起来了，其中烟草产业成为云南最大的支柱产业。全省财政收入从 1983 年的 17.1 亿元，增加到 1993 年的 200 亿元，10 年增长了 12 倍。

第二次经济结构调整

到了 1994 年初，我又根据全国改革形势和云南经济发展的实际需要，提出了云南省第二次调整经济结构的问题。

1992 年邓小平在南方谈话中指出，我国的经济发展，总要力争隔几年上一个台阶。低速度就等于停步，甚至等于后退。1993 年 10 月，中央农村工作会议提出了全面加强农业的基础地位，促进我国农业和农村经济上一个新台阶的战略思想和具体措施。邓小平的南方谈话和中央的精神进一步开阔了我的视野。在十多年经济快速发展的基础上，云南的改革和发展如何再上一个新台阶？带着这个问题，1993 年 12 月中旬至 1994 年 1 月上旬，我和省委几个部门的同志到临沧等地进行调研。

根据调研情况，结合云南前些年经济发展的实际考虑，我感到云南改革和发展的成绩显著，但经济结构上仍存在着两个“单一”，制约着全省经济的进一步快速发展。一是所有制结构较单一。国有企业所占比重太大，云南国有企业占全省工业总产值的 71.3%，而浙江、江苏等省仅占 26%；非公有制经济和乡镇企业云南只占 20%，而浙江、江苏等省已是三分天下有其二。这一所有制结构与云南省处于社会主义初级阶段低层次的生产力水平极不相称。二是产业结构较单一。“两烟”收入占全省财政收入的比重很大，这是好事，但要加快云南发展，除牢牢抓好这个最大的支柱产业外，还必须进一步发挥云南的资源优势，下功夫培育产业群体。由此我有了这样一个构想：云南要深化改革，实现第二次飞跃发展，必须再次进行经济结构调整。基于以上认识，1994 年 3 月 3 日，我参加省政协七届二次会议时正式提出云南第二次调整所有制结构和产业结构问题，并同各民主党派的同志交换意见。

在讲话中我提出，这次调整经济结构，一是对国有企业抓大放小，把关系国民经济命脉的国有大企业，通过深化改革办好；把国有小型工商企业，通过出卖、转让、出租、承包等形式搞活，大部分变成民营企业。二是放手发展非公有制经济，增加非公有制经济的比重，经过几年努力，使全省非公有制经济的比重占到 1/3 以上。三是高速度发展各种形式的乡镇企业，造成“五轮驱动，万马奔腾”的态势。四是全面开发省内优势资源，特别是把全省闲置的荒山、荒地的经营开发权有偿长期拍卖，种植经济林和用材林，谁种谁有，谁投资谁受益，一包几十年不动。我认为这四条，是云南深化改革、发展经济的新增长点，是云南经济结构和产业结构调整的主要内容。

我初步构想，在今后 7 至 10 年，云南要有选择地重点开发以下十个有条件的 50 亿元以上的产业：第一，首先还是“两烟”。到 2000 年，卷烟工业产值可以达到 300 亿元以上，“两烟”仍然是一个大有希望的产业。第二，机电产业。如果今后六七年形成机光电仪一体化、规模化的生产，并且搞好对外开拓，进入东南亚市场，机电行业产值到2000年可以达到150亿元。第三，制糖产业。可产糖120万吨，并搞蔗渣、糖蜜等附产物的综合利用，再利用生物发酵工程新技术，搞一部分深加工、高起点的食品加工业，又可以翻一番，这样可以成为100亿元以上的大产业。第四，有色金属和贵金属。包括矿山、冶炼加工，如果搞到40万吨金属量，加上铜材、板材、管材的深加工，可以形成100亿元产值的产业。第五，化工。以磷为主的磷、盐系列产品以及橡胶加工工业，搞7至10年，可以搞到100亿元产值。第六，钢铁。到2000年，搞到200万吨钢，可达60多亿元产值。第七，建筑建材业。也可以成为50亿元的产业。第八，森工和林纸工业。可以有几十亿元的产值。第九，食品饮料。这是比较有希望的、潜力最大的产业。云南生物资源、自然资源很多，如果把饮料、食品工业包括肉食加工、畜牧业在内搞起来，也可以搞到100亿元的产值。第十，旅游业。如果对云南丰富的旅游资源进行深度开发，进一步完善、提高旅游的“硬件”和“软件”，到2000年全省旅游业能接待100万人次海内外游客，就可以创汇5亿美元。在第二次产业结构大调整中，抓好这十大产业，就能够形成1000亿元以上的产值，然后再培植下一阶段的一些后续产业。

对于我提出的云南进行第二次经济结构调整的4个新增长点和发展十大产业的构想，政协和各民主党派都感到有新意、有胆识，一致表示赞同。接着，省直18个部委办厅局负责人研究了经济结构调整的思路和贯彻办法。

4月1日，省委常委会研究并作出了第二次调整云南经济结构的决定。各地各部门在第二次调整经济结构过程中，以解放思想为先导，以深化改革为动力，通过建立现代企业制度把国有大中型企业的积极性释放出来，对国有小型企业则走转让、出卖、租赁、承包经营的路子，把这一部分放给私人来经营。放手发展乡镇企业，发展私营企业和个体经济，1994年全省乡镇企业发展速度达到70%，以后又连续几年保持高速度发展，到1996年全省乡镇企业收入超过了1000亿元，2000年达到了1600亿元。

1995年3月，省长和志强主持召开会议，作出实施“18生物资源开发工程”的决定，要求开发18项生物工程，力争到2000年，每个单项能达到5亿元以上产值，使花卉和生物制药成为云南的又一重大支柱产业。这是充分发挥云南省优势生物资源，加快科技成果产业化而采取的又一项战略措施。

此后，第二次经济结构调整全面铺开，云南经济发展出现了新的势头，全省产业结构发生了重大变化，朝着协调的方向发展。1978年，全省第一、二、三产业结构之比为42.67∶39.94∶17.39，二、三产业严重滞后。到1995年，第一、二、三产业之比为25.3∶44.5∶30.2，呈二三一产业布局、农轻重顺序发展的态势，产业结构基本合理。1994年确定重点发展的十大支柱产业，到2000年检查，除林纸工业没有达到预计目标外，其余9个产业都基本实现了预计目标，形成了云南的优势产业群体。

调整产业结构的经验

通过十余年的实践，云南调整产业结构有两条基本经验值得总结。

第一，只有坚持以农业为基础，加强农田水利基本建设，推广农业实用科技，提高粮食单位面积产量，使粮食总产量稳定持续增长，才能取得调整农业产业结构的更大自由。调整产业结构有个客观规律，不是想调多少就调多少。俗话说“民以食为天”，对于广大老百姓来说，吃饭第一。所以在种植业结构的调整中，粮食与经济作物的比例关系如何掌握，不是一个小问题。必须掌握这样一条规律，来确定产业结构调整步伐的大小，即粮食单产不断提高，总产量稳定增加，这样即使少一点粮食播种面积，也能保持粮食总产量的稳定增长；老百姓粮食够吃了，然后就能匀出土地和劳力来积极开展多种经营，从而取得调整农业结构的更大自由。中央提出决不放松粮食生产、积极开展多种经营的方针，道理就在这里。

总结出这样一条经验，不是我自己的发明创造，也不是凭主观想象，而是来自祥云和弥勒两个县实践经验的总结。1983 年大旱，祥云县栽下去的十多万亩水稻秧苗都受旱干死了，弥勒县也是只有栽秧水，没有保苗水，稻谷大减产。而费水不多的烤烟又不敢多栽，秋收时粮钱“双减”。明年怎么办？他们认真进行研究后提出，有多少蓄水，就栽多少亩水稻，既要有栽秧的水，又要有保苗的水，要保证高产。其余田地没有水，就干脆腾出来种烤烟。这样放手一调整，祥云栽了约 18 万亩烤烟，弥勒也栽了十多万亩烤烟。当时农业部门和社会上对这种做法议论很多，都怀疑这样做是不是搞对了。第二年秋收以后，我去检查，发现粮食总产并没有减少，而且农民还依靠烤烟增了收、发了财。再如像玉溪坝子，每人仅栽四分水稻，其他都栽经济作物，但这些地方粮食除交公余粮外还能自给，一个人分得六七百斤粮食，吃得饱饱的，同时烤烟增产增收，粮有吃的，钱有花的，这种做法何乐而不为？

通过总结这些地方的经验，我得出一个规律性的结论：粮食单产越高，产业结构调整的空间就越大，调整的步伐就越快。这条经验在全省一经推广，就有力地推动了产业结构的调整和经济的发展。如元江、新平的热坝地区，搞山坝结合修水利，推广杂交稻等，热坝的双季稻两季亩产大面积超过一吨粮。他们把土地腾出来，放手发展经济作物，产业结构调整得顺利，经济很快就上去了。到 1995 年，玉溪地区粮食与经济作物的种植面积已经基本达到各占一半。

调整产业结构，单凭简单、僵化的思想方法是行不通的。不能看到烤烟赚钱，就一哄而上搞烤烟，因为农民手中无粮，心里发慌，不管你收入增加多少，如果只靠买米吃饭，他就不干。如果你靠行政命令叫农民种多少经济作物，即使上去了也还得退下来。这不是靠领导主观意志就能办成的事，它得遵循客观规律。凡是按这条规律办的地方，调整产业结构就比较顺利。

第二，就是要根据全省各地的自然、气候条件，发展地方特色产业。云南的特点是“十里不同天”，全省的自然、气候条件多样性，带来生产优势的多样化，既有大区域共同性的优势，又有小区域个性的特殊优势。从大区域看，温带适种烤烟，热坝适种甘蔗和橡胶，高海拔地区适种茶叶和干果。从小区域看，各个县甚至各个乡镇，都各有自己的特殊优势，如文山州富宁县盛产八角，砚山县盛产三七，广南县盛产八宝米、竹香米，丘北县盛产辣椒。又如师宗、罗平种油菜和小黄姜是优势，都成了上亿元的特色产业；陆良的蚕桑、宣威的火腿都是本县的支柱产业。只要市场需求量大、产品质量好、交换价值高，就可当作当地的支柱产业来发展。掌握了这一条规律，自然条件的多样性就会带来生产优势和商品优势的多样化，在云南调整农业产业结构、增加农民收入的路子和天地就十分广阔。这是与外省平原地区相比特别有利的地方。

我认为，无论任何时候，只要坚持辩证唯物主义认识论的观点，坚持从实际出发，自觉掌握和运用这两条基本经验，就能够抓好产业结构调整的工作，促进经济的发展。

发挥资源优势建设有色金属大省的实践

和志强

几十年来，丰富的矿产资源是云南的一大优势，矿业是云南经济支柱产业之一，有色金属大省建设无疑是一个正确的发展战略。云南矿业开发历史悠久，云南经济和社会发展的历史都与开发矿业相联系，不同时期有其不同的特点。从 20 世纪 80 年代初到 20 世纪末，经历了从无序开发到治理整顿到重点开发，逐步走上了依法开矿的法制轨道，矿业在云南经济发展中将继续发挥着重要的作用。

为合理开发矿业而努力

1984 年，在“大矿大开，小矿放开，有水快流”的方针下，全国出现了私挖滥采开发矿业的浪潮，给宝贵的矿产资源造成了巨大的损失和浪费，云南尤为突出。在全国最大的兰坪铅锌矿，来自四面八方的上千人上了凤凰山，把好端端的巨大铅锌矿挖得千疮百孔、满目疮痍；著名的锡都——个旧矿区，来自周边地县和省外的民工也蜂拥而至，挥杠抡镐，见矿就挖，甚至危及了国家矿山的安全；滇东煤田更是小煤窑遍地开花，有的挖到了国家矿井边；昆明地区的磷矿也不例外，到处被采，就连位于安宁温泉风景区的磷矿也未能幸免。面对这一严峻形势，我和广大从事矿业的工程技术人员都非常痛心，虽然尽力想纠正这一做法，使之走上合理开发矿业的轨道，但遇到了来自各方的巨大阻力。无奈，我反复思考后，于1985年8月19日在《人民日报》上发表了《矿产资源要坚持开发与保护并重的原则》的文章。

文章首先介绍了云南的矿产资源："云南省有着丰富的地下矿产资源，在世界上已知的140多种有用矿产中，这里已找到110多种，并已对74种矿产探明了储量，提供了800多个矿产地，总价值达万亿元以上。云南除有色金属久负盛誉外，某些非金属矿产也在全国名列前茅。加快矿产资源的开发，把资源优势转化为经济优势，对于振兴云南经济，促进四化建设，有着十分重要的意义。"指出了当前矿业开发中存在的问题："实践证明，在矿业开发搞活以后，迫切要求加强管理。如果管理工作跟不上，开发矿业就不可能健康地向前发展。从云南的情况看，当前就有一些值得注意的问题：一些矿产资源浪费严重；一些人滥发'开矿财'；矿山安全事故增多；在一些地区造成了环境污染；等等。"我呼吁尽快立法，指出："云南省目前一些地区和矿山，在放开之时忽视有效管理，使开矿生产不能正常进行，安全没有保障，原因固然很多，而最重要的一条原因是无法可依。我国没有颁布《矿产资源法》，在矿业开发上看法也不够统一。没有法律，衡量人们在矿业开发上的作为就没有准绳。只有以法律为准绳，再辅以必要的经济手段和行政干预，才能使矿业开发工作健康地发展。"

1985年底，全国人大常委会讨论了由地质部起草、国务院提交的《矿产资源法》，但是，这次会议未能通过《矿产资源法》。到了1986年再次审议才通过了这部法律并于当年颁布实施。根据《矿产资源法》，省政府和各地州也先后成立了矿管会，派出了多个工作组到兰坪、个旧等地进行了治理整顿工作，经过各级党委、政府的不懈努力，矿业开发逐步走上了法制化轨道。

开发兰坪铅锌矿，建设滇西北有色金属工业基地

中华人民共和国成立后，国家投入巨资在云南进行了以有色金属为重点的矿业开发，先后改造和兴建了个旧锡矿、东川铜矿、易门铜矿、六苴铜矿、会泽铅锌矿、澜沧铅矿等一大批大中型有色金属矿山，使云南成为我国重要的有色金属基地，有色金属产量占全国的 1/10。为了做大做强有色金属工业，使“有色金属王国”的美誉更加名副其实，省委、省政府决定开发兰坪铅锌矿。

兰坪铅锌矿是我国最大的铅锌矿床，仅次于澳大利亚芒特一艾沙铅锌矿和美国密西西比河铅锌矿，为世界第三大铅锌矿床。其特点是：矿体集中、富集，伴有丰富的银、镉、天青石、硫铁矿、石膏等矿产，在我省储量居首位的六种矿产中，有铅、锌、镉、铊、锶都主要产于兰坪铅锌矿，矿区开采条件优越。初步估计兰坪铅锌矿的潜在价值在 300 亿元以上，是国家和云南的一大财富，我们必须利用好，真正实现由资源优势变为经济优势。兰坪铅锌矿经过地质队伍奋战 20 年，完成了矿区勘探任务。1978 年，我作为地质局副总工程师，现场审查了由王鲁伯、孙廉编写的《兰坪金顶铅锌矿床详勘报告》，同意提交矿产储量委员会审查，经正式批准后作为矿山设计的依据。进入 90 年代，我多次与国家有色金属总公司经理费子文商量开发兰坪铅锌矿的有关事宜，又向国家计委多次专题报告，后来，我又向邹家华副总理作了汇报，终于同意由有色金属总公司和云南省联合开发。

建设兰坪铅锌矿是振兴滇西北经济的重要战略措施。我们所说的滇西北，是指怒江州、丽江地区、迪庆州和大理州的北部（剑川、云龙、鹤庆），这一区域的面积近 7 万平方公里，为全省的 18% 左右，人口近 235 万，占全省的 7% 左右。滇西北地区地理位置特殊，具有重要的战略地位。省委、省政府认为，将兰坪建成以有色金属为主的冶炼中心，必须带动和开发三个带的资源。第一个带是兰坪、云龙、以铅锌为主的

多金属成矿带；第二个带是沿澜沧江包括云龙、兰坪西部、维西、德钦铜铅锌矿床；第三个带是从剑川、丽江到维西东部、老君山铅锌矿带。所以兰坪矿的建设，必须充分考虑到这一综合开发、总体开发的需要，带动全面的资源开发，促进当地经济社会的发展。

1992年1月12日，云南省政府和中国有色金属总公司在兰坪县联合召开了现场办公会议，研究兰坪铅锌矿建设的有关问题。1月13日，我作了会议的总结。会议对兰坪铅锌矿的前期工作给予了充分肯定。高度评价了地矿部门从普查、勘探到最后提交地质报告作出的巨大努力，探明了我国最大的铅锌矿床，这是一个重大的贡献。充分肯定了设计部门和冶金系统的同志为兰坪矿的上马所做的长达十多年的可行性研究和各种方案的对比，为建设兰坪铅锌矿创造了重要的条件。会议还高度评价了怒江州委、州政府，兰坪县委、县政府为制止群采、避免矿产资源浪费所采取的迅速、果断、坚决、有力的措施，为兰坪铅锌矿的上马奠定了十分重要的基础。通过这次现场办公会议，同志们对兰坪开发的重要性、必要性、紧迫性，以及开发的指导思想和主要的建设方案，基本上统一了认识，作出了相应的决定。我就会议的有关问题作了简要小结。会议根据中国有色总公司、云南省人民政府建设兰坪铅锌矿有关问题会谈纪要和国家计委关于兰坪矿一期工程项目建议书的批复以及会前的充分准备和会上讨论形成的意见。会议决定：1. 按“八五”时期建成兰坪矿的目标而努力。2. 今年必须抓好四项工作。一是完成可行性研究，编制设计任务书和初步设计，并完成审批；二是会后立即就厂址选择进行论证，尽快确定下来；三是省环保委尽快完成环境影响评价报告；四是为了有利于巩固治理整顿成果，今年就要着手进行矿区公路、场地平整、露天采矿的人工剥离等工程，形成开发建设的声势。3. 进一步落实建设兰坪矿的资金。按照省政府、有色总公司达成的协议，总投资11亿元，实行投资各半，同步投入的原则。4. 交通必须先行。5. 加快能源建设。6. 巩固整顿矿山的成果。会上，原冶金部副部长、有色金属总公司顾问叶志强也发表了重要的意见，并对下一步如何进行可行性研究、编制设计任务书和初步设计作了部署。会后，按现场会议的决定进行了紧张的准备工作。

1992年8月18日，省政府召开办公会议，再次研究开发兰坪铅锌矿的有关问题。会议首先对现场办公会议后的贯彻落实情况进行了检查；会议决定成立兰坪有色金属工业公司，实行股份制，并建立相应的有关机构；会议要求抓紧进行设计和报批工作，按先上矿山、后建选冶的原则，明年开工矿山建设；会议还就地方现有铅锌企业保证供矿生产的有关问题作了研究，并决定派副秘书长梁文选为组长的工作组赴兰坪抓具体落实。

1993年5月，我和副省长牛绍尧再次到兰坪召开现场办公会，检查开发前的准备工作及研究开发的有关问题。会议决定了董事会的组成人员名单；按照“全面规划、总体设计、分期建设、由小到大”的开发方针，确定规模为年产选矿石330万吨，年产电锌20万吨，分两期进行，第一期工程规模为年产选矿石99万吨，年产电锌6万吨，投资12亿元，分别由中国有色金属总公司和云南省负责集资。1993年5月28日，举行了兰坪铅锌矿前期工程开工典礼，终于揭开了大规模开发兰坪铅锌矿的序幕。

正当兰坪铅锌矿的开发按预定计划进行的时候，却遇到了一系列的困难，其中，国家有色金属工业总公司的投资迟迟不能落实。于是我们提出，云南自己投资建设，但这个意见又被国家计委和有色金属总公司否定了。看来如果不在体制上作重大改革，开发兰坪铅锌矿是难以顺利进行的。在这种情况下，我们只有调整建设规模，等待时机再扩大规模。我们始终坚信，这一蕴藏着巨大储量的铅锌矿，有朝一日必将进行大规模的开发，建成我国最大的铅锌矿采、选、冶企业，为云南特别是滇西北民族地区的发展做出重大贡献。

上马大红山钢铁，促进钢铁工业发展

发展钢铁工业，历来是国家和各级政府的重要任务，特别是“以钢为纲”的年代，更是成为重中之重。1958年“大炼钢铁”时，土高炉随处可见，掀起了大办钢铁的高潮，曾经造成了巨大的浪费和损失。但在客观上，这也是一次全民找铁矿活动，结果，凡有铁矿线索的地方都被发掘出来，为铁矿地质工作打下了很好的基础。寻找兴办钢铁工业的铁矿是地质部门从20世纪50年代到70年代长达30年时间的重要任务。我们在全省范围内进行了铁矿的普查和勘探，北至迪庆州维西县的庆福铁矿的普查，西到中缅边境地区腾冲滇滩铁矿的勘探，南到西双版纳大勐龙澜沧惠民铁矿的普查初勘，以及滇中楚雄州武定鱼子甸铁矿的详勘和昆明、玉溪地区众多铁矿点的普查勘探。到70年代末，虽然在普查勘探方面取得了重要成果，在全省范围内找到了207处铁矿产地，探明了15亿多吨铁矿，但发现的大、中、小各类铁矿床，要么可选性差，要么地处边疆，要么与煤炭资源不配套，没有建设的外部环境，未能提供一个比较理想的发展钢铁工业的原料基地。

大红山铁矿的发现，决定了云南钢铁工业的布局。20世纪60年代，航测发现在新平红河东岸嘎洒附近磁异常，经钻探证实为铁矿引起；于是进行了普查，证实地下有一巨大的磁铁矿体。从1965年起到1979年，整整用了15年时间，打了535个钻孔，进深34万米，投资3000多万元，探明了5亿吨铁矿储量，其中富矿1.4亿多吨。大红山铁矿可选性能好，还伴生75万吨铜矿，虽然埋藏较深，但地形切割较深，开采条件不算困难，又地处滇中，离滇东煤田较近，是个有条件建设钢铁工业基地的地方。曾经设想依托大红山在玉溪建设大型钢铁工业基地。70年代末，国家准备建设几十个重大工业建设项目，其中，因为大红山铁矿的发现，国家拟在云南建设年产500万吨钢铁工业基地。1978年，党中央、国务院派出以全国人大副委员长李井泉为组长的工作组，研究在云南建设500万吨钢铁工业基地的问题。省委、省政府责成省计委、冶金厅、地质局、设计院等单位抽人组成规划组进行规划，我也是规划组的成员。

经过几个月的紧张工作，我们提出了一个规划纲要。于是由省委书记安平生同志主持，召开汇报会。会上，我向李井泉同志汇报铁矿资源及规划情况。规划提出建设以大红山铁矿为主，新平鲁奎山，峨山县境内的他达、化念、矿铜村铁矿，玉溪县的大六龙等铁矿为补充的铁矿矿山，在玉溪建设300万吨钢铁工业基地的设想。配套的焦煤则以曲靖东山的恩洪煤矿为基地。李井泉副委员长还详细询问了有关的外部建设环境，特别是水和交通的问题。我们汇报说，建议国家修一条从昆明到玉溪的专用铁路，100多公里；至于钢铁工业用水则可从澄江抚仙湖调水1亿立方来解决。李副委员长和工作组同志表示赞成规划，还提出，能否按500万吨考虑。我汇报说，铁矿资源不足，如要建设500万吨规模，只能从攀枝花调部分矿石来解决。会上，李副委员长要求按此计划抓紧进行下一步工作。当时，“文化大革命”刚结束不久，国民经济已处于崩溃的边缘，国家和人民处于休养生息的时期，无力进行大规模的经济建设，更不可能进行这样重大的工程建设项目。因此，在云南计划建设500万吨钢铁工业基地的设想，也只好暂停。

进入20世纪80年代，省委、省政府认为云南还是要发展钢铁工业，怎么发展？基于当时的财力，省委、省政府决定，今后十年云南钢铁工业发展的目标，就是集中力量把昆钢尽快建成年产百万吨的钢铁企业。为此，1987年11月14日，省政府召开省长办公会议，专题研究昆钢的改造问题；1990年3月3日，再次召开省长办公会议，进一步研究昆钢的改扩建问题；1991年3月15日，我到昆钢召开了以研究昆钢技改为重点的现场办公会议，会上，我作了总结，讲了四条意见：“第一，把昆钢技改作为省政府‘八五’重点技改项目。既然是重点就按重点来办，从资金、物资到审批都按重点来进行，各部门都开绿灯。第二，多方筹资，筹集12.5亿元，保证按计划完成技改任务，经会议研究，决定从六个方面筹集资金。第三，昆钢要动员全厂职工为1995年突破年产百万吨钢铁大关而奋斗。第四，在技改中，必须按照‘质量、品种、效益’年活动要求，既要能完成技改任务，也要在提高质量、增加品种、提高效益上得到较大幅度的提高。”

现场会后，昆钢职工以空前高涨的政治热情，苦干实干精神投入了技改工程。这个时期，云南经济得到快速发展，“两烟”高速发展，财政收入大幅增加，省委、省政府决定加快昆钢发展步伐。

1992年11月1日，我和牛绍尧副省长在昆钢召开了第二次省政府昆钢现场办公会。我首先传达了省委、省政府关于“奋斗八年，钢铁翻番，跃上年产200万吨钢铁的综合生产能力的新台阶”的决定。昆钢公司总经理兼党委书记马玉康详细汇报了昆钢关于“转换经营机制、苦干实干完成省委、省政府决定”的意见。会上，我发表了《加快企业经营机制的转换，大力发展社会主义市场经济》的讲话。我明确讲：“政府对昆钢只管两件事，其他全部放开，即只管一个法人代表和一份经济合同，让昆钢自主经营，自负盈亏，自我积累，自我发展，完成登上200万吨生产能力的新台阶。”为了给昆钢改革和发展创造条件，我宣布了省政府的三条决定：“1. 继续执行上缴财政返还政策。1991年3月15日，省政府在昆钢召开了办公会议，为了加快昆钢技术改造进度，会议曾决定以1991年上缴省政府所得税5100万元为基数，每年递增300万元包干，并返回60%。这个政策规定到1995年止。现根据昆钢2000年钢产量达到200万吨、要筹集30多亿元资金的需要，省政府决定，返还政策执行到2000年。2. 继续执行对昆钢纳税优惠政策。1991年3月15日，省政府现场办公会议曾决定从1991年到1995年实行纳税目标责任制。规定以1990年的10246万元为纳税基数，每年递增8%，其余全部留给昆钢用于归还改扩建贷款。现决定，这一政策延续到2000年。3. 各级政府和各部门继续为昆钢走向市场创造条件，提供服务。”会上，我还号召：“昆钢是一个具有较长历史和光荣传统的现代企业。我相信，在十四大精神的指引下，通过进一步的改革，依靠全体干部职工的努力，昆明钢铁公司一定能够在云南钢铁工业的发展史上写出新的篇章，一定能够为云南经济的振兴和繁荣做出新的贡献。”

为实现昆钢200万吨的技改工程的部署已基本完成，省政府考虑要使昆钢不断跃上新台阶，不可能依靠现有的矿山了，必须上马大红山。这一意见得到冶金部和昆明钢铁公司的一致赞同，于是省冶金厅开始了上马大红山的准备工作。考虑到开发大红山中矿石运到昆钢将是一个重大难题，所以拟采用先进的管道运输方案，于是，先后派冶金厅厅长程鄂及设计院的同志到国外进行考察，并委托国外公司进行专项可行性研究。这个时期已开始对外招商、寻求国外合作来加快开发大红山。经过昆钢多次商谈，美国钢铁联合公司愿与昆钢合作开发大红山。初步协议，合作开发出原矿400万吨、精矿200万吨，品位要求64%，将为昆钢提供一个稳定的矿石基地。1996 年 9 月 14 日，双方签署了《大红山铁矿项目初期开发协议》，我还会见了美国钢铁联合公司副总裁康纳利先生。但是，我们在向国家计委汇报中，又遇到了引进外资合作开发资源政策上的问题，使得与美方的合作无法进行下去。1996 年，吴邦国副总理来云南考察，随行的还有国家体改委副主任洪虎。我专门汇报，要求尽快制定关于引资进行矿业开发的政策，使云南的矿业开发能迈出大步伐。吴副总理表示，国家应该尽快研究制订，这对西部资源开发与发展都将发挥重要作用。鉴于国家还无完善政策，我们只有依靠自己的力量开发大红山了。我相信，大红山的开发必将为云南钢铁工业的发展奠定坚实的基础。

昆钢不辜负党和政府的期望，他们于 1993 年钢产量突破 100 万吨，2001 年突破 200 万吨，并向更高目标迈进，为云南钢铁工业的发展做出了重大贡献。

在昆明建设全国最大的磷化工基地

历届省委、省政府都十分重视云南磷矿资源的开发，这主要是基于以下三个方面的原因：

第一，磷资源是云南潜在价值最大的矿产资源。在 1986 年完成的《云南矿业发展战略研究》一书对云南磷矿潜在价值进行了评估，认为：“远景储量 200 亿吨，按可供开采利用的储量（按 50% 计算）可获得工业产值（每吨磷创造工业产值 30 元）及利税计算（每吨可获利税 16.56 元），可采矿量 100 亿吨，可创产值 3000 亿元，可获利税 1656 亿元。还没有计算磷矿深加工后的产值和利税。如以其 1/4 在省内加工计算，可创造的产值超过 1 万亿元，可获利税 2500 亿元。”这在云南众多矿产资源中名列前茅，是云南的一大潜在财富。

第二，“南磷北运”的格局决定了云南磷矿开发在全国经济发展中的重要战略地位。中华人民共和国成立以后的近 50 年中，在全国开展了磷、钾资源的全面普查，其结果是，钾资源短缺，磷资源分布极不平衡。中国磷资源主要集中在云、贵、川、湘、鄂五个省，按五氧化二磷计算，约占全国探明的五氧化二磷总量的90%；而广大的东北、华北、西北、华东等粮食主产区，严重缺磷。因此，“南磷北运”已成定局。而云南磷矿具有分布集中，特别是较富矿集中于昆明市郊60平方公里范围内，规模巨大，居全国第一位，矿石质量也比全国其他地方高，所以开发云南磷矿资源也是势在必行。

第三，有云磷走向东南亚、南亚的广阔市场前景。世界上的磷主要分布在摩洛哥、南非、美国、俄罗斯。在人口集中的亚洲地区资源较少。与我们相邻的东南亚、南亚国家，除越南北部、印度有少量磷矿外，大部分国家都缺磷。据预测，亚洲地区在2000年磷肥需要量中五氧化二磷达到1740万吨，亚洲是一个有广阔前景的市场。

由于上述原因，云南磷矿的开发不仅是云南农业发展的需要，更重要的是为满足全国农业发展的需要，也是我国磷产品占领亚洲市场的需要。

云南磷矿是地质学家程裕棋发现的。在1980年，我在地质部向时任地质部总工程师的程裕棋汇报工作结束后，在闲谈中，我询问程裕棋先生是怎么发现云南磷矿的。他像讲故事般讲述了发现过程：“那时，我们在经济部中央地质调查所工作，1939年要我们寻找铝土矿；于是我和一个化学家在昆明篆塘乘坐一木船，沿大观河进入滇池，到昆阳上岸，在那里开始了寻找铝土矿的地质工作。在昆阳山上发现了一种外貌像铝土矿的岩石，我们以为找到了铝土矿，采了一些标本回昆明进行化验，结果并不是铝土矿，那是什么呢？经化验测试出磷元素，后经进一步研究，证明是磷块岩；然后，我们测制了地质剖面，系统采样化验，证明是可供开采利用的磷矿床。”发现磷矿以后，并未开展更多地质工作，只是中华人民共和国成立以后才开始了系统全面的磷矿普查勘探，并建立起云南第一个磷矿山——昆明磷矿，揭开了开发云南磷矿的序幕。

随着地质工作的开展，在昆明相继探明了昆阳、海口、晋宁上蒜、安宁县街等一批大型磷矿；而且均可进行露天开采，为全国少见，这引起了国家的高度重视。1978 年，化工部部长秦仲达率领工作组到云南，研究全面开发昆明附近磷矿的问题。在海口磷矿召开了有管理、设计、地质等部门参加的会议，我作为地质局的代表参加。工作组提出，国家拟在昆明建设年产 1000 万吨磷矿石规模，要扩建海口磷矿，新建上蒜磷矿，但地质工作程度不足，需要做补充工作。会后，我们调集队伍详勘了晋宁上蒜磷矿，补充勘探了海口磷矿，详勘了安宁县街磷矿，基本上满足了建设需要。

1979 年，鉴于许多矿产资源远景不清、规律不明、工作程度不高、难以满足长远规划需要的情况，地质部决定开展各种矿产区划工作，在云南局由我领导此项工作，磷矿区划由王崇武负责。通过区划总结了规律，预测了远景。为了在 1985 年前完成主要磷矿带的普查，我们安排了三个分队在昆明附近、会泽、江川开展工作。第一地质大队成立磷矿专业队负责磷矿普查、科研，以期达到较高水平。经过几年的努力，基本上查明了云南磷矿带成矿带分布在屏边、峨山、牟定、宁蒗一线以东，南至屏边，北至永善进入四川，南北长 500 余公里，东西宽 100 余公里，约 5 万平方公里范围内都有含磷地层分布，远景储量达 200 亿吨。其中滇池西侧昆阳、海口、安宁、草铺等磷矿赋存地区达 200 平方公里，远景储量可达 46 亿吨，且品位较高。以上地质工作成果为全面合理开发利用云南磷矿资源提供了科学依据。

云南磷矿总体上品位中等，还需选矿，但初期试验效果不理想。于是，在 1984 年我任副省长兼科委主任期间，将云南磷矿可选性试验作为科技攻关课题之一，组织专家进行攻关。经过反复试验，终于研究出“磷矿擦洗脱泥选矿工艺”，为开发利用风化磷矿找到了工艺简单、成本低廉、效益较高的选矿工艺。

1985 年，我任省长以后，不断思考开发云南磷资源的问题，我曾考虑三步走。第一步，从“六五”起，把全面开发云南磷矿作为云南一大产业的发展战略，进行大量前期工作。第二步，走电矿结合、大小并举的路子，上一批大中型磷项目。第三步，进行产品决策，产品结构调整，提高总体经济效益。化工厅按以上构思开始着手编制磷化工长远规划。

进入20世纪90年代，国家根据急剧增长的化肥需求，决定进一步加快化肥工业建设。其中，要求云南加快磷资源开发，满足国内磷肥企业的需要；并派出专家组进行了多次论证，与省政府交换意见形成共识。国务院决定利用日本协力基金会贷款，在云南建设一个大型磷化工企业，我们简称为“大黄磷工程”。

1991年3月15日，我主持召开了“大黄磷工程”现场办公会，研究建设大黄磷有关问题。会上，我讲：“大黄磷工程一定要办出水平，把外资利用好，8000万美元，享受年息2.5%，10年后开始还款，30年本息还清。要按1994年建成黄磷工程、1995年建成磷酸、重钙工程的目标来安排。”会上研究了征用土地、矿山建设、工程预算、生活区建设等问题。

1991年9月3日至7日，我和李树基副省长及省级有关部门对云南磷矿进行了一次调研，先后到昆阳磷矿、晋宁磷矿、海口磷矿、尖山磷矿四个磷矿以及昆明磷肥厂、云南磷肥厂、昆明三聚磷酸钠厂三个厂进行了考察，听取了化工厅诸英豪厅长关于云南磷化工“八五”和十年发展规划的汇报。在此基础上，省政府召开了“八五”和十年磷工业发展现场讨论会，除省政府领导、省政府有关部门负责同志、化工系统所属有关重点企业的领导同志外，还有化工部科技部门、省咨询机构专家，铁道部也派人参加了会议，会议还邀请了省人大、省政协的同志。这是一次省政府在重大问题上实行民主决策、科学决策的实践。会议充分分析了云南磷工业的现状，预测了今后磷市场的趋势，研究了国家对发展磷工业的产业政策，在此基础上探讨了云南“八五”和今后十年怎样发展磷工业的问题。

9月7日，我作了会议总结，讲了以下四个方面的内容：“一、认真贯彻省委、省政府把磷工业发展成为云南支柱产业的方针；二、80年代我省磷工业发展取得了重大成绩；三、磷工业的发展正面临着新的机遇和新的挑战，也存在一些制约因素；四、90年代云南磷工业基础发展的基本思路：今后10年，要以发展高效复合肥和磷的深加工为重点。在这个问题上，谁先走一步，谁就能取得主动权。不这样干，也难以形成支柱产业。根据以上设想，应遵循10条原则：1.‘八五’期间，集中力量把在建项目尽快建成，发挥效益。在‘八五’末期，我们将形成的生产能力有磷胺35.5万吨，黄磷包括大中小达18万吨，磷矿包括乡镇企业估计生产能力可达600万吨，重钙包括大黄磷达86万吨，擦洗磷精矿300多万吨等，要集中力量把在建项目按期建成投产。2.立足在现有中型企业，走内涵提高的道路，挖潜技改，开发新产品，调整产品结构。争取经过‘八五’的努力，使磷产品达到30至40种，使高效肥、深加工磷产品产值上升到磷化工产值的一半以上，不断提高磷工业经济效益。3.必须建立矿山、磷肥、加工三大部分的合理结构，达到协调发展的目的。4.依靠科技，把云南磷工业提高到一个新的水平，要求达到全国先进行列。5.建立不同层次、不同水平的企业结构。6.磷工业基础发展。要同时考虑建立配套工业。7.发展磷工业中，要提倡兴办‘三资’企业，吸收外资。8.要有计划地建立一批以出口为主的外向型企业，逐步建立稳定的出口产品基地，以便充分发挥资源、区位这两大优势。9.正确地确定磷产品外运数量和比例。10.坚持富矿优用、合理开发资源的方针。”

规划会进一步研究了“大黄磷工程”（又称云南磷肥工业基地）。我讲：“这个项目是我省利用外资的最大项目，也是走电矿结合的重大项目。同时，我们还要探索利用高硅中品位磷矿石的路子，所以，意义还是大的。而且这是我们多年求之不得的一项重要项目，搞好了，为云南的经济发展会做出重要贡献。”会议对“大黄磷工程”方案进行了认真论证，决定再选择最佳方案。后来又经过省计委组织各厅局和专家进一步进行了论证，并经国务院批准，1991年11月2日，云南磷肥工业基地第一期工程开工，总规模为年产18万吨黄磷、120万吨重钙，它是国家“八五”期间56个新开工的重大项目之一；一期工程规模为年产6万吨黄磷、40万吨重钙，一期工程基建投资11.55亿元，其中利用日本海外协力基金贷款117.17亿日元。

1992年，我出访日本期间，在东京拜访了日本协力基金会总部，会见了负责对中国贷款的官员，以促进“大黄磷”项目尽快实施。1993年3月27日，年产6万吨黄磷的合同在北京签字。

1996年，吴邦国副总理和化工部部长顾秀莲视察了“大黄磷”工程，他勉励职工奋发图强、继续努力、尽快建成，为我国磷化工工业、为促进农业发展做出贡献。

至此，大规模开发云南磷矿、在云南建设全国最大的磷化工基地的工作部署基本完成。我相信，像云烟、云腿、云锡一样，云磷也将誉满全国，走向世界。

中共云南省委党校真理标准问题大讨论回顾

马汉儒

1978 年 5 月起开展的真理标准问题大讨论，对于提高我们坚持党的思想路线，贯彻落实党的十九大精神的自觉性和坚定性，极具现实意义。那时我作为中共云南省委党校的副校长，在校党委的集体领导下，分工主持教学工作，具体负责组织当时开办的县以上领导干部轮训班和理论宣传干部训练班学员积极开展这场大讨论，1978 年 11 月 4 日由省委宣传部领导主持，要我给省级机关厅、处级领导干部作真理标准问题的专题讲座。

讨论的兴起

我认为，那场真理标准问题的大讨论，在政治、理论、实践上所具有的意义，怎么估价都不过分。粉碎“四人帮”后，我们国家往哪条道路上走，十年“文化大革命”的错误是否还要继续坚持下去，这是摆在全党和全国人民面前最为现实而又必须尽快作出回答的重大问题。如果按照当时党中央的一位领导同志说的“凡是毛主席作出的决策，我们都坚决维护，凡是毛主席的指示，我们都始终不渝地遵循”的这“两个凡是”的观点去办，那就是说，不管原来决定的东西正确与否，即使是错了也要坚持，也要遵循，包括像“文化大革命”那样的严重错误也要“坚决维护”。要是这样，那就必将把我们的国家继续引向深渊，走上亡党亡国的死胡同。相反，要是坚持“实践是检验真理的唯一标准”的观点，那就会得出这样的结论，即使是毛主席作出的决策和指示，也只能是维护和遵循经实践检验是正确的；经实践检验是不正确的东西，不管是谁的指示，哪一级组织的决策，都应当抛弃。这样，我们的国家才会重新走上振兴富强之路。正是在这种历史背景下，从 1978 年 5 月 11 日《光明日报》发表了《实践是检验真理的唯一标准》的文章开始，在全党和全国范围内掀起了关于真理标准问题的大讨论。

但是，在讨论之前，对为什么要开展这一场讨论，当时在党校学习的县一级领导干部中，认识也是不尽完全一致的，甚至是很不一致的。综观几期的情况看，对开展这场讨论，部分同志有“六个误认为”：一是误认为讨论这个问题是理论界的事，是学术问题，自己是干实际工作的，与己无关；二是误认为这是上边的事，“上面管线，下面管干”，“只要中央正确，稳住局势，省委能把中央这本经念好，我们下边的小和尚敲木鱼撞钟，要有多响就有多响”；三是误认为讨论了也解决不了问题，“胳膊扭不过大腿”，最后还是权力标准决定一切，谁的官大谁说的就是真理。“不唯上，不唯书，只唯实”，说倒容易，做起来就难了。上级的一些指示、决定明明就不符合实际，你敢不执行？在非常情况下，像张志新那样顶住，那就是她那个下场，所以说不清楚；四是误认为兴师动众的讨论一个普通常识问题，是小题大做，根本没有必要。有的还问：“讨论这个问题，有没有红头文件”？五是误认为开展这场讨论是中央出了问题，要揪什么人，所以老是要问讨论的背景是什么，是不是又要开展一场运动？六是误认为讨论这个问题是要否定毛主席和毛泽东思想，说检验来检验去，还不是要把毛主席和毛泽东思想检验掉，讨论来讨论去，还不是“抽象肯定，具体否定”，“人家说这是砍旗，我不能驳倒”。正因为有这样的一些糊涂认识，所以，不少同志对开展这场讨论，采取“事不关己，高高挂起”的态度。有的一接触到这个问题，就“退避三舍”，“不点头，不摇头，免得运动来了吃苦头”，采取所谓“少管闲事”，“平安便是福”的态度。讨论真理标准问题，之所以会反映出这么多的糊涂思想来，是有多种原因的，但根本原因看来是两条，一是林彪、“四人帮”长期颠倒理论与实践的关系，拼命宣扬现代迷信，神化领袖，以及败坏党的作风，所造下的恶果影响很深、很广；二是不少同志哲学著作学得太少，有的虽学过一点，但也没有真正学懂、学好、弄通。

针对这些思想状况，在教学指导上，党校领导首先组织大家学习辩证唯物主义和历史唯物主义的基本原理，先掌握理论武器，通过选学几篇基本的哲学经典著作，以及学习马、恩、列、斯、毛《关于实践和真理的部分论述》（语录），重点抓住物质与精神、实践与认识的关系等基本问题，引导大家下功夫学深、学好、学透。在掌握基本原理的基础上，根据普遍存在的实际思想，注意引导大家联系实际，着重弄清为什么实践是检验真理的唯一标准，以及讨论这个问题的重要意义，特别是引导大家以历史的科学的态度对待毛主席和毛泽东思想，划清真高举和假高举的界限。

收获与体会

由于讨论的逐步深入开展，在教学中坚持以党的十一届三中全会精神为指导，强调要紧密联系当前实际，着重解决有关党的工作重点转移，坚持以经济建设为中心，坚持改革开放，实现中国式的四个现代化等问题，把理论上的系统性和思想上的针对性紧密结合起来，在马列主义、毛泽东思想的指导下，解放思想，开动机器，研究新情况，解决新问题，使学员通过学习，更加自觉地贯彻党的十一届三中全会精神和党中央制定的一系列重大决策、方针、政策。几期县以上领导干部轮训班和理论宣传干部训练班随着真理标准问题讨论的深化，解决了当时干部思想上、政治上存在的一系列重大疑问，促进了思想大解放，实现四个现代化的信心大为增强。主要的收获和体会大致上可归纳为下面七点。

（一）思想认识开始大转变

通过学习讨论，联系实际，总结历史经验，大家受到了很大启发和深刻教育。不少同志思想豁然开朗，有如进入了一个新的思想境界，反映真是“柳暗花明又一村”，感到“人也好像聪明了一点”，“哲学真是聪明学”，许多糊涂思想为之一扫。认识到这场讨论，像一个“总开关”，打开了我们克服思想僵化半僵化、冲破禁区、解放思想的大门；像一把“金钥匙”，解脱了我们头上的精神枷锁，使我们揭批林彪、“四人帮”的极左路线有了武器，总结过去的经验教训有了标尺，这场讨论实在太重要了，这才是最根本的拨乱反正。原误认为是常识问题不值得讨论的同志，现在说：原来哲学的基本问题，也是我们能否搞好工作的基本问题。前些年“唯上”、“唯权”、“唯风”、“唯文件”、“唯语录”成风，就是没有“唯实”，思想陷入僵化、半僵化，使工作受到很大损失，从思想认识讲，就是因为对哲学的基本问题，实践是检验真理的唯一标准等这些马克思主义的常识并没有真正弄懂。原来认为这场讨论与己无关的同志也说：“学了马克思主义哲学基本原理，深深感到建国 30 年来经验教训很多，其中最根本的一条，就是思想路线要搞端正。这对一个党是如此，对我们一个地区、一个部门、一个人来说，也是如此”。“一个党，一国家，如果思想僵化就要亡党亡国，一个干部思想僵化，就要被群众抛弃。”许多同志都深深感到，要搞好社会主义四个现代化，必须要把干部的思想路线搞端正，坚持一切从实际出发、实事求是、理论联系实际的思想路线，如果思想路线不端正，政治路线就贯彻不好。原来感到“唯实”难的同志也说，敢不敢“唯实”，就个人来说，还有个世界观的改造问题，如果患得患失，从个人主义出发，也是不可能做到“唯实”的。

（二）以科学的态度对待毛泽东和毛泽东思想

在几期的讨论中，都涉及用什么态度对待毛泽东和毛泽东思想的问题，由于初步掌握了马克思主义哲学的基本原理，大家懂得了必须用辩证唯物主义和历史唯物主义的观点来评价毛泽东，以科学的态度来对待毛泽东思想，要把朴素的阶级感情转换为科学的态度，从而认识到，这场讨论绝不是否定毛泽东和毛泽东思想，恰恰相反，是使我们回复到毛泽东思想的轨道上来；“实践是检验真理的唯一标准”，本来就是马克思主义的一个基本原理，所以讨论这个问题绝不是什么“砍旗”，而是真正的举旗。同志们说，三中全会对毛泽东和毛泽东思想科学体系的评价是完全正确的，是真高举，把毛泽东看作神，不是看作人，否认毛泽东的认识发展也有一个过程，也要受主客观条件的限制，在探索社会主义革命和建设的规律中，也难免会做出某些不符合实际情况的判断、结论和决策；把坚持毛泽东思想的科学体系，看作是照搬、照抄、照办，而不需要在新的社会实践中继续加以丰富、完善和发展；这些都不是马列主义的科学的历史的态度。许多同志都说，在实际工作中，是一切从实际出发、实事求是、理论联系实际还是搞“两个凡是”，这是辩证唯物主义和唯心主义、形而上学世界观的根本对立。按照“两个凡是”的观点，过去的错误不能纠正，现在的新问题不能研究，那马列主义、毛泽东思想的生命也就停止了，这才是违反马克思主义的，是假高举。我们高举毛泽东思想的旗帜，就要克服思想僵化半僵化的态度，反对“两个凡是”的观点，打碎林彪、“四人帮”宣扬“顶峰论”、“句句是真理”和鼓吹现代迷信的精神枷锁；同时也要警惕否定和贬低毛主席、毛泽东思想的错误思潮。毛泽东领导革命、建设成绩是主要的，他有缺点、错误，但不能因此而否定他的伟大功绩。大家还认识到，高举毛泽东思想的旗帜，当前最重要的就是要学会把马列主义、毛泽东思想的基本原理同社会主义现代化建设的具体实践结合起来，并在新的历史条件下加以丰富和发展。这是历史赋予我们的光荣任务。

（三）正确理解社会主义时期的阶级状况和主要矛盾，深刻认识到把党的工作着重点转移到搞四个现代化建设上来的必要性和迫切性

从几期学员的思想情况看，对党的十一届三中全会确定全党工作着重点转移到搞四个现代化建设上来，以及相应地所制定的一系列方针、政策，内心是热烈拥护的。但由于林彪、“四人帮”极左路线流毒的影响，有些同志看到“以阶级斗争为纲”“继续革命”等口号都不再提了以后，怀疑工作重点的转移，是不是“丢纲”、“离线”、“右了”、“修了”；还有一些同志，怕反复，心有余悸，对党的政治路线将信将疑，不大放心，对三中全会以来的好形势，看不清楚。

根据这些思想状况，及时组织学员认真学习马克思主义几篇有关的经典著作，引导大家用马克思主义的阶级斗争学说来分析我国现阶段的阶级状况、阶级斗争及其与四个现代化建设的关系。在掌握历史唯物主义基本原理的基础上，联系实际，总结历史经验教训，大家感到：“思想疙瘩一个一个解开了”，以阶级斗争为纲，明明是指社会主义的一定历史阶段，不是指永远；在剥削阶级已基本消灭的条件下，仍要坚持以阶级斗争为纲，那就大错特错了。马克思、恩格斯在100多年前写的《共产党宣言》中就说：“无产阶级将利用自己的政治统治”改变生产关系，“并且尽可能快地增加生产力的总量。”毛泽东在1957年也明确指出：“还有反革命，但是不多了”，“革命时期的大规模的急风暴雨式的群众阶级斗争基本结束”，我们的根本任务已经“变为在新的生产关系下面保护和发展生产力”。怎么能说工作重点转移是“右了”、“修了”，是“丢纲离线”呢？我们不搞四化，不大力发展社会生产力，能彻底战胜资本主义、为进入共产主义创造条件吗？有的同志说：“三中全会关于工作着重点转移的决策，是符合我国的实际情况，符合社会主义发展客观规律，符合历史唯物主义的原理的。在国内阶级关系已经发生了根本的变化，作为阶级的剥削阶级已经基本消灭的情况下，再搞‘以阶级斗争为纲’，就要在理论上和实践上犯极大的错误，受到历

史的惩罚。”原来认为是“转了向”的同志，现在也认识到，根本不是什么“转向”，而是转迟了，用实践标准检验，如果早在三大改造完成以后，我们的工作重点就转移到经济建设上，那么我们国家的生产力发展水平比现在就要高得多，人民的生活也会比现在改善很多。这是一个严重的教训，今后不能再这么折腾了。有的同志原来怕“再坐被告席”的，也觉得“现在放心了”。大家表示，今后一定要脚踏实地一心一意搞四化，对阶级斗争，既不能夸大，也不能缩小，要围绕社会主义现代化建设这个中心进行阶级斗争，并为这个中心服务，以保证生产力的发展。

（四）深化了对“两包”到户的理解，树立了敢于抓生产、搞“四化”的信心和决心

在几期轮训班的学习中，学员对农村要不要实行“两包”到户（包产到户、包干到户）展开了热烈的争论。当时不少学员仍然受到“左”的思想束缚，对“包”字心有余悸，认为“包”就是单干，是方向问题。有的学员说：“共产党再背时也背时不到走单干的道路”，“现在干的是过去批的”，“两包”是“辛辛苦苦三十年，一夜回到解放前”，“谁搞了谁就丧失了党性原则”。有的甚至说，中央两个农业文件右了，是“恢复私有制”。针对这些思想，校领导发动学员以真理标准为武器，深入批判过去在农业发展中长期存在的“左”的错误，使学员认识到，农业要发展，农村要富起来，主要靠农民的积极性，过去那种政社合一的人民公社体制，经营管理过于集中，分配上存在严重的平均主义，农民哪来的积极性？认识到谈“包”色变是“左”的思想作怪。有位学员形象地说：过去是“思想箍着，手脚捆着，土地闲着，肚子饿着”。大家一致认为，这种状况不能再继续下去了。景东县委副书记在大会发言中用他们实行包产到户实践的结果归纳了三句话：“早解放吃白米，晚解放吃苞谷，不解放饿肚皮”。有的同志还说：“这几年管生产的人老是受气，一提生产就好像理亏三分”，“扎扎实实干的人有罪，搞假大空的人有功”，“‘四人帮’把政治挂帅搞得玄而又玄，政治挂帅既不能落

实在生产上，也不能落实在工作上，那就只好成天提在手上，挂在嘴上了。”大家在学习之后反映，今后敢于理直气壮地抓生产，搞四个现代化了。

（五）提高了贯彻党的十一届三中全会精神的自觉性和坚定性

由于受“四人帮”的毒害，在长期“左”的思想禁锢下，参加党校学习的许多领导干部养成了遇事“唯书”、“唯上”、“唯权”、“唯风”、“唯语录”的思维习惯，就是不敢唯实。这种思想状况对于正确领会党的十一届三中全会精神是一大障碍。他们动辄怕“修”、怕“右”、怕“乱”，怀疑三中全会精神是不是“偏”了，不少同志内心深处是拥护三中全会精神的，但被过去“左”的那一套整怕了，唯恐以后政策一变又要挨批，所以凡事都采取“干着点、等着点、看着点、防着点”的态度。这些思想充分说明，如果不从马克思主义认识论的高度弄清检验真理的标准，三中全会的路线、方针、政策是很难贯彻好的。校领导针对学员思想上的忧虑和认识上的偏差，进一步组织开展了真理标准问题的讨论，使学员思想上存在的一系列问题迎刃而解，不少学员反映，冲破了“左”的禁区，脑子豁然开朗，真理标准是总开关，一开就灵，今后一定要坚持解放思想、实事求是、勇于奋进，放开手脚大干一场。另外，还引导轮训班和训练班在政治上开展了对林彪的“革那些革过命的人的命”和“四人帮”的“阶级关系新变动论”等反动谬论的批判，使大家更深切地认识到“左”的危害，进一步提高了思想解放、贯彻党的十一届三中全会精神的自觉性和坚定性。

（六）体会到学习理论的重要

来党校学习的县以上领导干部，多年来，由于林彪、“四人帮”的干扰破坏，不读马列著作的情况较为普遍，加之长期忙于实际工作，不少同志确实接触马列著作太少，因此，他们工作多年之后来党校学习几个月，坐下来读几本书，从理论和实践的结合上总结一点经验教训，以提高领导水平和工作能力，是非常有益的，也是很有必要的。为此，在真理标准讨论的过程中，校领导就反复强调要刻苦读书，通过学习原著在掌握基本原理上狠下功夫，力求弄懂、弄通，吃透精神实质，掌握立场、观点和方法，并注意完整准确地理解马列主义、毛泽东思想的科学体系。当许多同志初步用马列主义、毛泽东思想的基本原理武装了头脑，分析问题和理解问题的能力有所提高，尝到了一点认真读书的甜头之后，“学原著，钻原理，完整准确地加深理解”这样一种刻苦钻研的风气，也就随之普遍兴起。那种学习理论“无用”，是“远水解不了近渴”，“解决不了实际问题”的思想，也逐步地得到了克服。有的还把学理论的体会归纳为五条：“一是端正思想路线，不懂革命理论不行；二是批判林彪、‘四人帮’的唯心主义、形而上学，不懂革命理论不行；三是总结30年的经验教训，不懂革命理论不行；四是搞中国式的社会主义现代化建设，不懂革命理论不行；五是要真正克服工作中的错误的思想方法和工作方法，不懂革命理论不行。”一位理论宣传干部也说：“不学马列，就不懂马列，不懂马列，就不能遵照马列的基本原理办事，也宣传不好马列。”

（七）影响扩及全省

在云南全省性真理标准问题的讨论明显落后于全国的情况下，省委党校率先在学员中认真开展了真理标准问题的讨论，在全省产生了很大影响，受到了普遍关注。主要的影响：其一，带动了全省思想理论上的拨乱反正工作。1978年时任《云南日报》总编辑的李孟北同志听说省委党校学员讨论真理标准问题很有收获，就亲自来党校采访，我给他详细介绍了讨论的情况，并安排了八位学员参加的座谈会，请他直接听学员谈学习讨论的收获体会。10月18日该报在头版显著位置，以《坚持实践是检验真理的唯一标准》为题，将党校学员热烈讨论的情况及思想收获作了详细报道，并提出了没有讨论好的一定要补好这一课的要求，对全省干部的思想解放起了带动和促进作用。党校学员的讨论及收获情况广为传播后，便与全省广大干部的思想产生了共鸣，从而促进了许多地区、单位在学习党的十一届三中全会精神时，联系实际开展了真理标准问题的讨论，加快了云南解放思想的步伐。其二，由于参加党校当时举办的主体班次即领导干部轮训班、理论宣传干部训练班和高级干部读书班的学员，许多都是全省各地区、各系统的领导骨干和理论宣传骨干，这些同志参加了省委党校以真理标准问题讨论、拨乱反正、解放思想、贯彻三中全会精神为主旨的学习之后，在思想理论上出现了一个大的飞跃。在许多地区、单位贯彻三中全会方针、政策的实践中，经过党校这一段学习轮训的干部发挥了重要作用。有的地州党委负责同志高度评价了党校轮训班的成效，说：经过党校轮训班学习的学员，成为云南贯彻三中全会精神的重要力量。经过党校学习的同志，普遍以崭新的精神面貌投入到实际工作中，成为云南坚决贯彻执行党的十一届三中全会路线、方针、政策的骨干。

云南省元谋县大塘子村推行联产承包责任制的经过

李国有

中国的改革从农村开始，农村的改革又源于建立家庭联产承包为主的责任制，即通常所说的“大包干”。现在，大家都知道“大包干”的发源地是安徽凤阳县的小岗村，却很少有人知道，云南元谋县大塘子村联产承包责任制的推行，其实早于小岗村。早在 1977 年，我们元谋县大塘子村在云南就率先创造和实行了“四定一奖”，超产得奖的联产到组生产责任制，虽然由于种种原因，元谋县大塘子村与中国农村改革发源地的荣誉失之交臂，但那段亲身经历的往事却永远铭刻在我的心中。

1968 年，当“文化大革命”如火如荼地开展的时候，我刚好初中毕业，回到了元谋县大塘子生产队当农民，成为村中少有的“知识分子”，被领导和社员们一致推选为生产队的会计。当时我们农村实行的是“三级核算，队为基础”的“一大二公”的人民公社集体体制。

农村大集体时，出工听队长的哨音，干活听队长的分派，收益看挣得的工分。工分就是钱和粮，谁多占有工分，谁就能多分粮和钱，因此如何多挣多报工分成了社员们共同关注的焦点，不管干活如何，只要出工就有工分，干农活不顾质量，只讲数量，“出工一窝蜂，做活一阵风，前面锄头响，后边草照长”，好端端的土地就是只长杂草不长粮食。因而镰刀把歇手就缺粮，算盘一响就超支，大年三十有的农户要等着借米来下锅，每天都有社员要借粮。为解决群众缺粮问题，我们队长、会计们只好到处借粮，西借龙川河，东借东山上，最远的地方借到武定县的白路公社。

处在这样的情况下，我就一直在想，农民生产不出粮食，种着土地借粮吃，“抓革命促生产”的结果是饿肚子。那么农民怎样才能有粮吃，不饿肚子呢？我们是否能另谋出路呢？

正在我百思不得其解的时候，1976 年春，元谋县委书记李香庭到大塘子生产队搞调查研究，听了我们的汇报后，提出可以在油菜单项作物上搞“四定一奖”的责任制，即：定面积，定工时，定产量，定报酬，超产实行奖励。应该说，这对我们是一个极大的启发，也是当时解除困境的一条值得尝试的路子。

然而，正当我们以极大的热情刚要实行这个方案时，“批邓、反击右倾翻案风”的政治运动在全国掀起，农业生产责任制刚在我头脑中萌发，就被一场政治运动给冲淡了。

1976 年 10 月，党中央代表人民意志，一举粉碎了“四人帮”，结束了“文化大革命”的灾难。在全国上下庆祝“四人帮”被粉碎的热潮中，我始终惦记着农业生产责任制的事情。年底，我就包产到组六个落实（即：劳动组织落实，农具的使用落实，工分报酬落实，产量落实，成本核算落实，工分报酬落实，实行奖惩）的一些想法，在一些有头脑的干部社员中宣讲，希望取得他们的理解和支持。

后来我将“六个落实”的必要性写成文稿，以长信的形式于 1977 年 9 月 10 日寄给县委书记李香庭同志，希望他支持或再次到大塘子生产队搞农业生产责任制。在信中我还特别提出，集体农业必须建立严格的“一专四定”责任制，即按专业分工的原则，建立定劳力、定产量、定成本、定报酬到专业组的生产责任制，用以产定工（工分报酬）的办法，取代过去以人定工、搞政治分工的办法，真正落实按劳分配的社会主义原则。

信寄出去后，如石沉大海，一直没有回应，我以为恐怕没有希望了。大概两个月后，李香庭书记带着县委农村工作部的陈庭芳同志到大塘子生产队来。他们一下车就叫召开队委会，李书记在队委会上一字不提信的事，只是宣布陈庭芳同志到大塘子生产队蹲点，负责指导我们村承包到组的有关事项，希望大家共同配合，然后就走了。

陈庭芳原是县委委员兼县委办主任，是一位才思敏捷，表达能力极强，有丰富的农村工作经验和幽默感的老同志，在工作上我们配合得很默契。他凭着丰富的农村工作经验和较高的政策水平，认真和我们探讨承包到组过程中如何把握“六个落实”的现实性和可能性，最后根据实际把我们村分成四个作业组，然后与队委会和四个作业组长一起，把土地、农具、产量、成本、劳力搭配到四个作业组，制定报酬和奖惩定额。此外，他还经常检查督促改革中的各个环节，做干部社员的思想政治工作。

这样，我们生产队在 1977 年底正式建立了包产到组、联产计酬、超产奖励的生产责任制，认真贯彻“六个落实”，实行各种作物长年包产，粮食作物的超产部分奖工分，经济作物超产奖现金。这种包产到组的生产责任制，是把获得产量的最终结果的全部责任交给作业组，把多劳多得的原则建立在产量上，而不是在工分上，以产量为中介，把过去的数量工分改变为价值工分，把一切有利于增产增收的主动性、创造性交给作业组和社员去发挥，把个人利益与集体利益有机结合起来，改变了过去不顾质量，不负责任的做法。

通过半年的努力，我们承包到组责任制初见成效。1978 年秋季作物获得了丰收。全队粮食从上年的 14 万斤增至 30 万斤，甘蔗从上年的 7 万多斤增至 40 万斤，全队 48 户钱粮双增收。其中 23 亩棉花计划产量 1318 公斤，完成产量 1965 公斤，超产 691 公斤，按 30% 兑现奖金，合计兑现 797 元，四个作业组都不同程度地获得超产奖金。在兑现奖金的大会上，公社党委把各大队的党支部书记和大队长召集到大塘子生产队参观学习，党委书记梁应祥亲自将包着红纸的奖金授给四个作业组长，全场响起了掌声。这在当时是一件新鲜事。

1978 年 11 月 17 日，在楚雄州委召开的县委书记理论务虚会议上，李香庭同志把我给他写长信，要求实行承包责任制，经他同意在我们队进行了试点并获得了成功的情况向州委领导作了汇报，引起州委书记余活力、副书记普联和等领导的重视，又专门听取了具体负责此事的陈庭芳同志的详细汇报，并临时把我们队率先实行分组联产承包责任制使生产获得特大增长的经验交流作为了会议的一个议题。月底，州委在楚雄召开全州农业学大寨先进代表大会，在会上推荐了《元谋县大塘子生产队会计李国有给县委书记李香庭的一封信》。《楚雄报》全文转载，《云南日报》、《人民日报》先后作了报道。中共楚雄州委给予极高评价："李国有同志的信，既敢于正视当前农村阻碍生产力发展的问题，又能认真研究产生这些问题的原因，提出解决的具体办法，既勇于实践，又善于从理论到实践的结合上总结经验，思想解放，是非清楚，旗帜鲜明"。会议肯定了我们队的改革经验，提出要在全州推广包产到组、到劳、到户的各种形式的联产承包责任制。

应该说，在粉碎"四人帮"后到党的十一届三中全会召开之前这段特殊的徘徊时期里，"两个凡是"影响相当顽固，中央对于农村联产承包也没有明确态度，正是在这种形势下，中共楚雄州委能够作出"推荐李国有的一封信"的决定，支持我们搞承包到组责任制，是要有莫大勇气和魄力的。楚雄州委在决定中强调："要勇于冲破'四人帮'设置的禁区，勇于实践；大胆用经济的办法管理生产"；"既要敢于正视当前农村阻碍生产力发展的问题，又要认真研究产生这些问题的原因，提出解决的具体办法；既要勇于实践，又要善于从理论与实践的结合上总结经验，解放思想，划清是非"。还特别告诫："至今还禁锢在'四人帮'精神枷锁里左顾右盼，不敢从实际出发，不按客观经济规律办事的同志，可以以这封信为镜子照一照，想一想自己应该如何解放思想，敢字当头，迎头赶上历史前进的步伐"。同时，州委还号召："全州各族人民，要像李国有同志一样，为加快我州建设步伐献计献策"。在州委召开的这次农业先进代表会上，我被请上主席台就座，介绍经验，披红戴花乘车游行，并荣获先进个人奖励，奖给大塘子生产队一台"丰收35"轮式拖拉机，奖给我本人现金100元，作为人们学习的榜样。

1978年底召开的党的十一届三中全会，吹响农村改革的号角，给予我们广大农村工作者以极大的鼓舞。州委根据我们大塘子生产队等第一批社队实行专业承包到组到劳、定工定产、超产奖励责任制的经验，提出全州农村应实行以“专、定、奖”为主，多种形式并存的联产承包责任制。根据州委的号召，以我们大塘子生产队为榜样，全州各县迅速组织力量，深入第一线，蹲点调查研究，抓农业经济体制改革的典型，指导解决改革中出现的新问题。例如，生产队原来的作业组并不负责生产的最终成果，一旦成为承包产量的专业小组后，立即出现争领导、争劳力、争耕地、争耕畜农具、争水、争肥的问题。加上有的公社、大队干部由于没有经验或因作风不深入，以致问题迟迟得不到解决。对此，各县都采取了以点带面的典型示范办法，推动改革的发展和深入。当时，元谋县委针对出现的问题，及时在我们大塘子队召开现场会，通过现场参观，交流经验，研究了承包到组，超产奖励的具体办法。县委集中各方面的意见，提出了三条指导原则：一是“专定奖”必须在统一生产资料（指土地所有制不变，耕牛大农具统一管理和使用）、统一种植计划、统一成本核算、统一工分和其他奖励、统一分配，即“五统一”的前提下进行；二是公社、大队和县委工作组干部要亲自搞点，拿出具体经验，以点带面，分类指导；三是不搞“一刀切”，要充分尊重群众意愿，对“专定奖”和“五统一”的具体内容和方法，允许从实际出发，制定适合本队情况的具体承包方案，逐步完善。现场会议后，“专定奖”责任制和按劳分配政策在元谋县不断落实。1979 年 3 月底，全县已有 70% 的生产队实行了各种形式的联产责任制，极大地调动了农民群众的生产积极性。这时，元谋全县的早熟作物种植面积比上年同期增加了 67%。我们大塘子生产队再接再厉，粮食、油料和蔬菜产量，分别比历史最高年增长 50%、30% 和 4 倍。

为了推动农村“专定奖”责任制的实行，州、县党委及其办公室、调研室、农林办公室，发扬党的优良传统，大兴调查研究之风，及时反映农村建立健全生产责任制，落实党的农村经济政策的情况，交流典型经验，指导了农村工作的健康发展。这一时期，州、县党委转发或由《楚雄报》发表的，较有代表性的调查报告和研究材料有：元谋县农办对元马公社的调查报告《要用经济的办法管理生产》；州农办的《元马公社推广联系产量计酬生产责任制的调查》、《着眼于调动劳动力的积极性——禄丰县舍资公社实行联产承包责任制的调查》；州委调研室调查禄丰县舍资公社形成的调查报告《必须坚决纠正平均主义》；《楚雄报》还先后发表了州农办《谈谈生产队的生产责任制》之一、之二，《专业分工是农业现代化的必由之路》，《就包工到组联系产量责任制的几个问题答读者问》；州农办还转发了禄丰县的《土官大队实行五定一奖生产责任制的调查》、永仁县的《生产实行专业化，定产定工定奖励——柳树塘队的调查》和大姚县委办公室对巴拉七队、七街大队的调查材料，姚安县委调查组对福光四队和老街大队的调查材料等。这些调研材料大都针对改革中的各种思想阻力，用典型材料，力图划清平均主义与社会主义分配原则的界线，阐述了坚持按劳分配在解放生产力上的重要意义和责任制的多样性，都不同程度地对当时的改革起到了一定的指导作用。

但是，农村的改革并非一帆风顺。尽管党的十一届三中全会已经召开，但“左”的思想影响毕竟太深，许多人仍没有转过弯来。当楚雄州在推广元谋县大塘子生产队包产到组的基础上，正准备在全州全面实行家庭联产承包责任制的时候，改革遇到了一些阻力，既有来自当地的，也有来自上级和外部的。一些干部、群众开始产生疑虑，上级开始过问，特别是外部也吹来了一丝丝冷风。1979 年 3 月 15 日《人民日报》在头版头条发表“读者来信”，认为包产到组不符合中央两个农业文件精神。接着，省工作组批评禄丰县委在土官公社全面推行包产到组的做法。省有关部门电话通知元谋县委，对山区独家村包产到户的做法“不准再搞”。一场围绕着“包”字是姓“社”还是姓“资”的争论展开了。面对种种阻力，有些心有余悸的社队干部转而纠“偏”，春季已实行包产的 6000 多个队，竟有一半被“一风吹”掉。

真理越辩越明，真理在实践中得到检验。面对这些阻力，州委一班人敢为人先，看准就干，迎难而上，及时纠正了种种不利于农村改革的倾向，继续进行农村经营体制改革步伐。州委书记余活力提出：“包字要上山，包字要下坝，不仅包粮食作物，还要包经济作物，包多种经营。包字还要进城”。到 1979 年底，全州实行各种包产责任制的队增加到 7961 个，占生产队总数的 47.9%。在山区开始出现一批包产到户的队。1980 年 1 月，新华社记者石玉生采访了元谋县委和我们大塘子生产队，撰写了《大塘子生产队建立严格责任制，促进农业大增产》的长篇报道，《云南日报》、《人民日报》相继刊登。

随着我们楚雄农村改革的全面展开，并不断取得新的成效，全省农村改革步伐也逐步推进。从 1979 年 3 月起至 1983 年，云南花了近五年时间在全省农村普遍推行家庭联产承包责任制，彻底废除“吃大锅饭”的分配方式，正确解决和实现了土地所有权和经营权的分离，充分调动了广大农民群众的生产积极性。

回顾当年参加农村联产承包责任制的实践过程，我深切地体会到，如果我不参与广大干部和农民群众共同实践，如果没有各级党委的支持、关心、保护和指导，一句话，没有中国共产党的领导，在中国所进行的一切改革都不会成功。我参与了当年的社会实践，做了一点有利于社会发展的小事，党和人民给我很高的荣誉。1979 年我被省人民政府授予云南省劳动模范。1981 年党组织把我安排到元谋县农村经营管理站工作，下半年又调到楚雄州农村经营管理站。至今一直在研究和关注着农村的改革与发展，一直从事着农村经营管理工作。

《云南民族工作汇报会纪要》出台的前前后后

王连芳

粉碎“四人帮”后，云南广大干部和群众对彻底纠正“文化大革命”时期破坏党的民族政策所造成的混乱局面和严重后果，抱有殷切希望和期待。虽然当时在平反冤假错案上作了不少努力，但进展缓慢，直到 1978 年底党的十一届三中全会后，才加快了拨乱反正的步伐，特别是 1979 年初，震动中外的“沙甸事件”的平反，促使了云南民族工作方面一大批冤假错案，包括“瑶山案件”、“小石桥案件”等得到纠正，一大批遭受过严重迫害的民族干部、民族上层、宗教人士获得平反昭雪，同时，还对各族群众的财产损失进行了赔偿，对被毁的宗教寺院给予恢复重建，初步澄清了民族工作上的大是大非。中共云南省委又抽调了 2000 多名干部组成的民族政策检查团奔赴全省各地对民族政策和民族工作进行检查调研。

所有这些，各族群众都比较满意，云南全省出现了基本稳定的局面，对这一新形势、新气象，省委领导也很高兴和满意，以为历史遗留的问题已基本解决，民族工作将会出现顺利发展的局面。出乎我们的预料，全省在基本稳定的同时，不少民族地区出现了许多新情况、新问题，民族干部和群众提出了许多新的要求，反映了许多新的意愿，并产生了许多新的纠纷，一度造成了一些地区社会的波动。较集中的是民族自治权利的落实问题。有的要求根据民族人口比例，相应成立自治州、自治县，甚至有人还重提解放初酝酿过的建立彝族自治区的要求；一些已经实行自治的地方，要求制定自治条例；有的要求解决民族干部数量少，民族领导干部数量更少的问题；加上一些农场、林场和工厂占有民族地区土地、水源等资源的纠纷一直未能彻底解决，还有一些历史遗留问题也未完全落实等，使民族群众和干部多有埋怨。

面对这些新情况和新问题，我总认为，这是民族政策遭到严重破坏，民族问题受到高压后，一旦纠正、平反时，难以避免的一种反弹现象。有的学者也将之称为“弹簧现象”，即当矛盾积压得太深，一旦释放出来，就会超出原来的限度。对此，在干部和群众中却存在着不同的看法和争论。

由于对这些重大民族问题的认识和处理存在不同的意见，中共云南省委在具体工作指导中感到棘手，认为有必要系统地向中央汇报请示，请中央给个“说法”。于是，决定由省委书记安平生和三位副书记李启明、刘明辉（省长）、孙雨亭，外加我（当时任省委民族工作部部长）组成汇报小组，称为“五人小组”，由省委副秘书长周钟德任汇报小组办公室主任，到北京向中央汇报。

在准备汇报材料的过程中，对这些问题的认识和解决办法有多次不同意见的争论。我印象较深的是两次。一次是赴京前由我向省委汇报当时民族工作情况，当我汇报到一些地方领导不认真拨乱反正和平反，山区民族群众的生产生活还相当贫困时，有一位同志竟然发火了：“现在已经粉碎‘四人帮’，执行十一届三中全会决议了，为什么还说这么多阴暗面，难道我们现在是搞大汉族主义吗？”我立即反驳：“我是讲民族现状和实际存在的问题，……”我们争吵起来，会议不欢而散。另一次是到京后，与另一位同志阅读《汇报提纲》，我发现上面有这样的提法：“云南省已先后建立了八个自治州和十九个自治县，可是一些民族干部还不满足，有了自治县，又要建立自治州，有了自治州，又要建立自治区，这些是不妥当的，它不利于经济调整和政治安定，应一律不动……否则，会引起各民族之间更大的波动，影响安定。”当时，我不同意，说：“提出新的自治州或自治县，或者对建立自治区的一些酝酿意见，在‘文化大革命’前就已经存在，有些是国务院已正式批准要成立的自治县，只是由于种种原因没有执行，后来也就不了了之，‘文化大革命’中擅自取消了四个自治州，周总理还作过严肃的批评，现在有的同志提出来，怎么会影响到安定团结……”经过争论，去掉了其中“可是有些民族干部还不满足，有了自治县，又要建立自治州……”这几句话。

1981年2月14日至16日，我们在中南海向中共中央书记处、国务院作了汇报，汇报会由当时的中共中央总书记胡耀邦主持，我记得参加过会议的领导有万里、胡启立、邓力群、方毅、余秋里、冯文彬、杨静仁等同志。会上先由孙雨亭同志代表云南省委作了全面汇报，然后大家发言，最后由耀邦同志总结，我记得耀邦同志一开始就说：“我们对待民族问题必须从战略上考虑，不要在具体问题上争论不休，首先要明确我们民族工作的总方针是什么？……”我感到耀邦同志在民族问题上确实是高瞻远瞩，一下子把大家的思路从具体问题的争论中引导到从党的根本宗旨、方针、政策上来看待民族问题。

会后形成了根据耀邦同志讲话整理的，并由中央书记处批准的《云南民族工作汇报会纪要》（以下简称《纪要》），于1981年7月6日由中共中央办公厅印发云南省委、昆明军区党委并各省、市、自治区党委，中央各部委，国家机关各部委党组，军委各总部，各人民团体党组。通知中讲明“正式印发云南省委贯彻执行。同时发各省、市、自治区党委参考。”并强调“云南省委在贯彻执行这个纪要中，凡需要中央有关部门解决的问题，望积极帮助解决。”

当我们听完耀邦同志的讲话和最后看到书记处的《纪要》后，深感自己尽管做了几十年的民族工作，水平仍然很低。现在我不妨略举出《纪要》中一些内容，这些内容不仅在当时，而且对今天都有很强的指导意义。

《纪要》一开始就明确指出：“做好民族工作是我们党和政府的一项长期任务”，号召云南“全省党政军民各级组织和所有同志都要充分认识做好民族工作的长期性、复杂性和重要性；都要把加强各民族牢不可破的团结，作为执行每一项政策、做好每一种工作和处理每一个重要问题的出发点和落脚点，这是关系到边防巩固、祖国统一、安定团结和‘四化’建设的全局性的重大问题，绝不可有任何的粗心大意。”对照我们当时对问题的一些争论，便感到我们的思想境界还是太低了，只是局限于孤立地就事论事。

《纪要》还明确提出：“党的民族工作的总方针是坚定不移地关心、帮助各少数民族的政治、经济和文化的全面发展，沿着社会主义道路不断前进，逐步实现各民族事实上的平等。”并指出：“云南同全国一样，从五十年代末开始，党的民族政策和民族工作就逐步受到‘左’倾的严重干扰。六十年代初，在挫折和困难面前，我们虽然在实际工作中纠正了某些‘左’倾错误，但没有检查和批判‘左’倾错误的指导思想，直到党的十一届三中全会以后，这种‘左’倾错误才从根本上逐步得到批判。”还具体指出：“这种‘左’倾错误的基本表现是：忽视甚至否认各少数民族的特点，不认真执行甚至歪曲、抵制党的民族政策，特别是民族区域自治政策，影响了党和各少数民族群众的密切联系……长期坚持‘民族问题实质是阶级问题’的观点，混淆民族问题与阶级问题的界限，混淆两类不同性质的矛盾……错误地批判‘地方民族主义’……在经济建设和各项工作中，无视各个少数民族聚居和杂居地区的差别，不顾各少数民族群众的意愿，常常主观唯心地强行一刀切，强求一个样，损害了各少数民族的切身利益等。我们只有充分认识‘左’倾错误严重危害，牢牢记取它的深刻教训，才能进一步落实好党的民族政策，做好民族工作。”要求“今后必须进一步解放思想，认真总结历史经验，继续批判‘左’倾错误，抓紧落实党的民族政策，……”我当时看到这一段后，内心起伏跌宕，深感党中央为我们云南民族工作作了完全正确和历史性的总结，而自己是遭受“左”倾迫害达十年之久的老同志了，却没能清醒地汲取这样全面深刻的历史教训。

《纪要》坚定地表明“民族区域自治，是我们党正确解决我国民族问题的一项基本政策……当前和今后，党要积极领导和支持每个实行自治的民族，……遵循党的路线、方针和政策，自主地解决当地经济、文化建设和其它各项事业中的重要问题。”在民族干部问题上，进一步确定了“使每个民族自治地方逐步做到，民族干部的构成与当地各民族人口比例大体相当。”“较快地做到各民族自治机关都以实行自治的民族干部为主组成。”“各民族自治地方的党委常委和委员中，也要增加民族干部，在三、五年内做到由民族同志担任主要领导职务。”

《纪要》肯定了“发展少数民族经济，开发边疆、民族地区的国家资源，一定要从不同的自然条件、民族特点、经济结构、群众生产和生活的需要出发，把国家利益同当地各族人民的利益很好的结合起来，把国家帮助和自力更生很好结合起来。”“坚决纠正过去有些地方对当地各族群众利益照顾不够的缺点，……”

《纪要》还要求全省党、政、军各级组织，“本着宜粗不宜细，着重从政治上解决问题的原则，善始善终的做好以下几方面的工作”，首先耐心细致地做好各族干部和群众的思想政治工作，再是对尚未处理的历史遗留案件，抓紧查明情况按照政策规定，予以处理，对虽然已经作了处理但还没有完全落实的问题，要实事求是地予以落实，对少数人的不合理要求，要进行适当批评教育；对虽属合理要求，但一时难以办到的事情，要耐心做好解释工作，说服他们顾全大局，体谅国家困难。至于领头闹事、行凶杀人的主犯，要依法审理，尚未归案的，要坚决拘捕归案，在本人投案自首、认罪服罪的前提下，可建议司法机关考虑历史的现实的复杂因素，适当从宽惩处。今后如再发生类似事件，坚决依法严惩不贷。

《纪要》最后提出：“所有共产党员，特别是党的领导干部，不论是哪个民族出身的同志，都要牢固树立共产主义的世界观……都要认真学习，带头执行党的民族政策，密切联系各族群众，关心各族群众的疾苦，维护各族群众的利益；都要坚决克服民族偏见……绝不要把反映本民族群众的正确意见、代表本民族群众的正当利益，当作狭隘的民族主义思想去反对；更不许重犯过去的那种简单粗暴，无限上纲，残酷斗争，无情打击的错误。”要求“各级领导干部要带头到基层去，到群众中去，到第一线去，指导工作，总结经验，解决问题。”

中共云南省委对《纪要》逐级作了传达，通过实践顺利地解决了那一时期的重大问题，使云南民族工作呈现出一派欣欣向荣的景象。应该说《纪要》是云南民族工作在新时期的新的里程碑，云南民族工作由此进入了一个新的历史阶段。

1982 年云南平抑物价的经过

祁　山

20 世纪 80 年代初，由于各种原因，物价问题变得很突出，一度成为影响人民生活和社会稳定的一个重要民生问题。一是部分商品谣传涨价，议论纷纷。二是谣传涨价商品如小学生课本、火柴、肥皂、盐、烟等，出现抢购。三是变相涨价，以次充好，短斤少两，压级压价、低进高出。四是部分国营紧俏商品转给二道贩子高价销售，加重了消费者负担。产生这些问题的原因，有货币发行量多，购买力超过商品可供量，市场的供求矛盾突出；还有企业的经济效益太低、农产品收购价格提高、议价失去控制等。当时，我任云南省政府常务副省长，为此倾注了不少精力。

1981 年 10 月 6 日，在云南省物价干部训练班上，我就物价工作在社会主义现代化建设中的重要地位和作用，当前物价工作的形势和任务，认真学习、刻苦钻研三个问题作了讲话，并明确要求：省政府分工由我来管这一项工作，面临的新情况、新问题很多，大家都要认真学习研究，包括我自己，等中国人民大学的老师讲授价格学时，我一定要来听；除了教师讲授外，大家还要自己再找一些材料看看，以尽快进入情况，适应工作要求。

11 月 21 日，我参加了省物价大检查工作组会议，要求物价检查要深入细致，物价政策要坚决执行，物价管理要切实加强，做思想工作要理直气壮，违纪事件要严肃处理。12 月 28 日，在昆明市政府召开的有 1500 多人参加的报告大会上，我与昆明市委书记、市长朱奎和省物价委员会主任刘华分别就昆明市当前物价情况和物价工作作了讲话，针对昆明市城乡出现的种种误解、讹传和形形色色的谣言，以及由此而引起的少数地区对部分商品的抢购风等，阐明了党和政府有关物价的各项方针、政策，旗帜鲜明地回答了群众的疑虑，以大量事实戳穿了别有用心的谣言。随后昆明市政府印发了我们的讲话，并要求广泛地向广大干部群众宣传，统一认识，明辨是非，坚定不移地相信保持物价的基本稳定是党和政府的一贯方针，不信谣，不传谣，理直气壮地抵制各种谣言，坚决同破坏党和政府的物价政策的行为进行斗争。

1982 年 1 月 2 日，我在出席省物价检查组会议时，要求在春节前继续深入开展物价检查，注意几个问题：一要了解省委地书会议有关物价工作指示贯彻执行情况；二要重宣传教育，一面表扬好的，一面对严重违纪的严肃处理；三是深入调研处理好流通环节中的新情况、新问题；四是物价检查完毕要总结，研究下一步加强物价管理的措施。

1 月 7 日上午，省委副书记李启明召开物价问题会议。他指出，当前最紧迫的问题是采取有力措施杀一下涨价风，特别是蔬菜、肉、日用小商品的涨价。为此，由省政府组织一些负责同志蹲点，对好的表扬，对错误严重的处分，克服软弱涣散，对问题要查到底，查到谁就处理谁；要向商业职工指出，要有群众观点，不要只讲盈利，现在宣传工作是宣传利润、奖金多了一些，宣传群众观点少了；关于商品提价的传谣很多，不要丧失对推波助澜的人和反革命分子造谣的警惕；针对货源不足问题，要积极组织生产，增加商品库存量；烟酒专卖和市场管理等方面的问题，从这周到下周要拿出政策界限；对外来的小商贩要有管理办法；商品的牌价、议价要分开。在会上，我也提出了五条意见：省政府发贯彻执行国务院通知的通知并登报；物价大检查继续到春节；要抓处理重大的违纪事件并登报；物价工作涉及面广，各系统各部门的领导要亲自动手抓；重点要研究整顿中的政策界限。

1 月 22 日和 23 日，我又参加了研究昆明市物价问题的两个会议。

还于28日上午召集省物价检查组会议，认为当前突出的问题，一是蔬菜、鲜肉供应紧张；二是变相涨价普遍存在；三是各行各业都经商；四是没有物价工作之纲。通过贯彻国务院的相关通知，物价、供应、服务态度一起抓，处理违纪事件1400多起，谣言和抢购风已经平息。下一步在物价管理上，主要应靠主管单位负责管理工作，着重抓好工、商管理部门和企事业单位的思想政治工作、管理工作。一些领导存在的思想认识不够的问题，要摆上议事日程，领导要亲自抓，并克服检查多、处理少的问题。

1月29日上午，我与省物价委员会的刘华到安平生住处，汇报和分析讨论物价问题。安平生说：要加大农村市场工业品的供应，解决人民手头票子等问题；城市的蔬菜、禽蛋、水果、鱼的生产、供应、管理问题，要立足于自力更生，只有解决这些问题，市场才能安定；物价稳定是一切工作的前提，要从群众切身利益上解决不涨价问题；物价检查更重要的是解决问题，要有统计上报，只发现问题口头汇报不行；要把短斤少两、掺杂掺假当政治问题抓，严重的要按党纪国法处理。我与刘华也分别谈了自己的意见。2月2日，经我签批，省政府批转了省物委《关手全面整顿市场物价的意见》，要求对擅自提价、变相涨价、平价议价不分等等问题要纠正，恢复到提价以前的价格水平，把市场物价稳定下来。并组织力量彻底清除市场物价的混乱现象。

3月11日下午，我参加了省物价检查组的总结会议。省物价检查组分12个小组，全省参加人员7000人，从1981年11月24日至1982年3月10日，开展了为时100天的工作，总体上讲，较好地完成了任务，通过表扬先进，及时处理问题，建立相关制度等，保持了物价的基本稳定。主要原因在于：中央采取有力措施；省委、省政府领导重视，措施有力；各级党政加强领导；物价管理部门、检查组同志努力工作；群众监督支持。针对仍存在的物价不稳定因素尚未完全消除等问题，会议作出了下一步的工作安排。

3月24日和6月4日，我分别出席了省市场物价整顿领导小组的两次会议，研究了相关问题。8月31日，又出席了全省物价会议，并在会上对半年多来的物价工作作了回顾和总结，并指出：今年我们必须坚决贯彻执行党中央、国务院继续稳定物价的方针，做到“两平一稳”，即财政收支平衡、信贷平衡和物价的稳定。结合当前的形势，要办好五件事情：一是整顿物价工作，要善始善终；二是着手开展物价大检查工作；三是要学习、贯彻好国务院发布的《物价管理暂行条例》，结合我们的实际来制定实施细则；四是调查研究是物价管理中的一个长期性工作，要把系统的调查研究工作作为物价部门的主要工作，有计划、有步骤地进行；五是我们搞业务工作的同志，要关注全党、全国的大事，要注视全省党和政府的大事，这样，我们的思想水平才能跟得上工作的要求，我们的工作也才能够适应“四化”的需要。

9 月 28 日，省政府召集各民主党派、人民团体的负责人在胜利堂开会，由我传达国务院“关于对棉纺织品、化纤纺织品以及部分副食品如烟、酒、茶、盐等食品价格进行变动调整的实施办法”。

12 月 24 日，省委又专门开会讨论物价问题，确定对部分拟降价的商品如化纤等，进行亏损分析，并及时向国家反映，争取补贴；中央有关调价的通知来后，省委也要立即发通知，要求党员模范执行，做好对群众的宣传，不能抢购，公布前绝对保密，公布后大力宣传，对泄密者要追查责任，按党纪、政纪、法律追究处理，搞好党风；商业部门要思想敞开，信息灵活，及时调拨，对付投机倒把，稳定国营和供销合作社价格；由祁山同志负责组成物价领导小组，全力以赴，独立研究并采取相关措施，防患问题的出现；在大的调价行动开始时，还要向人大、政协开会通报，会议由省长刘明辉主持，我在会上就具体情况作了发言。按会议要求，会后我又召集相关人员作了安排部署。

搞好商业流通，是平抑物价的基本途径。同年 9 月 10 日，在省政府举行的商业座谈会上，听完汇报后在议论到商业流通的问题时，我提出：要研究几条，一条是商业，一条是供销，一条是社队企业，一条是个人，要提倡几条渠道进行试验，有好经验就要推广。为什么总是下不去，主要是许多政策和管理体制不适应变化了的情况，市场由卖方市场变成了买方市场后各方面一下子改不过来。批量差较小，现在二级批给三级批只有 4% 的差额，而三级批光是利息就要 3.6%，这样一年资金只能中转两次。另外是城乡差价取消了，城乡分工要变为城乡统筹。因此，要因地制宜地把工业品下乡的途径搞好，要搞联营搞批发下伸，扩大品种。搞联营一条是要保证供销社的原来利益，超过的实行分成，大头给基层，且要单独核算。国营商业下伸点只能因陋就简，不能动不动就要钱，要充分利用现有的场地、厂房和设备，不断扩大供应面。要抓流动推销，这个来得快同时还可分区划片搞展销。

当汇报到蔬菜流通问题时，我说：设施问题应随着生产发展，消费增加搞好配套建设。多种经营要搞个规划，设施也一样，不行就从预备费中拿一点。急需花的钱还是要花，我们还有1000万的机动，除了给引提水300万元外还有700万元，由计委、财政厅根据当前的情况提出方案连同其他，待省长回来后定。

9月11日继续商业座谈会。当汇报到烤烟调拨的问题时，我说：应由计委、经委、供销社、财政和烟草公司研究提出方案（调拨、收购、储存及资金准备），要分级负责，质量上不能抬级抬价，也不能压级压价，要研究提出方案，省政府开会讨论一次后报省委定。今年的烤烟生产要加强技术指导巡回指导。明年的烤烟生产也要提出意见。卷烟生产只能按中央的计划110万箱安排，在实践中看市场情况进行调整。烤烟生产也只能按300万担，最高也只能达到最高限额，超过多了就自个解决出路问题。

9月30日，省政府召集有关部门负责人研究商品流通问题，当有关部门汇报后，我说：第一，讲现状，讲认识问题。全国不适应，相比之下云南省就更不适应，云南地广人稀，交通不便，体制、政策、经营网点和经营思想都不适应。第二，如何改变现状，改变不适应的问题。要从思想上解决，围绕生产搞流通，搞活流通促生产的问题，这是个方针问题。

云南烟草产业的奠基工作

李厚安

1984 年 4 月，省委任命我为省烟草公司经理，与党委书记孔德璜搭班子。我在烟草公司工作了一年零八个月，大部分时间和精力都是放在抓提高烟叶质量上，经历了一个由规范传统栽培技术到向国际先进水平看齐的过程，也是一个由低标准向高标准迈进的过程。同时也抓了卷烟生产特别是卷烟生产车间高起点的技术改造和以下放权力为主要内容的企业改革问题。这段经历虽然不长，但正值云南“两烟”从低谷崛起之际，云南烟草产业在 40 年的改革开放历程中成长为云南的支柱产业，能为云南的烟草业做一点奠基工作，我感到非常欣慰。

一

从 1983 年 11 月开始，省委根据中央关于整党的要求决定在全省分期分批开展整党工作，并派来一个整党工作组进驻烟草公司，负责人崔洁泉。我调到烟草公司之后，为了做到整党和业务工作两不误，在我的提议下，我们随即召开公司党委会议，把公司领导分成两摊，一摊以孔德璜为首配合省委工作组抓好整党工作，另一摊以我为首抓好业务工作。

根据国务院和省政府的有关规定，当时我们省烟草公司实行独立核算、自负盈亏的经营管理体制，对全省烟草行业实行产、供、销、人、财、物统一管理。省公司内设办公室、卷烟处、烟叶处、计划财务处、储运处、基建处等处室；并新组建了供销经理部、烟草干校、烟草工业研究所；接收了省供销社移交的昆明烟叶复烤厂。省公司机关干部主要来自商业厅、供销社、轻工厅三个系统中负责卷烟生产、卷烟销售、烤烟经营等方面的业务人员，人数不到100人。在到任之前的1983年，业务上划归省烟草公司垂直管理的有昆明、玉溪、曲靖、楚雄、昭通四个烟草分公司，但干部关系仍由所在地、州、市政府管理。

省烟草公司的工作虽然比较专一，但实行的是一条龙的领导和管理，情况比较复杂。我上任之初就在想，我首先该从什么地方入手抓工作？抓什么切入点，才能把全盘工作带动起来呢？经过思考后也没忙于开展工作，而是把主要精力放在调查研究、了解熟悉情况上。经过深入基层调研，听取群众意见，并和公司里各方面的人员认真交谈，特别是听取几位老“两烟”干部的意见，结合省政府主要领导的指示精神，我认为必须从抓提高烟叶质量入手，在提高烟叶质量上下狠功夫。有了优质烟叶，解决了烟厂“巧媳妇难为无米之炊”之虞，加上引进先进设备和技术，改进工艺配方，科学管理，便可生产出优质卷烟，创造出拳头产品。营销工作再跟上，消费者认可，就能占有市场份额，市场销售情况好，财源自然滚滚而来。这样，一条明晰的工作思路展现在我眼前。

二

抓烟叶生产必须牢固地树立“质量第一，以质取胜”的指导思想，具体讲，就是要死死抓住提高烟叶质量这一中心环节，千方百计把上中等烟叶，特别是上等烟叶所占的比重搞上去。上中等烟叶所占比重的大小，是衡量烟叶质量好坏和种烟水平高低的重要标志，也是对我们贯彻落实省政府制定的烤烟生产必须实行“计划种植，择优布局，优质适产，主攻质量，提高效益”方针的重要检验。这也是我上任后在工作中逐步确立起来的一条基本发展思路。

云南省烤烟以质地优良著称，于20世纪50年代就闻名全国，烤烟种植逐步形成规模化生产。有了优质原料做基础，我省在原有昆明卷烟厂的基础上又新建了玉溪卷烟厂。自此，烤烟和卷烟成为云南省经济的一大优势，三分之二的卷烟销往全国29个省、市、自治区，将近一半的烤烟销往全国26个省市自治区。特别是改革开放以来，“两烟”税利逐年成亿增长，占了全省财政收入的50%以上，成了重要支柱，其中卷烟税利则占大头。以我到省烟草公司工作的第一年的1984年为例，“两烟”积累了12.72亿元，其中卷烟工业积累9.55亿元，卷烟商业积累3204万元，两项合计9.87亿元，占“两烟”积累总额的80%。这说明云南省“两烟”的贡献主要表现在卷烟税利的增长带来财政收入的大幅度增长。

实践证明：要使云南省卷烟生产能够迅速发展，就必须以优质烟叶保证卷烟生产的需要，即以第一优势保第二优势，云南“两烟”优势才会得到全面的发挥。这对促进云南省经济发展，为“四化”建设积累资金，为实现工农业总产值翻番都具有极其重要的作用。因此，提高烟叶质量是关系云南省经济发展全局的大事，绝不能掉以轻心。

对于提高烟叶质量问题，不仅要克服安于现状、故步自封，“皇帝的女儿不愁嫁”的思想，还要有紧迫感、危机感和责任感。我上任之初，就发现这一问题比较突出。据用户和有关方面反映，云南省烤烟不仅合格率低，部位混杂，而且烟叶的内在质量几年来也明显下降，远远不能满足卷烟工业和市场的需要。1983年，全国烤烟区划样品鉴定结果，楚雄县子午、黑尼坝烟叶的尼古丁含量为0.6%—0.62%，曲靖珠街烟叶的尼古丁含量最高为1.92%，玉溪烟叶的内在质量也不够理想，烟碱偏低，化学成分不协调。美国农业部研究室主任、美籍华人左天觉博士，对云贵两省烟叶进行考察，写了《云贵访问报告兼论中国烟叶事业的危机和解决方案》。他指出：“云贵两省烟叶有其特殊性状，若就国际烤烟典型标准而言，云贵烟型为‘营养不良，发育不全，成熟不够，烟碱不足’的特殊形态。”我国轻工部烟叶研究所名誉所长、高级工程师朱尊权也指出：希望云南要“居安思危”。贵州农学院洪琪琨教授说：“天外有天”，希望云南要“更上一层楼”。1985年，83岁高龄的老教授徐天骝也语重心长地提出，希望云南烟草战线上的同志要千方百计保住“云烟”这块牌子。这些忠告，发人深省。

“两烟”是高税产品，称为“金娃娃”，谁都想抢着抱。1985年根据全省农业翻番会议要求和省计委的安排，我们制定了种植烤烟200万亩，总产600万担，收购590万担，上中等烟叶比重全省平均达70%，生产卷烟180万箱的计划。这个计划经省政府审查批准后，我便在总公司召开的成都会议上作了汇报。一位副总经理听了之后，大为震惊，他认为我们的计划太大了，不能同意，便脱口而出：“发财大家都发点，不能光云南一家发嘛！”我也回敬了一句：不是提倡竞争吗？他这番话，可谓一语道破天机：各地都想争抢“金娃娃”。各地在称呼云南老大哥的同时，也暗下了不甘当小弟弟的决心，千方百计想迎头赶上和超过。人家有些工作的确已经走在前面，如区域化种植问题，山东、河南就走在我们前头，那些不适宜种植烤烟的地区已经不再栽烟了。河南省由原来的11个种植区、84个种植县压缩到5个种植区、61个种植县，其省政府计划1985年将种植区压缩到40个最适宜发展烤烟的县进行区域化、专业化生产。山东还在诸城搞了优质烟的试验，说明他们在主攻质量方面已经迈出了实质性的一步。1985年开始，四川市场上的“金沙江”被贵州的“朝阳桥”取而代之了；山西市场的“蝴蝶泉”被河南的“芒果”、“金钟”排挤出来了。楚雄烟厂的产品出现积压滞销现象，要搭着昆明的大重九才卖得出去，库存已达2万多箱。由于经济的发展，群众生活水平不断得到提高，省内市场也发生了很大变化。祥云县政协副主席杨国光有个生动形象的比喻：丢掉“红缨枪”（“红缨”是丁级烟），渡过“金沙江”（“金沙江”是丙级烟），闯过“春城”（“春城”是乙级烟），登上“红塔山”（“红塔山”是甲级烟）。因此，提高烟叶质量，特别是内在质量已迫在眉睫。

我上任后，为了提高烟叶质量，主要是在规范传统栽培技术上狠下功夫，采取了以下几个方面的措施：

一是育苗移栽、中耕管理、采摘烘烤是烤烟生产过程中的关键环节，要一环一环地抓，环环扣死，不能放松。每个环节省公司都召开一竿子插到县的会议，总结检查安排部署。

烤烟优质适产是各项措施综合作用的结果。搞好育苗移栽是第一关。品种是内因，选用优良品种是提高烤烟产量和质量最经济最有效的措施，是一项带根本性的基础工作。经过几年的努力，云南省在烤烟良种的推广、繁育工作上取得了一定的成绩，基本上改变了多、杂、乱的情况，为烤烟的优质稳产奠定了基础。但由于各项管理制度不健全，责任不明确，在一定范围内还存在着品种混杂现象。如七七零八九、五八一、金星等品种相继在一些烟区种植，且有蔓延扩大之势。为此，必须坚决贯彻“四化一供”的方针，即：籽种生产专业化，加工机械化，质量标准化，品种布局区域化和以县为单位统一组织供种，严禁未经审定就“自选、自留、自用”。在新的优良品种未确定之前，云南省烤烟生产仍坚持以红花大金元为当家品种，不得随意更替。根据省内外卷烟市场的需要，因地制宜地生产一些G二八。七七零八九、五八一、金星等品种不能再种，否则按总公司规定，不分计划内外、不分等级，全部按收购价下浮20%收购，并在下一年度停止分配和减少种植面积。

烟农说：“三分栽，七分管”，“栽为头，管为本”，充分说明了中耕管理的重要性。措施要有针对性，防止一般化。如1984年由于雨水来得早，为了抓住时机进行抢栽，小满节令就基本把烟栽下去了，但程度不同地栽了一些小苗、弱苗，估计全省平均占15%左右，个别地方高达40%。对这部分苗，我们强调要实行偏管，精心抚育，才能做到成长一致，栽成中棵烟。烟株成长情况要不断进行排队，采取“三堂会审”的办法，对症下药，消灭三类苗。祥云县许家乡有一块烟田，已经是土壤含水分过重了，但看到皮层干一点，就认为是缺水，白天灌水，晚上下大雨“雪上加霜”，第二天全部烟株萎缩了。这种情况很值得注意。科学施肥是提高烟叶质量的关键。其科学性首先体现在合理上，即氮、磷、钾比例要合适，防止偏施氮肥。其次要适时，即栽后25天把该施的肥施下，防止脱肥，坚决反对“蚂蚁子上树”的施肥方法。提沟培土，防治病虫害，虽属常规措施，但在雨水偏多的年份，显得更为重要。封顶打杈是中耕管理要解决的重点问题，是管理工作上要攻克的一道难关。因为它对提高烟叶内在质量关系极大，要讲清道理，加强领导，以重点户和科技户为先导带动千家万户，同时与区、乡、社干部和烟叶工作人员的奖励和以后的择优布局挂钩。采取以上措施，使之变为群众的自觉行动，真正做到“封顶不见花，打杈不过寸，采后一棵桩”。

采摘烘烤对于烟叶质量关系很大，既要适度采收又要科学烘烤。富有经验的江川烟农把采摘和烘烤的关系比喻为：“采烟是师傅，烤烟是徒弟”，说明采摘的重要性，采不好根本烤不好，不少地方青烟比重大，原因之一就是采早了。当然过度成熟的烟叶也烤不出好烟来。群众还说烤烟是“火中取宝”，同样很有道理，说明烘烤技术性很强，对烘烤人员要专门进行培训，让其掌握好火候及整个烘烤技术。1985 年全省共有烤房 26.82 万座，其中：大中型烤房 6.24 万座，占 23.3%，小烤房 20.57 万座，占 76.7%。小烤房利益直接，便于适熟采摘，技术容易掌握，烤出的烟叶质量好，经济效益高，值得推广。

二是走出办公室，把会议搬到田间地头。每次会议都有样板，使大家看得见、摸得着。如 1984 年的育苗移栽会在江川、通海县召开，中耕管理会在楚雄召开，采摘烘烤和收购工作会议在大理州召开。每次会议我们要求烟叶经理部都深入下去组织培育典型。

三是以会代训，充分发挥科技人员的作用，在技术指导上树立他们的权威。每次召开烟叶生产会议，我们都要请相关科技人员进行一次技术讲座，使各级烟草领导干部成为会组织、懂业务、懂技术的复合型人才。省烟科所的张崇范、雷永和、魏崇荣等称得上是当时全省的技术权威，他们有一定的理论水平和丰富的实践经验，每次讲课都能理论结合实际，而且重点突出，不面面俱到，因而效果较好。

四是处理好生产与流通的关系。运用流通反作用于生产的辩证唯物主义观点，生产、收购、调运、储存同时抓，克服只抓生产、不管流通或只抓流通、不抓生产的片面性，不断提高干部的领导水平。

烟叶收购涉及国家、集体和个人三者利益问题。如何做到三兼顾，关键是正确执行国家制定的烟叶收购等级标准，做到既不提级提价，也不压级压价。提级提价会给国家带来巨大损失，压级压价必然损害群众利益，挫伤群众种烟的积极性。因此，烟叶收购是个令人关注而又十分敏感的如何正确执行政策的问题。烟叶的部位，烤后的色泽、油润和完整度是区分等级的主要因素，但评定等级全凭收购人员的经验，没有仪器进行测量。因此，要做到百分之百的合格也是不可能的，80% 以上的合格率算比较高的了，这一点烟叶部门的同志头脑要清醒。同时也要向地方党委和政府汇报清楚，片面考虑农民的利益，提级提价收购，会使国家蒙受损失，最后必然伤害群众的根本利益，以取得他们的理解和支持。由于我们各方面的工作都做得比较好，大家的思想认识基本上是统一的，收购结果各方面基本上是满意的。

收购政策中另一个较大的政策问题是实行一次验级有效，还是实行逐级验级有效？按以质论价的原则，实行逐级验级有效是科学的、合理的，但多年形成的习惯一时难以改变，因此，弯子不能转得过急，否则烟农不好接受，必须慎重行事。我们一方面把逐级验级有效作为一个方面进行宣传，促进搞好分级扎把，提高等级合格率；另一方面又面对现实，暂时维持一段一次验级有效的做法。

还有下低等烟叶收不收的问题，争论也很大。我们仍然采取分步走的办法，首先调整收购价格，大幅度提高上中等烟，特别是上等烟的价格（地方无权制定价格，以增加奖励和补贴的办法，提高收购价），适当降低下低等烟的价格，拉大等级差，形成“卖一箩筐不如卖一把”的态势，促使烟农多生产上中等烟，少生产或不生产下低等烟。

在价格问题上，还有个与周边省区的奖励摆不摆平，以及省内有的地方采取不正当手段如提级提价收购，加大奖励数额以吸引接壤地区烟农交售问题。我们确定的原则是不与周边省区摆平，如果一摆平，会带来轮番或变相提价的恶性循环，结果两败俱伤。省内接壤地区出现的不正当竞争问题，主要是教育，个别后果严重的进行必要的处理，包括行政的和经济的处理。

由于烤烟种植面积不断扩大，科学种烟水平不断提高，产量猛增。1984 年 10 月底，全省收购烟叶 452.9 万担，比 1983 年多收 181.9 万担。虽已扩建仓库 15 万平方米，但远远不能满足需要。为了解决群众卖烟的问题，全省租房屋、搭简易货棚10万平方米。镇压雄县县委礼堂、电影院等公共场所都堆满了烟包，这种借助社会力量的办法，不失为解燃眉之急的一个有力措施。

烟叶生产如何向国际先进水平看齐？必须走出国门，开阔视野，取人之长，补己之短。1985年8月19日至9月11日，我率云南省烟草访美代表团对美国“两烟”生产（主要是烤烟）进行考察。归来后，云南省提高烟叶质量的工作开始迈上一个新台阶。

我们这次考察，是应美国北卡罗莱纳州西卡大学的邀请，经云南省人民政府和国家科委批准，经过较为充分的准备后成行的。代表团共七人，由我担任团长，朱应庚（云大经济系教授，曾赴美留学）任顾问兼翻译。团员有褚时健（玉溪烟厂厂长），张崇范（云南省烟草研究所所长、研究员），詹金华（玉溪烟草分公司经理、农艺师），阮培贵（曲靖烟草公司经理、农艺师），方健民（大理烟草公司副经理、农艺师）。

这次赴美考察的指导思想是：提高云南烤烟质量，使云南最适宜栽烟的田（地）所产烟叶达到美国的质量水平，即达到世界第一流的水平，并进而提高卷烟质量，使云南省“两烟”不仅在国内立于不败之地，而且在国际上也具有较强的竞争能力。具体要求是：要把云南省的自然条件、种子工作、育苗与栽培、烘烤分级、烟草研究、卷烟生产、销售流通等与美国作全面比较，认清我们的优势和差距，特别是找准差距，以扬长避短，研究改进，更好地发挥云南省“两烟”优势，为四化建设积累资金做出更大的贡献。考察内容：重点考察烤烟生产，其次是卷烟生产。考察地点：主要考察北卡罗莱纳州西卡大学；北卡罗莱纳州农业学院及其烟叶试验站；美国农业部烟草试验站；北卡罗莱纳州烟草种子繁育场；参观一户规模较大的烟叶农场和一个中等规模的及一个较小规模的烟草种植户；参观一个既经营农药、肥料、小型农机具等，又种植烟草的商业农场；访问烟草拍卖公司及其拍卖市场。卷烟工业方面：参观一个复烤厂（或复烤车间）；参观两个卷烟厂，其中一个最先进的，一个一般水平的；访问菲利普·莫里斯烟草公司研究发展部。日程安排：云南省政府和国家科委批准的在美学习、参观、洽谈时间为30天。我嫌长了，压缩了10天，作了一个20天的具体安排。考察提纲和日程安排报省政府后，有关副省长均作了批示，表示同意。于是我们就紧紧围绕提纲的要求进行学习考察，并严格按照既定的日程安排行事，不敢随便更改。连中国驻纽约领事馆同意帮助我们办理回国时在香港停留的入境签证，都以事前未向省政府请示过为由，婉言谢绝了。

过去只是听说美国烟叶质量好，这次亲眼看到，果然名不虚传。美国种植烤烟非常重视内在质量，一般每亩栽烟 1000 株左右（我们参观的一户行距 110 厘米，株距 60 厘米），烟株不高，打顶后一般高 70—80 厘米；但叶片很大，腰叶长 70—80 厘米，宽 30—35 厘米；每株留叶 16—18 片。烘烤后烟叶颜色较深，多为桔黄或金黄，很少淡黄色烟叶，没有青烟，稍含青的烟叶极少（我们比人家含青度还高的都算作黄烟了）。叶片大而厚，单叶重 7—9 克，弹性好，油润丰满、香气浓郁，味醇无杂气。尼古丁含量高，还原糖低。据我们在复烤厂看到复烤后的烟叶化验结果，尼古丁含量 2.6%，糖 16.5%，糖碱比 6.3。我们在交易市场看到他们的烟叶，从外观看，颜色并不鲜亮，光泽也不算好，可以说卖相不佳，但用鼻子闻，香气和味道确实好，在分级研究中心有的烟叶病斑很多（他们说是成熟斑），照我们评级只算末级，但香气不错。看起来他们的确注意内在质量。在复烤厂看到他们复烤后的烟叶压成 1000 磅一包的集装箱式的大包，外面包着薄膜，送到能调节温湿度的仓库里自然发酵醇化两年后，再作卷烟原料，这是美国卷烟质量好的重要原因之一。

美国烤烟生产区北卡州，自然条件非常优越，森林多，能调节大气候，非常适宜烤烟生长。以地处北纬 35°41，西经 78°41 的罗利为例，该地海拔 131 米，年均温度 15.94℃，与我国玉溪相近，但夏季比玉溪热，特别突出的是该地区雨量多而全年平均分布均匀，没有旱季雨季之分，基本没有阴雨连绵的天气，而烤烟大田生长期雨量也比我们少，日照比我们充足。

从土壤条件看，他们全部是砂土或砂质壤土，pH 值都在最适合栽烟的 5.5—5.6 范围内，土层深，雨后水很快渗透下去，沟无积水，因而烟株根系发育好，是生产高尼古丁含量烟叶的基础。

美国烟叶质量好，不仅由于他们自然条件好，而且具有很强的科技力量。北卡州立大学农学院围绕该州烟叶这一优势开展教学、科研和推广工作，20 个系中有 10 个系研究有关烟草生产问题，培养了大批烟草专业人才，并进行广泛的科学研究。除美国农业部设在该州的牛津烟草试验站外，州立大学有 15 个试验站，其中有 8 个进行烟草方面的研究工作，并且与烟厂的研究机构，各县技术推广站，种烟的农场或农户联合协作搞试验。北卡州立大学有 4 位博士负责推广工作，他们直接与各县推广人员（每县 3—8 人，最多的 10 人）联系，将每年科研新成果通报各县，并了解生产情况和存在问题。对种烟的农户要进行考试，农民的文化程度和技术水平也比较高，至少是高中毕业，还有部分大学生。

自然条件方面我们和美国有差距，但并不太大，而技术方面我们与美国的差距就非常大了，在科学推广普及方面差距则更大。从差距看，我们种烟户多，每户种烟面积小，而美国种烟户少，每户种烟面积大。在政策上，我们农民生产的烟叶不管质量好坏都得收购，而且收购时主要看外观质量，只要外观质量达到某一等级标准，就得按该等级价格付款。美国烟叶完全在交易市场自由贸易，质量不好的烟叶根本卖不出去，而且在看外观质量的同时，着重看内在质量。有经验的买主，只要用鼻子闻一闻，就知道你的烟叶的香气、吸味、劲头如何，不好的他就不买。这就迫使每个烟农把提高烟叶内在质量放在首位。

我们比他们有两个优势，一是病虫害比他们轻，二是劳动力比他们充裕。

美国烤烟生产的主要技术措施是，种植区域化和专业化，选用抗病优质品种；适当稀植，控制留叶数；综合防治病虫害；采收充分成熟的烟叶，科学烘烤。

如何结合云南实际，学习推广美国烟叶栽培经验，提高云南省烟叶内在质量呢？鉴于云南省烤烟产区自然条件不及美国，要求全部烟叶达到美国质量水平是不可能的，只能选择最适宜区发展主料烟（即基本达到美国质量水平的烟叶），其他地区则以生产优质烟（即具有云南省特殊香型的烟叶）为方向，要尽快将上等烟提高到 20% 以上，使上中等烟所占比重达到 80% 以上，做到外观质量、内在质量、等级合格率三提高。我们设想，1986年全省计划试种主料烟2万亩，其中玉溪地区1万亩，楚雄州3000亩，曲靖、大理、红河、昆明4个地、州、各1500亩，昭通地区1000亩。试验区必须集中优势技术力量，严格贯彻主料烟生产的各项技术措施，带动大面积烤烟生产的科技进步。如果技术力量不足，面积可以减少，务使实验成功。

当时，急需解决好3个问题：一是把烟叶的种植密度降下来；二是改施专用复合化肥，不施有机肥；三是掌握烟叶采收的成熟度。难度最大的是降低种植密度。

降低种植密度与提高烟叶内在质量关系极大，也与农民的利益息息相关。“两烟”生产涉及各方面的利益，如国家、集体、个人三者之间的利益，中央、省、地州市、县区乡镇各级财政的利益；农、工、商之间的利益等。只有把上述各方面的利益关系调整好，才能把各方面的积极性调动起来，心往一处想，劲往一处使，搞好“两烟”生产。在这方面我们有丰富的经验，值得认真总结。

在诸多复杂的利益关系中，处理好与烟叶生产者——广大烟农的利益关系最为重要，他们是“两烟”生产的主宰和基础。农民是现实主义者，他想得最多的是栽一亩烟收入多少钱，比栽其他作物赚头多就多栽，赚头小就少栽，没有赚头就不栽。至于生产出来的烟叶内在质量如何？烟厂使用后能否生产出优质卷烟，在市场上能否占有一席之地？这一最终的经济效益和社会效益，他们是很少考虑的。当时，我们收购烟叶的标准主要反映在外观质量上，内在质量的某些指标主要凭收购人员的经验来把握，但起不到否决作用。因此，烟农更不注意烟叶的内在质量。你说他种的烟株过多，影响了烟叶质量，他可以不予理睬，要求他把密度降下来很难奏效。其实降低密度并不困难，把栽梅花塘或丁字烟改为栽独垄烟，单株单行，密度自然就会大大下降。而且便于提沟排水，促进烟株根系发达，生长良好。但烟农心存疑虑，怕株数少了，单产低，卖钱少。所以，降低种植密度虽然喊了多少年但一直难以推开。必须根据物质利益的原则，采取经济手段，才能处理好这一矛盾。为此，省公司决定先在玉溪地区搞试点，取得经验后在全省逐步推开。玉溪烟草分公司、玉溪卷烟厂、省烟科所三家协调一致，共同努力，领导亲自抓，采取烟厂与农民直接签订合同的办法，明确双方的权、责、利，核心是保证农民基本收入不减少。实践证明，这一做法是有效的，如玉溪烟厂与通海九街、六一乡订立了种植2000亩优质烟的合同，投资55万元，预计可以增加税收350万元，超过投资的几个倍。具体做法是：产量指标为亩产300斤，上下浮动10%，为解决烟农追求高产量、高产值而导致烟叶质量下降的问题，每亩给补贴50—70元。按合同规定，达到优质烟出口标准的，收购价格比内销提高30%。这样就能保证烟厂制定的优质烟的栽培技术方案贯彻执行。关于主料烟的试验，玉溪烟厂与玉溪赵桅乡签订了500亩的合同。做法是：每亩向烟农包收入500元，以此作为基数，销售烟叶价款超过基数部分全部归烟农，低于基数部分全部由烟厂负责补给。条件是烟农要严格按照烟厂制定的栽培管理技术方案执行，不得各行其是。如栽单垄烟，每亩株数不超过1200株以上等。采烤后全部交烟厂使用，不得截留，更不准留好交次。这样做农民就接受了。因此，不论是优质烟还是主料烟的试验都一举获得成功。省政府对此给予了重视和支持，决定拨款600万元搞水浇地，同时又增拨600万元支持全省各烟区搞优质烟综合示范区。云南烤烟生产主攻质量关进入了历史性的转折时期。对此，云南省志《烟草志》专门作了如下评价："1985年，玉溪卷烟厂和玉溪烟草分公司，在玉溪、通海两县的部分地区搞规范化栽培烤烟取得成功。从此，搞优质烟综合示范区和规范化栽培技术迅速在全省推开，并在实践中不断完善，总结出了一套适合云南特点的栽培技术。这套技术即三化（良种化、区域化、规范化），两膜（薄膜凸架育苗，地膜覆盖栽培），一袋（营养袋假植排苗），双配套（烟肥配套，水肥配套），它标志着云南省的烤烟栽培技术，已由原来传统落后的种植方式，向科学、规范的方向发展。"实践证明，这是提高云南卷烟质量，保持"云烟"声誉的一项重大措施。以上就是"第一车间"的由来。从此，各个烟厂的视线转向烟农，厂领导走出厂房，深入田间地头，与基层干部和广大农民共商提高烟叶质量的大计，采取有力措施和优惠政策，使建立"第一车间"的工作更加充实和完善，极大地调动了烟农生产优质烟的积极性，"优质适产"的烟叶生产方针得到了进一步贯彻落实。云南烟叶发生了质的变化，跃上了一个新台阶，为生产高档名牌卷烟打下了坚实的物质基础，云南省“两烟”生产进入了最辉煌的历史时期。

三

在我任职期间，经过对昆明烟厂、曲靖烟厂、楚雄烟厂、大理烟厂（当时叫雪茄烟厂）的调查研究，省公司召开了两次厂长、书记会议，认真贯彻落实以下几个问题：

第一，狠抓提高卷烟产品质量。

首先要有居安思危，更上一层楼的紧迫感和责任感。1984 年 1 月至 10 月云南省卷烟产量居全国第三，省际之间的调拨居全国第一。已调省外 92 万箱，比 1983 年增长 22.3%，1985 年一季度订货 37 万箱，占全国总调出量的 35.2%，总的还是一个供不应求的好形势。但是必须看到各省都在拼命抓，努力上，市场竞争十分激烈，有如逆水行舟，不进则退。千万不能满足现状，麻痹松懈，一定要在赞扬声中找差距，埋头苦干，扎实工作，在稳定提高质量上下功夫，在增加花色品种上下功夫，在巩固和扩大省内外市场上下功夫，百尺竿头，更进一步。

当时，有的品种质量不稳定，有的比过去下降了，有的时上时下。产品质量稍有波动都会引起消费者的强烈反应，损害商品信誉。因此，首先要稳定，在稳定的基础上做到三个提高：一是提高外观质量。二是提高内在质量，这是提高质量的主攻方向。三是提高一类品率，消灭三类品。具体到各个厂，则要结合自己的实际，有针对性地抓好薄弱环节。

在抓提高产品质量的过程中，要处理好几个关系：第一，是产量、质量和效益的关系。质量是企业的生命，产品质量好，价格又适中，即人们称之为“物美价廉”的产品，才会受到消费者的欢迎，才能在市场竞争中立于不败之地，才谈得上经济效益，只图数量，不讲质量，结果什么都没有。物美价高，广大消费者望烟兴叹，也无效益可谈。在成都会议期间，总公司物价部门的同志曾向我建议，云南烟供不应求，十分走俏，可否考虑把“红塔山”、“红梅”等几个品牌的价格往上提一点，我没采纳这个意见，省政府也不赞成这样做。实践证明，这样处理是完全正确的。第二，是厂、车间、班组和机台在对待产量和质量上的矛盾。要加强厂级质量检查工作，建立一支训练有素、有厂部支持、有权威的质量监查队伍，进行经常性的检查，并与车间、班组、机台自查结合起来。各厂应制定具体实施细则。治本办法是抓好全员培训，提高企业素质，推行现代化科学管理，处理好职工内部分配关系，拉开奖金档次，实行质量一票否决制。

产品质量管理要求做到：“配方稳定，加工精细，管理从严，数据考核，奖惩严明。”要认真严格地按这20个字大胆管理，做到标准化、制度化。该奖的奖，该罚的罚。玉溪卷烟厂坚持烟叶必须进行两年的自然醇化发酵，方可进入制丝车间的做法是一条极为重要的经验，它对提高卷烟质量起着决定性的作用，各厂应下决心认真推行。

第二，调整产品结构。

调整卷烟产品结构是商品生产发展的需要，是提高经济效益的有力措施。1984年云南省滤嘴烟比1983年增加6.7万箱，甲乙级烟比例比1983年提高1.7%，仅这两项就增加经济效益约5500万元。1985年计划把滤嘴烟比例提高到20%，甲乙级烟比例提高到65%，力争3年内甲、乙级烟占80%左右。滤嘴烟达140万箱，单箱税利提高到700元以上。

要少牌号，多规格，改进包装装潢。1985年全省5个卷烟厂生产着53个牌号的卷烟，经讨论决定：云烟、茶花、田七、重九、红塔山、阿诗玛、石林、春城、红梅、翡翠、金花、金沙江、红缨、天平、春耕、福牌、马缨花等17个品种为名牌优质产品，扩大生产，增加产量；红山茶、玉溪、恭贺新禧、吉庆、嘴蝴蝶泉、嘴龙泉、画苑、嘴玉苗、嘴桂花、三七、宝石、金象、佳美、金鹰、滇叶、鹰牌等17个品种继续生产，在提高质量的基础上，根据市场情况，逐步增加产量；精吉庆、精玉苗、精金象、精蝴蝶泉、望海楼、征途、枫林、精丽云、芳草、银兔、金马、碧鸡等12个品种压缩产量；精桂花、孔雀、凯歌、花雨、锦屏、红金鱼、红椿7个品种停止生产。全省卷烟牌号由53个减为46个。与此同时，各厂要把自己的拳头产品、名牌产品、新产品开发出来。拳头产品、优质名牌产品的标准是获部优、省优称号，消费者认可，有相当的创收能力。新产品的标准是打入国际市场。各烟厂厂长向省公司立下军令状，省公司向省政府立案备查，并作为换届交接的主要内容，完成任务的视为创业有功，没有完成任务的视为政绩平平，不能保持和发扬现有优势的视为败业有过。有功受奖，有过受罚。

商标已从一个具体商品的标志变成系列商品或一个企业的信誉标志，是一种工业产权，是企业的无形“资产”或竞争的有力手段之一，那种不注意维护自己商标信誉，不在保持和提高自己产品质量上下功夫，而是频繁地更换牌子，还美其名曰“又生产了新产品”，企图以此打开市场销路的做法，结果适得其反，严重损害了产品形象和厂家利益的教训，一定要认真汲取，不能重蹈覆辙。要严格商标管理，价格、商标必须严格按专卖条例及实施细则17条和20条的规定执行，凡未按上述规定执行的卷烟、雪茄烟商标，必须在1985年内办完申报审批手续，逾期未经批准的，一律停止生产，不供应原料，产品不予放行，违者按有关规定查处。

规格也不是小事情，长春烟厂改变了烟支规格就由死变活，玉溪烟厂81毫米“红梅”烟卖不掉，改成84毫米就好销，还可多赚钱，能创外汇，又受群众欢迎。这样的好事，何乐而不为？一个小改革为什么会起大作用，给人们的启示是：商品要适应消费者的求新心理，随着人民生活水平的提高，普遍希望在提高质量的同时，包装装潢也应具有时代特点，做到多样化，以适应旅游、劳动、工作、交往等需要，不能“金玉其中，败絮其外”。

第三，高起点地进行技术改造，是提高效益的关键。

云南省卷烟设备比较落后，以第二车间的卷接工序为例，当家设备是新中国卷烟机，每分钟只能生产800支，而且烟支的均匀度等问题成了长期解决不了的老大难问题，卷出的烟，透气性、燃烧性都很差，严重影响产品质量。第一车间的制丝线也很落后，梗带叶、叶带梗的问题解决不了，既浪费烟叶，生产一箱烟要消耗烟叶60公斤，也影响卷烟质量，抽烟时常常出现燃到“大骨头”就熄火的现象，消费者反映十分强烈。当时国际上最先进的卷烟机是英国莫林斯公司生产的莫林九五，每分钟可生产5000支烟，不合格产品自动剔出，质量很好，烟支松紧均衡等老大难问题也迎刃而解。人们夸耀这种卷烟机："就像印钞票一样，财源不尽滚滚来。"与之相配套的制丝机也很先进，可以把梗和叶分得干干净净，而且把烟梗压扁，膨胀后切细，作为烟丝的填充，既无损于卷烟质量，又节约了烟叶，加上卷接时废品率低，每箱消耗烟叶由60公斤降到40多公斤，单此项新增加的效益就非常可观。

进口这些20世纪80年代国际先进水平的卷烟设备，要花大量外汇，尽管云南省外汇紧缺，但省政府领导已经看准了关键的这一着，便下决心给烟厂"吃小灶"。1985年前就花了2亿多元用于烟草行业的技术改造，以后又加大了倾斜力度。进入90年代，国际烟机生产水平又有很大提高，摩托罗拉公司生产的卷烟机每分钟可生产卷烟1万多支，比莫林95提高了1倍多，每个烟厂又瞄准这一先进目标进行技术引进。玉溪卷烟厂后来之所以获得世界一流水平、亚洲第一大烟厂、效益全国第一的殊荣，主要得益于其大规模、高起点的技术改造。高起点的技术改造铸造了云南省"两烟"的辉煌，功不可没。

第四，关于开展横向联合向经济联合问题。

延安地区是革命老区，也适宜种植烟叶，经中央领导同意，国家计委批准建立延安卷烟厂。延安地区的一位老专员专程前来云南寻找合作伙伴，我热情接待，并介绍他到玉溪卷烟厂洽谈。玉溪卷烟厂同意把该厂生产的乙级烟"翡翠"牌号让给延安烟厂生产，并赠送了两台先进的卷烟机，大力支持帮助该厂发展。西昌是四川凉山彝族自治州首府，周围的土质、气候及云南省楚雄州相似，可以种植烤烟，为了发展民族地区的经济，国家批准该州建立西昌烟厂。州委书记施家明亲自率领一班人来云南寻求帮助，我将他们介绍到玉溪烟厂进行具体商谈。玉溪烟厂给予大力支持，并派人到西昌烟厂长期驻厂指导帮助。此外，昆明卷烟厂还与吉林省四平卷烟厂合作共创了一个牌子。与此同时，我们也认真抓了省内烟厂之间的横向联系。为了使云南省卷烟产品在市场上形成一个拳头，进一步发挥云南省"两烟"优势，加强省内厂与厂之间的横向联营，很有必要，可以互相转让牌号。在联合生产时，一要两厢情愿，互利互惠；二要确保质量，不能影响品牌信誉；三要全部转让，不要一个牌号两家共同生产。下关烟厂生产的“春城”和“天平”（昆明烟厂让出牌号）实行定向销售，向滇西边疆开拓市场。“金沙江”这个牌号，玉溪烟厂愿意让出，昭通、楚雄、曲靖烟厂都愿接收，由省公司协调。与雪茄烟厂的联营，品种只能是丙级以下的，这不是另眼看待，而是从实际出发，实事求是。

省政府和总公司的上划协议中已经明确，省公司是总公司的直属企业，又是省政府赋予厅级管理烟草事业的职能部门。省政府下发的严格执行烟叶调拨的通知中也规定，凡是联营要经省公司认可。为此，要加强“两烟”横向联营的领导和管理，不经省公司认可的联营项目一律无效，按专卖条例处置。凡是洽谈“两烟”联营的，事前都应向省公司报告，达成的协议要经省公司认可方能签约，不能边斩边奏。

第五，关于烟厂的改革问题。

为了进一步贯彻执行对内搞活经济，对外实行改革开放的方针，加快以城市为重点的整个经济体制改革步伐，更好地开创社会主义现代化建设的新局面，按照马克思主义基本原理与中国实际相结合，建设有中国特色社会主义的总要求，1984 年 10 月 20 日，中共中央作出了关于经济体制改革的决定，推动了以城市为重点的经济体制改革。

烟草行业是一个特殊行业，除了要认真执行计划经济体制下固有一套计划管理模式外，还要严格遵守国家为这一行业制定的专卖法。根据党的十二届三中全会决定精神，如何扩大企业的自主权？除了下放一定的人事权、资金使用权外，争论的焦点是：能否给企业一定的产品处理权？这个问题不解决，即使其他问题解决了，企业也活不起来。“纸烟”、“纸烟”，便是纸加烟，烟丝属地产原料，也是主料，纸和其他均为辅料。辅料全靠进口，由总公司统一按计划供给，进口多少又要受国家外汇管理使用宏观调控的制约。所以供应的数量十分有限，远远满足不了卷烟发展的需要，市场走俏的产品想多生产一点，只能望而却步，企业像死水一潭，没有什么生气。为此，我们下决心解决这一难题。经过半年多的调查研究，省公司领导反复酝酿，并征得省政府主要领导的同意，决定从 1985 年开始，全省以 160 万箱为基数，超产部分，按等级比例留 5% 给烟厂（含地、州、市分公司的需要）自行处理，按季考核，年终结算。自销烟的分配权归烟厂，经营权归分公司。要遵守价格政策，按专卖渠道办事。这条改革措施现在看来可能微不足道，但当时是很了不起的，因为它突破了烟草“专卖法”关于卷烟生产要严格按上面下达的计划执行，随意欠产或超产均属违法行为，烟厂生产的卷烟必须全部上交省公司处理，否则也是违法的规定。这是解放思想，不唯书，不唯上，敢于实事求是的结果。从此，烟厂开始活了起来，它可以利用自己拥有的自销烟，串换一些需要进口、但国家供给又十分有限的辅料如丝束、各种纸等，根据市场需要情况，扩大卷烟产量，大幅提高经济效益。以后随着改革的深入发展，烟厂拥有更多的自主权，其生产和经营更加活跃，以致逐步进入了云南省“两烟”的黄金时期。

改革的另一项重大措施是，继续实行烟箱工资含量。玉溪烟厂实行烟箱工资含量以后，大大调动了工人的积极性，生产蒸蒸日上，但社会反响强烈，产生了红眼病。认为：工人拿得太多了，有的已经“发”了，好像就要两极分化一样。考虑到保护工人的积极性至关重要，没有它就没有卷烟的发展，所以我们力排众议，争得省劳动人事厅的支持，把这一分配形式坚持下来。1985 年省工资改革办公室正式批复 5 个烟厂试行单箱卷烟工资含量包干浮动办法：核定卷烟产量基数为 165.49 万箱，分别下达各个烟厂，每箱平均工资含量 7.32 元。曲靖、昭通、楚雄 3 个烟厂每箱含量 7.5 元，昆明、玉溪两个烟厂每箱工资含量 7.2 元。超基数生产一箱增加一箱工资含量额。

为了保证生产计划的实现，1985 年全省卷烟生产计划 180 万箱，分别下达各个烟厂，对完不成计划的要倒扣工资。曲靖、昭通、楚雄 3 个烟厂每少完成 1 箱，扣工资 8.2 元，昆明、玉溪两个烟厂每少完成 1 箱扣工资 7.9 元。玉溪、昭通两个烟厂的复烤车间每吨烟叶复烤工资额 25 元。制约指标，卷烟品种、质量、上交利税，每少完成一项扣减上浮增长工资 20%。实行结果，年终结算时超计划生产卷烟 25.84 万箱，比上年增长 15.6%。得超产工资 187.62 万元。

以上两项改革措施，前者是为了调动厂家的积极性，搞活企业，提高自身的发展能力；后者是为了调动职工的积极性，以厂为家，树立主人翁责任感。两个积极性关系重大，缺一不可。

另外，“三合一”（烟厂、烟草公司、烟草专卖局三合一，烟厂厂长兼烟草分公司经理和专卖局长）的领导管理体制也在酝酿之中，拟先在玉溪试行，取得经验全面推开。

云南开放边境贸易的探索

刘树生

封闭就要落后，落后就要挨打，中华民族在对 19 世纪中叶以来 100 多年的屈辱历史的反思中悟出了这一真知灼见。党的十一届三中全会后，对外开放的春风在神州大地劲吹，怎样开放，开放些什么，牵动着中国人的神经。深圳模式，广州模式，上海模式提供了经验，云南怎么办？

一、历史概况

首先进入我脑海的是刚到云南时在保山考察的情景。那时的畹町已有公路，尽管坑坑洼洼总能乘车前往，从畹町步行一天到达瑞丽，畹町和瑞丽街头，破败凋零的茅草棚下，分不清谁是中国人，谁是外国人，两国边民友好互市，互通有无。到思茅访问时，在勐海的打洛看到了同样的情景。这种边境地区特有的边民小额贸易，不也是事实上的对外贸易吗！

20 世纪八九十年代，我先后任中共云南省委常委、副书记，云南省政协主席、党组书记，云南省关工委主任等职。1982 年，我先后到德宏、版纳、红河、临沧等地州考察后，思路进一步清晰，德宏州的边境贸易在全州国民经济中占有近 20% 的份额，引得省内外众多学者专家、企业家纷至沓来，从中进一步感悟到边境贸易不可忽视。我省 4000 多公里的国境线，其中中缅边界 1997 公里，德宏、保山、怒江、临沧、思茅、西双版纳与缅甸的掸邦、克钦邦接壤。中越边界 1353 公里，文山、红河、思茅与越南的河江、老街、莱州省接壤。中老边界 710 公里，西双版纳、思茅与老挝的丰沙里、南塔、乌多姆塞省接壤。这种地缘环境不正是云南对外开放的优势吗？

云南省与缅、越、老的边界山水相连，没有天然屏障，有的地方鸡犬相闻，交往方便。云南 25 个少数民族中，有 15 个跨境而居，同一民族有着共同的语言，共同的风俗习惯、宗教信仰，在长期的社会进程中，有着悠久的历史交往。

先秦时期，庄蹻入滇后，以古滇国的滇池地区为中心，开辟出了“蜀身毒道”。北通成都，东到重庆，西经大理、保山、腾冲入缅甸，转印度。当时四川的丝绸就是通过这条路线运往中亚和西方。因此，史学家们将这条西南地区各族先民开辟的通道称为“南方丝绸之路”。这比后来张骞通西域后形成的西北丝绸之路早了几百年，比唐代玄奘法师的取经路线早了 1000 多年。

公元前 221 年，秦始皇统一中国后，在川滇交界处修筑“五尺道”，从关中经四川、与云南连接。汉代开辟了从滇池地区南行，经蒙自、屏边、河口入越南的以汉朝伏波将军马援名字命名的“马援故道”。秦汉到清初的两千多年里，云南通过几条古道与东南亚的商贸往来长盛不衰。7 世纪后开辟了经建水，沿红河水路入越南的对外贸易道路，还有经思茅、勐腊至老挝、泰国、缅甸的“茶马古道”。20 世纪，由于滇越铁路的修通，云南的对外贸易有了较快发展。

抗日战争中，东北、华北、中南相继沦陷后，滇缅、滇印两条公路先后修通，云南成了全国抗日的战略后方和物资进出口的主要通道。抗战胜利后，国民党发动内战，民不聊生，国民经济遭到严重破坏，云南对外贸易奄奄一息。但边民之间互通有无的近似原始状态的交往从未间断过。

二、初开国门的民间边境贸易

20世纪80年代的世界，经济的国际化、一体化日益明朗，各国经济互相沟通、相互依存、相互融合、共谋发展、共同受益成为国际经济的大潮。同时，世界经济集团化、区域化不断加强。国际经济领域的竞争日益加剧，历史上存在的贸易保护主义变换形式而更显活跃。在国际经济一体化与贸易保护主义并行，合作与竞争并存的世界背景下，省委学习中央有关指示，进一步解放思想，形成参与交流、参与合作、参与竞争，以发展国民经济为前提，以国际市场为目标，求得云南在国际市场中的一席之地的指导思想，采取扩大外贸与抓好边境贸易相结合的措施。相邻的缅甸、越南、老挝都是发展中国家，资源丰富，但工业基础薄弱，工业制成品的自给率很低，其经济状况与我国20世纪50年代末60年代初的情况大体相同。缅甸历史上的古都、现时的第二大城市曼德勒，虽然佛塔林立，金光耀眼，但是称得上工业的仅有一个啤酒厂、一个面粉厂和一些修车行。市面上的商品一半以上来自中国。这一情况表明，他们在市场商品上与我省有着密不可分的依赖关系。

云南省的边境贸易不同于东北、西北，那里面对的是工业相对发达的前苏联，进口的多是机械、电器、化工等产品，出口的多是农产品、纺织品和食品，进口超过出口。云南边境上出口的多是满足国内市场需要基础上的相对过剩的工业制成品。进口的几乎全是国内市场上需求旺盛的木材、矿产品、水产品、畜产品、农产品等资源性产品。绝大部分以货易货，差额用人民币找补，可操作性极强。十多年来与缅甸的进出口产品结构完全证明了这一点。

进口的大宗产品是木材和玉石。缅甸的柚木、红木、栗木等原材和玉石，每年进口数亿元，约占总进口的一半以上。其他为锰矿砂、锑矿砂、钨金矿石、铬矿砂、豆类、藤条、牛皮、芝麻、紫胶、攀枝花、橡胶、咖啡和水产品等，每一宗大多在千万元以上。这些产品经云南初加工甚至不加工源源不断流向中南、华北、东北几至辐射全国，经香港流入东南亚、韩国、日本以至欧美。瑞丽口岸 1994 年进口的商品流向充分说明，不但满足省内的需要，而且对全国有好处。进口的木材 46% 销往广东、上海、江苏、浙江、安徽等 9 个省市。珠宝玉石 85% 调往广东、上海、北京、河南等 13 个省市，并转口香港、泰国、韩国、日本。73% 的海产品销往全国 50 多个省市。95% 的藤条供应广东、四川等 10 多个省市。80% 的芝麻供应广西、辽宁、湖北、天津等 5 个省市。眉豆、白扁豆、鲜芒果、鸭鹅毛、魔芋片、玻璃石完全是根据各省的需求进货。全省边贸进口商品中有 30%—40% 又被各兄弟省市转口出口。出口的主要是纺织、化工、轻工产品等。具体的有卷烟、棉布、棉纱、电池、石蜡、柴油机、白糖、自行车、啤酒、汽车、中西成药、洗衣粉、纯碱、化纤布、医疗器械、手扶拖拉机、电动机、录音机、染料、胶鞋、轮胎、牙膏、陶瓷、水泥、服装等 30 种商品，金额都在千万元以上。销量上百万元的有圆钉、插销、铁丝、糖精、奶粉、苹果，以及毛巾、火柴、电筒、电池，等等。中国产品在缅甸北部市场举足轻重，占有的份额逐年增加，1985 年占 20%，1987 年占 65%，1992 年占 65% 以上。在生产生活中发挥着重要作用，在其首都仰光市场上占 15% 左右。在曼德勒占 40% 左右。毗邻德宏、保山的腊戍、密支那、八莫等地的市场上，份额高达 70% 左右。

在缅甸，特别是缅北地区的市场上，到处可以看到昆明纺织厂的“石林牌”棉纱，昆明三磷聚酸钠厂的“依兰”牌洗衣粉，金马柴油机厂的 X195 柴油机，昆明手扶拖拉机厂的手扶拖拉机，昆明油漆总厂的“中华”牌油漆、昆明锻造厂和马龙县产的板锄、兰箭汽车厂的轻型卡车、“春花”牌自行车、个旧的布鞋、芒市的胶鞋、腾冲的皮鞋、十滴水、六神丸……

出口商品中，云南产品逐年增多，从不到 10% 上升到 1/3 左右。洗衣粉几乎占领了全部缅北市场，在曼德勒的集散量每年有龙门牌 5000 吨、OSO 牌 7000 吨、依兰 7000—10000 吨、JB 牌 2000—3000 吨。据海关统计，兰箭牌汽车 1994 年周边国家共订购 600 辆，1995 年订购 1500 辆，而 1996 年的缅北市场上的兰箭车就有 2000 多辆……当然，目前出口商品也遇到严峻的挑战，主要是有的产品质量不高，还有少量伪劣产品，有丧失信誉的危机。同时，随着缅甸的开放，日本、韩国、新加坡和我国台湾的产品大量进入，从南向北推进，与我国展开激烈竞争。

三、因地制宜争取政策支持

边境地区的独特性，决定了边境贸易的特殊性，因此，就必须根据不断变化的情况制定特殊的政策，才能够促进其不断发展。改革开放初期，国际贸易被认为有两种形式，一是大国之间的国际贸易，第二就是边境 20 公里以内的小额贸易。对于边民贸易规定为边境地区的居民在我国陆路边境 20 公里以内，经政府批准的开放点或指定的集市上进行的商品交换活动，在不超过规定的金额或数量范围内免征进口关税和进口环节税，而云南边境地区地广人稀，边境 20 公里以内的地方不仅没有城镇，许多地方甚至基本没有人烟，没有村子也没有市场，如果 20 公里以外不能有边境贸易，云南边境贸易就等于全部封闭。云南省委、省政府进行多次调查研究，认为国家对小额贸易的政策规定得过死，需要向中央汇报，争取优惠政策，对此进行改革。云南省委提出把边境 26 个县全部作为边境贸易区，经过反复汇报，向中央争取，中央同意把 26 个县全部划为边境贸易区。

针对贸易限额，规定边境贸易只能是小额贸易，每笔交易金额不能超过 100 元人民币，而 100 元人民币连一台缝纫机、一辆自行车都买不到，这样的限额幅度，也让边境贸易难以做大。我们向中央汇报争取，中央批准了一条政策，不超过 100 元人民币限额只限于第三国产品进口，而只要属于边境贸易地区的边境贸易，不限金额。鉴于我国与周边国家存在较大的贸易互补性，缅甸、越南等国的一些初级产品和原料进口加工后可以在别的地方创汇，因此，争取到中央同意，对边境邻国自己生产的 161 种农业原料初级产品进口免征关税。此外，币种的结算当时规定缅币不能兑换人民币，经过协商和争取，可以在国家指定银行、营业所兑换缅币等外币，用人民币结算。

我国《对外贸易法》明确规定：“国家对边境城镇之间的贸易以及边民互市贸易，采取灵活措施，给予优惠和便利。这与世界各国对边境贸易的措施基本一致，不仅适应边境贸易作为对外贸易的特殊形式需要，也是促进边境地区稳定和发展的需要。”1984年国务院以“国办发〔1984〕国函77号”文批转《边境小额贸易暂行管理办法》。云南省据此制定了《云南省关于边境贸易的暂行管理规定》，以“云政国发〔1985〕43号文”下发。这个文件从云南边境地区的实际情况出发，在总结30多年边境贸易管理的经验教训基础上，以中央开放搞活为指针，以国务院批转文件为依据，订出了若干特殊措施，分别对边境地区生产生活必需品及日常必需品制订了减免税物品表，采取“以文代证”等从简管理办法。从此，传统的边民互市发展为正式的边境小额贸易。由于当时缅甸尚未开放，这种贸易以民间方式进行，称作民间贸易。这一政策出台，边境上的国有、集体的商业、供销、物资部门积极性空前高涨，由原来在境内零星收购边民携带入境的物品和供应边民所需出境物品，转为直接与境外私商进行商品交换，使得边境贸易额猛增。云南全省边境贸易额1984年是0.4亿元，1985年1.2亿元。1986年2亿元，1987年4.6亿元，1988年8.6亿元，1989年10.1亿元，1990年12.8亿元。6年翻了20多倍，其增长速度之快确实异乎寻常。为了适应边贸和开放的需要，在原有海关口岸的基础上，国家在云南省边沿6个地、州26个县市先后批准开放了国家级口岸10个，省级口岸10个，使边贸如虎添翼。

1991年，国务院以“国办发〔1991〕25号”文批转《关于积极发展边境贸易和经济合作　促进边疆繁荣稳定意见的通知》。后来，海关总署据此制定了《中华人民共和国海关对中缅边境民间贸易的监管和税收优惠办法》，以“署监〔1992〕86号文”下发。两个文件充分体现了扩大开放的精神，充分考虑到中缅边境的历史的、自然的和现实贸易状况，从扶助边疆民族地区的实际情况出发，进一步明确规定：进口农、林、牧、矿等162种商品给予免税待遇，对许多证管理商品继续采取以文代证的从简管理办法。与此同时，国务院以“国函〔1992〕62号文”发出《关于进一步对外开放南宁、昆明及凭祥等五个边境城镇的通知》，除昆明市实行沿海开放政策外，当时的瑞丽、畹町和河口享受10项优惠政策。这些方便灵活的管理措施和优惠政策，使云南的边境贸易出现了大好局面，1992年边境贸易总额上升到18.94亿元，1993年越过20亿大关达到22.5亿元。

有了这几条政策突破了地域限制、贸易限额，特别是取得关税优惠政策后，26个县的边境贸易额得到大幅度增长。全国各地的企业，只要进入这26个县办企业，都可以从事边境小额贸易。26个县的企业进口原产于邻国的商品，除国家规定的照章征税的商品外，其他商品进口关税和进口环节税减半。同时进口邻国的初级产品进行加工再向国内销售或出口国外，这极大促进了进出口加工业的发展。边境贸易额从1984年的0.4亿元到1991年的12.8亿，用了8年时间增加12.4亿元。1992年和1993年就从12.8亿跃到22.5亿，两年增加近10亿，最重要的原因是政策优惠，管理灵活。

四、云南边境贸易的迅速崛起

边境贸易是对外贸易的组成部分。“八五”期间，云南进出口总额累计为66.5亿美元，其中边境贸易进出口总额为13.58亿美元，占20.42%。

在对缅甸、越南、老挝三国的贸易中，边贸的份额举足轻重，“七五”期间占95%，“八五”期间虽然由于各种原因下降，仍占65%。由于边贸的参与，云南与缅、越、老三国的边贸进出口占外贸总额的27.6%。其中缅甸与香港并列成为我省最大的两个外贸伙伴。

边境贸易的开展，促进了云南的整个外贸，为云南工业产品开辟了通向东南亚的广阔市场，改变了云南以往单纯依靠东南沿海面向发达国家的一条腿走路状况。使云南对外贸易的格局单一由西向东发展，调整为东西双向发展的格局。

新形势，新格局，省委、省政府对外贸工作作出了新的决策：以东南亚为重点，面向世界。外引内联，与边贸相结合，实行全方位开放，推动外贸的全面发展。

这一决策迅速见效，特别突出的是瑞丽口岸 1995 年进出口货运总量达 32 万吨，货物总值 25 亿元，使外贸出现前所未有的新景象。

改革开放 20 多年来，云南省的国内生产总值由 1978 年的 69.1 亿元增加到 1000 多亿元，每年以 10% 的速度递增，财政收入跃居全国第四位，可用财力列西南地区第一位。各条战线、各个地区都发生了巨大变化，边境贸易地区变化更为明显。沿着边境口岸行走，处处生机勃勃。

陇川县的章凤，傣语的本意（近似准确的发音为“占晃”）是大象吼叫的地方，1950 年前不到百户人家，中华人民共和国成立以来徐徐发展。改革开放后翻天覆地，现在高楼鳞次栉比，商号林立，成为国境线上的一座新兴城镇。

瑞丽县的姐告，顾名思义是傣族土司官曾经住过的一个丢弃的村镇，一直孤零零躺在瑞丽江中国一侧的荒滩上，现在建成繁华的经济开发区，成为与缅甸的木姐、南坎、腊戍开展边境贸易的中心点，每年数亿元的商品从这里进出。

临沧地区镇康县的南伞，是个名不见经传的小村落，历史上中缅边民“日中为市”以物易物的“草皮街”，如今建成街道纵横的省级口岸，距缅甸的老街 10 公里，贵街 30 公里，成为两国边民商品交易的集中点。

西双版纳勐海县的打洛，与缅甸的小勐拉仅一河之隔，原是个从山峡谷中的村落，现在设了省级口岸，白天车水马龙，晚上灯光灿烂，成为西双版纳与缅甸的小勐拉、景栋直至缅泰边境的大其力开展边贸的中心。

凡是口岸的地方，都像一颗颗明珠镶嵌在国境线上。由于边贸的发展，拉动了地方经济，边贸收入成为许多边境县财政收入的一大支柱。凡有口岸开展边贸的地方，群众的生产生活都得到极大的改善，走在脱贫致富的前列。德宏州的边贸占全省边贸进出口总额的一半，他们靠以边贸为先导，工业为依托，农业为基础，贸工农全面发展，使一半以上的县市脱贫。边境口岸和通道，绝大多数是少数民族地区，边境贸易为他们开辟出一条脱贫致富的道路，在经济上实现事实上的民族平等。增强了民族地区的凝聚力和吸引力，促进了民族团结，保证了边疆安定。

边境贸易的蓬勃开展，口岸建设欣欣向荣，形象具体地体现了社会主义制度的优越性，推动了与周边国家和平友好，睦邻互助关系的发展，为社会主义建设创造了良好的内部和外部环境，既富国利民，又睦邻安邦，其政治上、思想上的意义，已超出了经济发展的本身。边境贸易的发展带来了旅游业的兴旺，瑞丽的姐告和勐海的打洛是两颗特别耀眼的明星。西双版纳的自然景观和人文景观固然具有巨大的吸引力，到西双版纳的游客无不从打洛出境畅游；德宏油画般的坝子与水墨画般的山水，让国内外众多游客流连忘返，到德宏的人，无不慕名到姐告出境去饱览异国风光……

经济上的变化发展，带来了各行各业、各个领域的变化发展，意义特别深远的是人的思想观念发生了历史性的变化，特别是居住在边境深山老林里的傈僳、拉祜等民族，过去以商为耻，以做买卖为下贱，在商品经济的大潮冲击下，逐步确立了商品生产观念。他们不但学习经商，还走出家门，上昆明，进北京，出国门，在崭新的价值观念支配下，追求更高的社会文明，真正实现了社会进程跨世纪的飞跃。

五、思考和启发

对外边贸与大贸并举，使云南在神州经济发展中的战略地位起了根本性的变化，我国与周边国家的联系日益密切。随着中央西部大开发计划的实施，云南背靠大西南，面对东南亚的区位优势日益显现，在川、黔、藏以至西北诸省与东南亚、南亚进行物资、信息以及人员交往中，发挥着越来越重要的作用，成为连接两个市场，沟通两大区域的陆、水、空交通纽带和前沿门户，成为假道周边国家走向东南亚、迈向世界的桥梁，潜力很大，前景广阔。

老祖宗一直告诫儿孙：晴带雨伞，饱带干粮，凡事预则立。我们在发展，在变化，地球并没有停止转动，国际上的经济竞争日趋激烈，日本、韩国和我国台湾的商品、资金近年来大批涌入云南省的周边国家，呈现出由南向北推进的强劲势头。以缅甸为例，日本、韩国的汽车、电器、机械，新加坡的保险业，台湾的日用百货、电子产品已在仰光立足，在缅南市场上占的份额越来越大，逐步向北对我出口商品挤压，我国产的一些家电产品已被迫退出缅甸市场，曼德勒以南已不再用中国水泥，泰国、马来西亚产的石棉瓦已经占领腊戍、八莫市场，打到瑞丽江边。过去全用我们的涂料，现已被新加坡、泰国和香港的产品取代……呈现出咄咄进逼的态势。如不高度重视，必将坐失良机造成严重后果。同时，就如万里晴空不能免除乌云出现的可能，像汹涌澎湃的大潮里泛起沉渣。在开展边境贸易中有几个突出问题值得深思，决不能等闲视之。

一个是许多企业缺乏全局观念，不正当竞争导致严重内耗，给国家和企业造成严重损失。二是在与缅、老边贸和外贸的出口物资中，云南地方产品仅占三成左右，而且大多是日常生产生活用品，缺乏大宗商品。同时，由于我们的产品外观质量差，包装粗劣，在价格战中失去竞争能力。同类牙刷，昆明产的每把只能卖 7—8 缅元（约合人民币 0.5 元）。泰国产的每把可售 28 缅元（约合人民币 2 元）。同样的系列童车，泰国产的每辆可卖 3650 元缅币，广州和昆明产的只能卖 1400 元缅币，不到泰国的一半。三是打着中国商品标志的假冒伪劣商品在缅北市场上越来越多，开始出现的是沿海，江浙一带的小家电、小五金产品，接着假冒云南名优卷烟，后来是中缅双方的不法奸商相互勾结，生产、组装、销售假冒伪劣商品的行为越来越猖獗，什么商品畅销他们就出什么，应有尽有。他们低价出售，假的取代真的，劣的挤垮真的，不法奸商图一时小利，却损坏了中国商品的形象，使国家造成重大损失。

中国民谚说得好，世上没有渡不过的河，没有翻不过的山。只要我们进一步制定灵活多样的对策，云南的边贸和外贸必将在西部大开发中高速前进，在我国加入世贸组织后，迈向新的台阶，做出新的贡献。

20世纪80年代云南的整党工作

梁　家

党的十一届三中全会以后，党的工作重心转移到经济建设上来，云南与全国一样，经济社会面临前所未有的发展机遇，已经呈现出一些可喜的新变化、新面貌。但是党的组织建设和作风建设上还存在一些与经济社会发展不适应的问题。总体来看，主要有两个方面：一方面有十年“文化大革命”遗留下来的历史问题；另一方面是在新的历史条件下产生和发展起来的不利于建设和发展的新问题。在此时党中央提出用三年的时间对党的作风和组织进行一次全面整顿，是非常必要的。云南从1983年开展到1987年，通过这次深入的整党解决了历史遗留问题，转变了全省的发展思路，打开了改革开放新局面，这是一次影响深远的整党工作，值得我们总结和思考。

我于1983年12月担任省委副书记，参加了全省整党工作的组织领导。对于曾经中断党的生活20年的我来说，对这一次整党的体会很深刻。这是在“文化大革命”一场浩劫后，十年内乱的流毒还没有肃清的情况下进行的整党，意义十分重大，影响极为深远。这次整党应该说是非常民主、充分而且深刻，通过整党，省委深刻检讨了过去思想上和工作上存在的问题，理清了发展思路，同时自上而下清除“左”的思想流毒，清理了对社会主义建设埋下隐患的“三种人”。可以说，这一次整党，对云南的发展起到了承前启后的关键性作用。

作为这段历史的亲历者，当时我明显感到改革开放初期从云南省实际来看，受“左”倾思想干扰严重，特别在“文化大革命”中，派性问题突出，历史上遗留的不好的影响还一直存在。比如，一直到改革开放以后，很多同志思想上和行动上依然受到派性的影响，工作中不团结、甚至敌对的事情经常发生；有的同志住在对门，互不往来。虽然进行了拨乱反正，对党员干部进行彻底否定“文化大革命”和否定“两派”的教育，但很多不良影响还依然存在：一方面是思想的影响，需要长期教育；另一方面，在组织上，很多“文化大革命”时期干了坏事、造成严重后果，但现在比较年轻、有知识的干部，在党内隐藏下来，很多人尚未完全清理，这些都影响到省委各项工作的展开。通过党的十一届三中全会以来的工作和思考，我深刻地认识到，过去长期“左”的影响是难以在短时间内消除的，虽然拨乱反正，恢复了实事求是的思想路线，但是这些历史影响就像套在广大干部身上无形的枷锁，虽然看不见也摸不着，却捆住了大家的手脚，影响到工作的方方面面。

有很多同志看到内地发展很快，云南步子落后了，心里很着急，呼吁省委加快改革步伐，加快经济发展步伐，这些都是好的愿望。如何同心同德，聚精会神进行社会主义现代化建设，我也思考了很多。我认为，改革迈出的每一步，都要解决干部思想问题，解决组织和作风问题，否则工作就很难打开局面。要抛弃过去的包袱，加快发展步伐，要弥合历史的伤痕，首先必须从思想上消除派性的影响，必须牢牢抓住党的建设，只有从加强党的建设入手，才可能团结和带领广大干部群众进行社会主义现代化建设，才能解决经济发展和改革中遇到的一系列问题。

此时党中央已经十分明确整党的必要性和重要性。1983 年 10 月召开的党的十二届二中全会作出《中共中央关于整党的决定》，决定从 1983 年开始，用三年的时间，对党的作风和组织进行一次全面整顿。邓小平在这次会议上作了《党在组织路线和思想路线上的迫切任务》的讲话，强调了两个问题：第一个问题是整党不能走过场，第二个问题强调了“三种人”的危害。

1983 年 11 月上旬，云南省委召开了工作会议，传达学习中共十二届二中全会精神，讨论部署云南省的整党工作。在这次会议上，省委第一书记安平生根据常委会讨论的结果，作了题为《关于整党的部署》的讲话，对云南的整党工作进行总动员和总体部署。会后，成立了以安平生任主任的省委整党工作指导委员会。

这次整党的总任务是四句话、十六个字：统一思想，整顿作风，加强纪律，纯洁组织；整党的步骤分三期五批进行，其中第一期是省级班子及其所属部门，整顿好省一级党组织，先是省委常委为首的省级班子，后是各部委办厅局党组（党委），第二期是地州市以下单位，第三期是农村基层组织；次序是从省级到农村基层组织，先领导班子、领导干部，后党员群众，两个“自上而下”；基本方法是在认真学习文件、提高思想认识的基础上，开展批评和自我批评，分清是非，纠正错误，纯洁组织。此后，云南整党先从省委常委开始，在全省由上而下逐步展开。

现在回忆起来，就我个人亲历整党工作的情况来看，这次整党的风气很好，首先是常委们进行对照检查，作出表率，然后才逐级分批进行。省委常委先是从 1983 年 11 月开始，共用了三个月时间进行整党学习。新老常委一起坐下来学习中央关于整党决定和中央规定的四本书及其他文件。通过学习，大家的认识得到了进一步提高，为下一阶段的整党奠定了基础。

我个人认真地学习了《中共中央关于整党的决定》和邓小平在十二届二中全会上所作的报告。通过学习，我思想上受到了教育，有了很大启发，尤其是邓小平的深刻论述，解除了我思想上的很多困扰。回顾我们党的历史，有多次整党、整风运动，我个人也经历过一些，有很多深刻感受。政策路线和指导思想正确的整党，能够纯洁我们的队伍，对个人也是教育提高，像抗战时期的延安整风那样，整党之后，感觉同志之间更为亲密，更加坦诚，对自己提高很大，工作干劲也更足。但是，受到错误思想指导的整党，以整人为目的的整党，往往会伤害一些同志，往往会使正直的、忠于党的事业的同志蒙受不白之冤，比如 1957 年的反右斗争及其扩大化等，因为路线错误，伤害了很多同志。我就是那次运动的受害者之一。因此，我深刻地认识到，这一次整党，目的是教育广大干部，彻底清除“文化大革命”和派性斗争的影响，把广大干部和党员的思想进一步统一到《关于建国以来党的若干历史问题的决议》上来，达到党内团结和各族人民的团结；特别是要通过整党，把全省干部群众团结到社会主义现代化建设上来。因此整党必须开诚布公，必须坚持民主、团结的作风，坚持批评和自我批评，并且省委常委应当以身作则。

从 1984 年 3 月开始，省委常委的整党转入议大事，查找省委常委工作中的主要问题，进行对照检查。大家集中了一段时间开展批评与自我批评，检查以权谋私等不正之风，并把省委工作中需要解决的问题作了认真研究。在开展批评与自我批评的基础上，形成了《省委常委对照检查征求意见提纲》，随后向省直机关和昆明市第一期整党的 100 多个单位的领导同志作了通报，并找来了这些单位党组成员和一部分处级干部征求意见；同时召开离退休老干部座谈会、各方面专家学者座谈会、民主党派负责人座谈会，请他们帮助省委常委整党。参加座谈会的有一两千人，同志们以对党对人民高度负责的精神，对省委常委开展了批评和建议，共提出 2000 多条意见。省委常委认真讨论吸收了同志们的正确意见，开展批评与自我批评，形成了《省委常委对照检查（修改稿）》，分五个片区下去征求各地州市委、省委委员、候补委员对省委领导班子整党的意见，同时也将修改稿发至第一期整党单位，再次征求各单位党组意见。到 7 月份，省委常委会议讨论通过了《中共云南省委常委的对照检查》。这中间小的修改还有多次。这个对照检查前后八个月时间，反复讨论，广泛征求意见，才最终形成。这个经过，说明了这次整党是非常严谨认真的，没有走过场。

1984 年 7 月，省委三届六次全会召开，主要议题之一就是审议省委常委的整党对照检查，也为下一步在全省范围进行整党做准备工作。这次会议会风很好，参会的同志都开诚布公地向省委提出意见。我和高治国同志参加第四组的讨论，讨论中虚心倾听同志们的意见。我当时有一个感觉，就是大家对于加快发展的愿望很急切，希望省委加快机构改革、经济体制改革等改革的步伐，但对于整党的意义，认识还不够深刻。同志们对安平生同志代表省委常委所作的整党的对照检查都表示满意，对省委的工作提出了很多具体意见，对我个人也有很多启发教育。比如中国社科院昆明分院张敖罗在发言的时候说："我到云南 20 年了，条件那么好，但云南迈的步伐不大，资源丰富是优势，但也具有山区边疆多民族的特点，省委常委作为领导核心，要多认真总结经验教训。"这个建议是很中肯的。云南的每一步改革和发展，对省情的认识起到了重要推动作用；对省情的科学认识是省委制定政策的依据和起点。在改革开放之后，对过去批判的"边疆特殊论"、错误的民族政策、"政治边防"等都进行了拨乱反正，从上到下重新认识省情，对于下一步的发展，至关重要。三届省委已经重视到这些问题，但是基层的同志更为迫切。大家在发言中还对省委的工作提出了几个问题：比如关于机构改革的问题，认为领导班子年龄偏大，文化偏低。要避免轻视知识、论资排辈，建议积极提拔年轻干部。更多的同志是对省委加快改革提出意见，有的同志在发言中认为省委在改革工作上，是修修补补多，改革步子迈得不大。如大包干的问题，群众都搞起来了，省委还慢慢来。这样就更不要说将"包"字推广到工业、农副业、商业等方面了。

总的说来，这次会议开得很成功，我感受到从上到下都急于改变现状的迫切心情，也感受到广大干部群众进行经济建设的热情干劲，这都给了我很大的力量，是全省发展的基础和动力。但是，另一个方面，我也感受到广大干部对于整党的必要性和紧迫性认识不足，在思想上对于"三种人"对党的事业的长期危害性还认识不足，所以大家的意见集中于经济建设，对于党内的思想作风存在的问题重视不够。因此，一方面我和高治国认真听取了大家对省委的意见；另一方面，我在发言中着重强调了"三种人"的危害，特别指出整党的必要性，消除派性的必要性。

要求在整党中端正党风，增强党性。这个问题是当时很紧迫的问题，关系到党的事业长期健康发展。"文化大革命"十年，把社会风气搞坏了，把经济搞垮了，各方面都遭受很大破坏，但对人的思想、对党风的破坏更大，内伤比外伤更严重。我记得，陈云同志对此讲得很深刻，他说，党风问题是关系到执政党生死存亡的大问题，所以，增强党性，端正党风，是我们一切工作搞好的关键。

在省委三届六次全会之后，省委常委又进行了个人对照检查，要求每个常委拿出三个月时间，大兴调查研究之风，切实抓好整改。9月至10月，省委相继召开了党员干部会议和党员干部扩大会议，省委、省人大、省政协、省政府、省顾问委员会、省纪委、领导班子中的党员负责人、各地州的书记以及第一期整党单位的党委、党组成员230多人参加，在会上省委常委通过了对照检查，并对第一批整党进一步做了安排部署。

省委常委整党的成果，我认为突出地反映在两个方面：一个方面，这次省委常委整党的成果，突出地反映在消除派性，增强党性，明确了清理“三种人”的指导思想和基本原则。消除派性、增强党性，彻底清除“文化大革命”在组织上、思想上的遗毒，为推动经济改革，发展经济打下基础。这次整党同延安整风不同的一个关键问题，就是纯洁组织，清理“三种人”。所谓“三种人”即：追随林彪、江青反革命集团造反起家的人，帮派思想严重的人，打砸抢分子。邓小平、陈云都提到“三种人”的危害，是定时炸弹，为了国家的长治久安，必须把他们清理出党。邓小平在党的十二届二中全会上，着重强调了“三种人”的危害。他指出：我们党现在的状况还远不是令人满意。党内还存在着不少没有来得及清理和解决的严重问题。其中最危险的是“三种人”。这些人已经清查和处理了一批，有些在思想上和行动上已经有所改正。但是确有相当一批立场没有改变而在党内隐藏了下来。说他们最危险，是因为：一是他们坚持原来的帮派思想，有一套煽动性和颠覆性的政治主张；二是他们有狡猾的政治手腕，不仅会伪装自己，骗取信任，时机到来，又会煽风点火，制造新的动乱；三是他们转移、散布和隐蔽在全国许多地方，秘密的派系联系还没有消灭；四是他们比较年轻，也比较有文化。他们当中有些人早就扬言十年、二十年后见。总之，他们是一股有野心的政治势力，不可小看，如果不在整党中解决，就会留下祸根，成为定时炸弹。在整党中对于上述的“三种人”和其他各种错误严重、危害严重的人，必须严肃地作出组织处理，该开除党籍的就开除党籍，该撤职或其他处分的就给予处分，犯罪的还得法办。邓小平的讲话，深刻地剖析了“三种人”的危害性，对我的启发很大，长期以来自己的思考，得到了提升，我从内心拥护中央整党的决定。

从云南实际来看，清除“三种人”，必须首先解决派性问题。云南是“文化大革命”的重灾区，在“文化大革命”中云南成立了两派，云南当时的派性，虽然只能说是一种残余，是一种影响，但它确实是一种思想上的细菌，是一种病毒，严重地腐蚀我们党的肌体。在“文化大革命”结束后，派性问题出现新的特点，就是旧的个人恩怨和新的个人利害关系相互纠结，故不但具有顽固性，还具有复杂性，在派性的掩护下，一部分“三种人”被隐藏了下来。

虽然“文化大革命”结束了，派性的影响却表现在各个方面，感觉在现实生活中派性影响是很严重的，很多同志习惯了用派性代替党性来思考问题。比如，有的人习惯用派的立场来分析问题，提拔干部，还要考虑“八派”几个、“炮派”几个。昆明市机构改革后，有人说“边炮掌权”（即边纵和炮派）。比如，省委提出要否定两派，就有人说，我这一派早就否定了。清理“三种人”，有的人说我们这派“三种人”早就抓完了，现在该抓你那一派的人了，等等。派性问题，严重影响我们队伍的团结和贯彻执行党的干部路线。所以不克服派性不行。但是要解决这个问题，也不那么简单。

省委三届六次全体会议之后，省委常委的整党告一段落。省委常委于 1984 年 7 月开会学习中央文件，重点讨论了消除派性、增强党性，认真搞好清理“三种人”工作的问题，在这次会议上，大家对清理“三种人”的基本原则和指导思想得到统一，明确了对派性问题的态度，并形成了会议纪要。

省委常委会议经讨论达成一致意见后，大家认为：“我们现在的情况是，浮在面上的‘三种人’，在揭批查等工作中已经解决得差不多了，现在的问题是，由于各种原因，特别是派性掩护下隐蔽下的‘三种人’还未清理出来”。因为这一问题复杂而艰巨，容易出问题，因此强调区分是不是“三种人”的根据，是本人对党对人民造成危害的事实，而不是“文化大革命”中的头衔或参加哪一个组织，严格掌握这一条，就不会出问题。对“三种人”也制定了正确的政策：一是原则上要清除出党；二是工作生活上给出路。同时省委也要求各单位要提高警惕，不能麻痹大意，坚决不允许挑起派性，不许利用派性整人。

这次会议在几个方面加深和统一了思想认识：首先，明确了彻底清查“三种人”是关系国家长治久安、保证实现党的总任务、总目标的全局性大事，是不能走过场的关键，要下定决心坚决清理“三种人”。其次，否定“文化大革命”中的所有造反组织，是彻底否定“文化大革命”，消除派性，增强党性的一个关键性问题，也是保证清理“三种人”工作顺利进行的一个前提条件。第三，在这次会议上，结合云南实际，省委一致认为，“文化大革命”中产生的云南两派组织，同全国其他所有造反组织一样，都是以“无产阶级专政下继续革命”错误理论为指导，以夺权为目的的造反派组织，没有谁对谁错，谁高谁低之分，均应彻底加以否定。澄清了这个问题，在思想认识上讲是一个很大的提高。在否定两派的同时，要坚持对具体人具体事进行具体分析，两派都有“三种人”，我省在粉碎“四人帮”之后进行揭批查斗争，就省委的指导思想和整个指导工作来说，是搞得比较好的，如果没有这场斗争的胜利，就不会有今天这样好的形势，要理直气壮地肯定这场斗争的伟大成绩，不能用派性立场来歪曲和攻击揭批查斗争。第四，强调用党性还是派性来指导清理“三种人”的工作，是一个是否与中央在政治上保持高度一致的重大原则问题，各级党组织和核查小组在这一工作中一定要增强党性，决不可成为派性的保护伞，对那些用派性来干扰整党工作的党员干部，必须追究责任。

这次会议解决了在整党和清理“三种人”过程中的很多重要原则和指导思想，进一步提高了认识，特别是彻底否定两派，提出了用党性否定派性，对纠正长期以来云南地方工作中存在的派性问题，起到重要作用。这次会议之后，成立了核查小组，省委坚决彻底地、自上而下地清理“三种人”。

整党成果体现在另一个方面，就是省委通过整党，进一步清除“左”的影响，明确了以经济建设为中心的思想，查找过去几年工作中的不足，针对云南经济发展面临的新问题，提出了改革的方向和发展的思路，对云南的经济工作作了全面部署。

这次整党过程中我觉得省委常委的对照检查是全面而深刻的，检查报告对成绩提的很少，或几乎不谈，对前一阶段省委各方面存在的问题进行了深刻的检查和自我批评。通过深刻检查省委在领导云南建设中存在的问题，理清了云南的发展思路。

这次检查非常深刻地剖析了省委常委思想上与社会主义建设之间的差距。提出，从省委常委的领导工作和指导思想上检查，最根本的是在执行党的思想路线方面存在较大差距，“左”的影响仍然在许多方面束缚着我们的思想。1978 年 5 月，全国开展真理标准问题讨论，云南省委表态较晚，而且仅从肃清林彪、江青两个反革命集团的流毒和影响方面去考虑，对这一具有战略意义的讨论，从理论到实践上的认识和理解都不够。党的十一届三中全会以后，在 1979 年 1 月全省县委书记会议上，省委虽然提出了要广泛深入地继续开展真理标准问题的讨论，但由于没有摆脱“左”的思想影响，对这一讨论是关系党和国家前途命运的大事仍然理解不深，因而领导不力，措施不坚决，没有针对云南实际，系统理清各项“左”的措施及其指导思想，给后来的工作造成很大困难。因为实事求是这个关系全局的思想路线没有解决好，省委常委结合云南实际学习、领会和贯彻中央的指示精神做得不够好；从云南经济社会发展基本平衡的实际状况出发，实行分类指导很不够，政策上有“一刀切”现象。对改革开放，谨慎有余，创新不足，有些问题遇到阻力还有犹豫，尊重群众首创精神，总结推广群众创造的经验，也做得差。以这种思想差距用来指导工作，就存在很多不够大胆、不够创新，甚至缩手缩脚的地方。具体表现为在经济工作上“左”的影响和旧框框还不少。

在农村的工作上，该放宽的没有放宽，从指导思想到具体措施都不适应大规模商品经济发展的需要。党的十一届三中全会以后的一段时间内，由于省委受“左”的思想束缚，指导思想长期受“一大二公”影响，突不破“三级所有，队为基础”这个框框，因此在推行农业生产责任制上，求稳怕乱，发展缓慢，过程拉得比较长。回顾和检讨过去的工作可以看出，我们的指导思想经历了一个逐步认识的过程，是群众实践促使我们的思想逐步解放的。1979 年农村形势和农民思想有两个倾向性的表现，一个是要求分队，一分再分；二是要求扩大自留地。这是农民对“一大二公”、“三级所有，队为基础”的体制要求转型的表现，对“大锅饭”、平均主义弊端的抵制。省委常委当时没有充分看到这个本质和主流，对某些问题采取不恰当的批评态度，以后对在落实包干到户责任制中一度发生的枝节问题看得过重，在边疆民族地区和内地山区家庭联产承包责任制虽然放得较早，但思想上在相当长的时间里，总认为它是特定地区的特殊政策，对坝区包干到户不大胆放手。特别是对经济发展水平较高的几个坝区实行包干到户的问题，省委思想解放最迟，不是充分相信和依靠群众，尊重群众的创造，放开群众的手脚，总考虑那里集体的家当多，如果家家户户都承包种田，发达的工副业跨下来怎么办，以致耽误了时间。农业结构性调整的步子不快，许多工作跟不上，因而没有取得突破性的变化。

随着改革的发展，经济发展会出现新问题。农业联产承包责任制在全省普遍推广后，农民的吃饭问题基本上得到了解决，接着自然而然地积极要求发展商品生产，使自己尽快地富裕起来。1983 年和 1984 年两个中央一号文件都强调发展商品生产这一问题，省委对抓住这个重点总揽经济全局，解决发展商品生产的问题措施不具体，政策跟不上，各地出现了商品流通不畅，买难卖难，产前产后的服务和金融信贷、仓储运输、科技服务工作跟不上等现象，都是省委指导思想上不适应形势发展的反映。县级经济体制综合改革的试点没有坚持下去，省委也没有认真总结经验。特别在流通方面，不够活，省委没有采取措施树立和搞活流通渠道，按行政区划、行政层次组织商品流通、多环节的、城乡分割的流通体制基本上没有改变。

城市工作方面，“左”的影响更为突出，受旧框框束缚更严重，基本上没有突破原来的体制。经济管理体制的主要弊病是集中过多，平均主义。省委虽然看到了不改革就没有出路，但是过分担心，如果掌握不好，可能影响国家财政收入和消费者利益，顾虑重重，当改革和原有政策规定发生矛盾时，不敢大胆试验，开拓前进。商业企业扩权虽然起步较早，但是搞搞停停，出现年头承包年底吹掉的现象。同时，没有很好发挥中心城市的作用，以致昆明和一些中小城市的经济活动受行政区划的限制，没有有效地打破地区封锁。对国外省外的开放做得不够，没有打开新局面。

交通问题是发展我省经济的最大劣势，多年来我们对这个问题议论多，办法少，偏重于希望国家修建铁路，缺少从现有基础出发，实行多种渠道、多种方式、多种办法，依靠群众发展公路交通，辅之以马帮驿道、水运、空运的思想，以致耽误了时间。

受“左”的思想的影响，我们党在一段时间内走了弯路，拨乱反正之后，虽然结束了“左”的指导思想，恢复了实事求是的思想路线，但要立刻清除在人们观念中“左”的残留，并不是一朝一夕的事情。反观自己，在清除“左”的思想上，我个人尽管曾经受到“左”的影响被错误处理，但不等于我就没有“左”的错误，我虽然挨过整，但是也整过别人。我在研究室工作时期，在农村改革上还有思想不够解放的地方，尊重农民首创精神不够。如 1979 年农村闹分队的问题，看支流多了，没有看到农民对“一大二公”的不满，在坝区包干到户的问题上，楚雄一位公社党委书记的认识水平就比我高，他说看来要解决农民的生活问题，不能不走那条路，而我们当时却说不能走。这就有很大的差别，说明思想不够解放。通过检查和反省，在思想上清除“左”的影响，使大家明确了发展的方向，实事求是地对云南下一步的发展进行了深入思考。

我们现在以历史的眼光来看，当时省委常委检查云南存在这些问题，是有一定客观历史原因的，主要还是“文化大革命”流毒没有完全清除，人们的思想很难在短时间内发生 180 度大转弯，加上思想上的派性等问题都影响到我们各项工作的开展。在这次整党中，省委并没有强调客观原因，而是从查找问题、转变思想出发，深刻地检讨了前段工作中的不足。我觉得这样的态度，是非常好的，也符合我们党长期以来“惩前毖后，治病救人”的思想。同时，要进行改革也面临一些新问题，在深刻检查的基础上，省委立足长远，从加快社会主义现代化建设出发，进一步明确了开发云南的指导思想，积极研究确定云南经济发展的奋斗目标和措施。

首先，在产业布局上，省委提出从我们云南的省情出发，提高坝区，开发山区，立足资源优势，在不断加强农业的基础上，统一规划，合理布局，逐步地建设以金沙江林区和思茅为重点的林业基地，以滇东北、滇西和滇中为重点的畜牧业基地，以西双版纳、德宏为重点的橡胶以及其他热带亚热带作物基地，以烟、糖、茶和传统名特产为骨干的食品工业基地，以滇南、滇西为重点的有色金属工业基地和以昆明、曲靖、昭通为重点的磷化工、盐化工、煤化工基地，同时大力开发云南的旅游资源。通过这些基地建设，带动全省经济的“起飞”，开发云南，使之逐步成为大西南现代化基地的重要组成部分。

其次，加快推动经济体制改革，打开改革开放的新局面。当时云南改革仅仅是开始，农村的改革方兴未艾，要继续抓好。提出要适应经济社会的发展，因势利导，促进农村专业化社会化分工的进程。当时提出，在未来 7 年到 17 年，云南的经济结构、劳动结构、人口结构、智力结构等必将有一个大的变革。同时促进农村两个转化，从自给半自给经济向较大规模的商品生产转化，从传统农业向现代农业转化，明确提出把城市经济体制综合改革作为当时经济工作重点，城市改革要从解决国家与企业，企业与职工的关系，即不吃两个大锅饭入手，看准一项改革一项。当年我省工商企业中积极试行厂长经理负责制，并对建筑业实行全行业的改革，党政机关进一步对国营工商企业放权松绑，扩大企业在干部任免、工人录用和奖惩、产品销售等方面的自主权。

第三，在组织和干部队伍建设上，提出切实把党的干部工作和干部队伍“四化”建设抓起来。尽心尽力地搞好“第三梯队”的建设，下决心把大批年纪轻、有知识、有闯劲的优秀干部选拔出来。为加强知识分子工作，省委发出通知，要求在全省范围做好落实知识分子政策检查工作，通过整党和落实知识分子政策检查，彻底清除轻视知识分子的偏见。

1987 年 6 月，省委工作会议在昆明举行，联系云南实际，认真学习中央的指示和全国整党总结会议精神，对云南整党工作进行总结，标志着为期三年半的云南整党工作基本结束。这次整党取得了很大的成绩：加深了对党的路线、方针、政策的理解，增强了政治上同党中央保持一致的自觉性；认真进行了党性教育，提高了党员的思想政治素质；认真进行彻底否定“文化大革命”、反对派性、增强党性的教育，加强了团结；进行民族政策和宗教政策的再教育，加强了民族团结；整顿作风，加强纪律，促进了党风的明显好转；通过组织处理和核查“三种人”的工作，进一步纯洁了组织；进一步加强了领导班子建设；整党促进了经济，促进了改革，推动了各项工作。

20世纪80年代云南老干部工作

王镜如

1979年4月7日，根据中共云南省委的决定，我回到阔别20多年的省委组织部工作。当时部长是颜义泉，常务副部长黄天明，我先后任副部长、顾问，和陆启余同志一起分管党群干部处和综合干部处。从1980年初开始，由于原分管老干部工作的周力同志提前离休，组织上决定由我来分管老干部工作。记得颜义泉找我谈话时说，让我分管老干部工作，一是我做组织工作多年，熟悉老干部和党的干部政策；二是我本人也是“老干部”，与老干部有一种天然的联系，做起工作来有说服力。我很愉快地接受了这个任务，从那以后，我就与老干部工作结下了不解之缘。

老干部工作的历史情况

20世纪80年代，云南以至全国都刚刚从“文化大革命”中走出来，开始实行改革开放的政策。改革开放初期云南老干部工作的一个重大任务，就是根据中共中央提出的干部工作的路线、方针、政策，顺利完成和实施干部队伍的新老交替，就是说，有大批在“文革”中饱受磨难的老干部，刚恢复工作不几年，就要根据新的形势和需要，将退出工作岗位，让位于年轻的同志。

应该说，我们党对老干部是十分重视的。早在 1958 年，中共中央就发布了《关于安排一部分老同志担任各种荣誉职务的通知》，通知规定：“第二次国内革命战争期间及其以前参加革命工作的老同志，……因年老体弱担任实际工作确有困难的，可以采取调离现任工作，工资照发，长期供养的办法。”1963 年 12 月 17 日，中共中央书记处会议决定，凡是年老体弱或长期患病而不能担任实际领导工作的应调离现职，采取离职休养、退休、担任荣誉职务等办法安排，离职后原来的一切政治生活待遇不变。从此，在中央部长级和地方省级的领导干部中开始实行了离职休养的办法。1964 年，中央组织部设立了老干部工作机构，即中央组织部八处，加强了老干部工作。但是，当时的老干部工作，与后来改革开放时期的老干部工作的着眼点并不一样，当时主要是解决老干部的“退养”问题，再加上“文化大革命”中，林彪、“四人帮”对老干部的极左做法，许多老干部遭受严重摧残和迫害，老干部工作也就搁置了。

1976 年“文革”结束后，伴随着拨乱反正和大规模平反冤假错案工作的展开，中华人民共和国成立以来在历次运动遭受错误处理的干部纷纷得到平反，老干部工作的重要性日渐突出。当时中央的精神是：对能坚持正常工作的老干部，要尽快安排工作；曾经长期担任领导职务、工作能力强、经验丰富、表现好的老干部，要结合调整领导班子，把他们调到主要领导岗位上来。因此，在老干部当中，除部分因身体较差外，绝大多数恢复了原来的领导职务，或根据需要安排了适当工作。党的十一届三中全会以后，随着党的工作重心的转移，经济建设成为当时工作的重中之重。这时干部队伍面临的问题也就暴露出来，出现了由于历史原因而形成的干部队伍严重老化、年龄偏大的实际状况，并将可能形成青黄不接、后继乏人的局面。一方面，当时从党内讲，从组织上彻底清除“四人帮”的帮派体系后，需要选拔和培养一大批对党忠诚，政治上可靠，具有一定专业知识和领导才能的优秀中青年干部，充实加强各级领导班子；另一方面，由于十年浩劫，许多老干部遭受了严重摧残，身心受到极大伤害，身体状况很差，就是一些身体尚好的老同志也因为年事已高，力不从心，难以坚持工作，有些老同志因超负荷工作而累病、累倒。因此，从1979年以后，中共中央和中央领导同志，特别是邓小平同志审时度势，及时提出了干部队伍要坚持革命化、年轻化、知识化、专业化的“四化”方针。必须抓紧选拔优秀年轻干部，这是关系全局的重大战略性问题，只有干部队伍“年轻化”，才能保持党的事业兴旺发达，生机勃勃，后继有人。为使干部队伍年轻化，就必须有一大批老同志退下来，把位子“腾”出来，而由于长期受封建思想的影响，在我们党的干部队伍中，普遍地、长期地存在着一种只能上不能下，只能进不能出的领导职务终身制现象。因此，这一阶段我们党面临的一个重大问题，就是如何顺利把老干部安排好，让出位子，把符合“四化”条件的年轻干部选拔上来，实现新老干部的交替。当时中央指出：“建立老干部离休退休和退居二线的制度，妥善解决新老干部适当交替的问题，这是一场干部制度方面的深刻改革，是关系我们党兴旺发达，国家长治久安，社会主义现代化建设宏伟事业能否顺利实现的具有战略意义的重大决策。”

为了做好老干部工作，1978年，中央组织部成立了老干部管理局，由副部长李步新分管老干部工作，郑伯克（地下党时期原中共云南省工委书记，后任中组部顾问）任第一任老干局局长。中央组织部并发文要求各省区市，中央、国家机关各部委、大专院校、各大中型企业，都要建立专门的部门并有专人负责这项工作。根据中央的精神，1978年，云南省委组织部内成立了老干部处，各地、州、市、县委组织部内都成立了老干部科。开始时由省委组织部副部长周力分管老干部工作，从1980年初开始，由我来分管。当时从中央到地方，各级领导都开始陆续把老干部工作提上了议事日程。

1981年5月，中央组织部在北京召开全国组织工作会议，我和部内的李琪、尧挥彬一起参加了会议。会上，中央领导传达了中央的精神，主要是讲新老干部的合作与交替问题。当时，中央领导，包括邓小平、陈云等都把这个问题放在一个很高的位置上。干部队伍的新老交替，包括新干部的进与老干部的退两个方面，其中，新干部的进是“摆在第一位”的，按照中央提出的“四化”的要求，选拔和培养成千上万的优秀中青年干部的工作，是战略任务和当务之急。邓小平提出，这是个战略问题，是决定我们命运的问题。再隔三五年，如果我们不解决这个问题，我们要面临一次灾难。当时听到“灾难”这个词，我们都很震撼。邓小平还强调，做好培养接班人的工作是老同志第一位的任务，是一个庄严的职责。把年轻干部选得合格，选得好，我们就交了账了，这一辈子的事情就差不多了。如果错过时期，老同志都不在了，再来解决这个问题，就晚了，要比现在难得多，对于我们这些老同志来说，就是犯了历史性的大错误。他要求老同志对年轻干部搞好“传、帮、带”，要开明、要带头，让更多年轻人成长起来。

会议结束后，我回来向省委作了汇报。省委非常重视，省委副书记李启明亲自主持召开了省级机关厅级以上干部及相关负责同志参加的大会，由我向大家传达中央会议精神。会议除在省委礼堂设主会场外，还设了一个分会场，有1000多名干部听了传达，这在20世纪80年代初期确实不多见。会后，按中央和省委的指示，全省认真传达贯彻，建立了后备干部制度，大批老干部积极响应党中央的号召，退居二线、三线，选拔了大批优秀的年轻干部进入领导班子，走上领导岗位，形成了干部新老交替的生动局面。

改革开放初期的老干部工作

我从上任之日起，就有一个明确的指导思想，就是必须把老干部工作放到党的全局工作中去认识，按照中央提出的对老干部统筹兼顾、全面安排的方针，紧紧围绕部里的中心工作，一项一项地研究和安排老干部的工作。在分管老干部工作的几年里，我尽心尽力，使全省老干部工作从无到有，做了很多力所能及的工作。这段时期的老干部工作，主要可归纳为以下几个方面：

一是摸清老干部的底数。我们先对全省的老干部作了一个摸底调查。据 1983 年底的统计，云南省有中华人民共和国成立以前参加革命工作，可享受离休待遇的老干部 30626 人，占当时退休干部总数的 16.99%。其中，第一次国内革命战争时期的有 4 人，第二次国内革命战争时期的有 222 人，抗日战争时期的有 4263 人，解放战争时期的有 26137 人。有了这个底以后，对全省老干部的基本情况做到了心中有数，工作也就好开展了。

二是调查研究，找准工作重点。毛泽东说过一句话，没有调查就没有发言权。因此，工作之初，我首先到各地去搞调研，了解各地对老干部的安置照顾情况和当时存在的主要问题等。每到一地，我都直接找老干部交谈，或召开座谈会，专门征求对老干部工作的意见，收获很大。如 1982 年，我们组织了一个由老红军和原担任厅局级领导职务的离休干部 19 人、省委组织部在职干部 8 人共 27 人的调查组，分为 5 个小组，到了省公安厅、昆明市等 10 多个单位，分别听取汇报 30 多次，召开离休干部座谈会 10 次，每次有数十人参加，进行家访和谈心 35 人，了解情况，与所在单位的领导交换意见。通过调研，找准了工作的重点和难点，为进一步开展工作打下了基础。

三是实事求是，解放思想，充分认识老干部工作的重要性。当时中央的精神是，对老干部一定要很好地安排照顾，基本政治待遇不变，生活待遇还要略为从优，并注意很好地发挥他们的作用。按照这一基本政策原则，省委对老干工作非常重视，主要表现在：（1）从政治上关心离休干部，及时传达学习中央关于老干部工作的文件和指示。从 1979 年到 1983 年，在三次全省性的组织工作会议上都专门讨论和强调要抓好老干部工作。（2）省委领导在新年春节期间亲自召开离休老干部、顾问座谈会，亲自到干休所看望老干部听取意见，帮助解决问题。（3）省委常委会多次研究老干部工作。省委决定，全省建立和完善离休干部离休费、医疗费保障机制和财政支持机制，从根本上确保离休干部“两费”的全面落实。省委领导反复强调做好老干部工作的重要意义，亲自做老干部的工作。省级老干部离休，省委书记、副书记亲自与其谈话。厅级领导干部离休，由省委组织部的领导与其谈话，我就曾与许多同志谈过话。上面做了表率，下面也就照着做，如保山地委书记杨善洲在地直机关机构改革动员会后，接着就找年龄已过限的8位老同志和接近离退休年龄的28位老同志谈话，做思想工作。又如玉溪地委1983年3至6月，组织了14位老同志到7个县和两个地直单位检查落实老干部“两个待遇”和发挥老干部作用的情况，效果很好。老干部在机构改革中，怀着高度的政治责任感，按照干部“四化”的要求，满腔热情地推荐扶持年轻干部。一些离休干部参加了省委地州市机构改革工作组、省委党纪党风检查组、省委落实政策检查组的工作，发挥了重要作用。

四是平反冤假错案，落实干部政策。十一届三中全会以后，省委组织部开展了拨乱反正、平反冤假错案、落实干部政策的工作。对在“文革”中被迫害致死的老干部，组织上为他们平反昭雪，恢复名誉，开追悼会。被迫害致残的，安置好他们的生活，解决他们的实际困难。对身体尚好的老同志，尽快安排工作。随着落实政策工作的开展，大批老同志、老干部的历史遗留问题得到解决。当时，需要落实政策的人很多，许多人直接到我家找我反映情况，有时我每天需要工作十几个小时，既要解决好实际问题，又要做好思想工作，工作量非常大。我印象较深的有省政协原秘书长李群杰一案的平反工作。李群杰1937年5月入党，曾任中共云南地下省工委书记，抗战时期，被党组织派到国民党政府任职，从事情报和统战工作，利用其特殊身份掩护了革命同志，对革命有很大贡献。1958年以任伪职为由将其逮捕，1965年以“反革命”罪判刑15年。中共十一届三中全会后，他多次向我反映，要求平反。我认为，李的政治历史是清楚的，应该平反。在我们的努力下，1981年10月，经省高级法院复查，对其撤销原判，宣告无罪，并报经省委批准，恢复党籍，恢复原工资级别，享受副省级单项待遇，使这个冤案得到解决。又如原保山军分区司令员范金标的爱人房秋荣，抗战时期参加革命工作，60年代任保山地区妇联主任。由于当时国家遇到严重的自然灾害，上级动员领导干部的爱人回家当家属，当时的话是“回家也是干革命”，房秋荣回家当了家属，从而失去了公职。80年代初，已担任云南省军区副司令员的范金标和他爱人曾乘公共汽车到我家找我反映情况，范金标还动情地说：“我在，她有饭吃，如果我不在了，她怎么办？”我认为应该按政策恢复其公职，遂向保山地委反映，经保山地委复查后，恢复其公职，办理了离休手续，使其老有所养的问题得到解决。还有省法院原副院长李文进的爱人张淑洁的落实政策工作等。由于近30年的积累，欠债太多，需要做的工作很多，许多问题关系到干部的切身利益，因此我尽最大努力，为老干部奔走，把党的政策落到实处。

五是解决老干部的医、食（工资待遇）、住、行、文问题，为老同志排忧解难。就医、住房、用车、学习阅读文件，这些问题是改革开放初期老干工作的一大难点，也是我们工作的重点。新中国成立初期，为了方便中央领导同志看病，中央设立了“保健委员会”，负责中央高层领导的医疗保健工作。各省也仿效中央相继建立了保健委员会，负责干部的医疗保健工作。“文革”期间，保健委员会被取消了。“文革”后又恢复，云南的保健委员会主任先由省委组织部部长颜义泉兼任，我任副主任，负责保健委员会的日常工作。1983年9月，王信田任省委组织部部长后，就由我兼任保健委员会主任，直到1986年我离开省委组织部。省保健委员会的主要工作之一，就是会同省卫生厅与省级有关部委办厅局，共同协调解决老干部的就医难问题。这项工作解决了很多人的实际困难，深受老干部的赞扬。

其一是解决干部住院难、看病难的问题。“文革”前，我们曾拨一部分经费在昆华医院建了15张干部病床，为方便干部住院解决了一定困难。可是“文革”后，这几张病床远远满足不了需要，为此，我们又相继在昆华医院、延安医院、昆医附一院及附二院、省中医院建立了干部病床，但是仍不能满足实际需要，当时看病住院的老干部在医院里人满为患，每间病房都增加了1—2张病床，医院走廊上也加床。各地州市县的医院情况也差不多。另外就是看病难。当时昆明没有一台CT机，老同志要做个身体检查得跑到北京、上海等大城市。我记得原来云南大学的党委书记林亮同志到上海看病，等了一个多月都没有排上队，最后还是省委组织部老干部处的杨志坚同志到上海出差，通过上海市委组织部的同志，找了关系，才住进了医院。还有原丽江地委书记祁永胜，也是到上海一个多月住不进医院。这样的事例不是一个两个，既耽误病情，又要花费许多不必要的钱财，因此我们积极向省委建议，扩大干部病床，购买必要的医疗设备。在我们的积极建议下，80 年代初，省里花了 60 万美金购买了一台当时国际上最先进的 CT 机，放在昆医附一院，既解决了老干部的看病难问题，也让老百姓成了受益者。患者需要做 CT 检查，再也不用跑到北京、上海等大城市了。到 1995 年底，全省各大医院设立老干部病床 2736 张，解决了老干部的医疗保健问题。

其二是解决老干部的工资和待遇问题。这项工作主要是与落实政策工作一起来做。在这方面我们做了大量工作，切实关心照顾好老同志的生活。

其三是解决住房问题。在当时的历史条件下，人们普遍住得非常拥挤，许多落实政策从“五七”干校回昆明的老干部没有地方住。我记得孙雨亭、王连芳等回来后住在西坝一个 50 年代建盖的房子里，下雨天，院子里的水都漫过脚。离休退下来的老干部住哪里？为此，我们动了很多脑筋，先是督促原单位解决。但是由于在住房上欠账太多，好多单位解决起来困难很大。最后学习外省的经验，修建干休所。现在看来，这样做也有一定的弊端，但当时是行之有效的办法。为建盖老干部休养所和解决住房问题，曾由省委组织部牵头，召集省委办公厅、省政府办公厅，以及省财政厅、省计委等有关单位的负责同志开会研究解决办法。会议由组织部老干处处长张宝益主持，我参加了此次会议，按照厅级以上的干部名单一个个单位逐个地研究，一个多星期研究了 900 多人，基本解决了厅以上离休干部的住房问题。其他老干部的住房，由所在单位按规定负责解决。到 1995 年，全省共建干休所 117 个，安置县处级以上老干部 3290 人。全省到省外易地安置 1140 人，省内跨地州市县易地安置 5968 人。

其四是解决老干部的用车和活动等问题。当时车很少，并且不好买，老干部用车很不方便。为解决这一问题，除中央组织部老干部局分配给我省一批轿车指标外，我们还想办法，让省委组织部老干部处处长张保益同志到广州买了一批轿车。此外，为使老干部生活丰富多彩，我们还成立了一些组织，如老干部活动室、老年大学（至 1995 年，全省已有 100 多所）等。可以说，这些工作做起来都是具体而细致的，但这也是做好老干部工作的必要条件。据不完全统计，至1995年底，全省为离休干部配备服务和工作用车611辆，累计投资5100万元。建立老干活动中心1343个，为老干部老有所学，老有所乐，创造了良好的条件。

六是组织老干部发挥作用，老有所为。围绕党的中心工作，我省许多离休干部采取多种形式积极发挥“余热”，热情支持在职干部的工作。我省省级老领导刘明辉、高治国、薛韬等带头组织省老龄工作委员会、省老年体协、省老年大学、省书法学会、省诗词学会、省老干部花卉盆景协会等老年群众组织，为老同志老有所学、老有所乐、老有所为提供了组织保证。省林业厅连续两年先后4次组织离休干部23人次深入基层调研，出主意，当参谋。黑龙潭干休所的老红军、老干部，一年中向青少年作传统教育报告100多场次。江川县离休干部陆正川，原是部队的营建科长，离休回家4年多来，义务为当地设计施工，先后参与的大小工程22项，总投资190多万元，为国家和集体节约资金16000多元，不仅不要任何报酬，就连在招待所吃饭时也不多加一个菜，表现了老共产党员的高尚品质。个旧市离休干部李绍先（个旧市委原副书记），1981年主动调查个旧市场的水果销售量，发现需要250万公斤，本地只产100万公斤，就找供销社、科委商量，根据本地条件，到广东买了香蕉苗50万株，帮助农村发展水果1600亩。弥勒县7位离休干部听了县委报告，组织起来写党史、县志，走访了180多个村寨300多人，写了52万字的资料。还有的老干部自觉给党员上党课，担任学习党章的辅导员，有的担任义务政治教员，向青少年进行革命传统教育。有的积极给社队干部当参谋，帮助搞好工作，有的主动调解山林等纠纷问题，有的带领全家开展多种经营，成为专业户、重点户。最突出的是原保山地委书记杨善洲，退休后于1988年3月回施甸县大亮山林场承包了7.5万亩荒山植树造林，成效很大，受到云南省委和国家林业部的表彰。这些老同志保持和发扬了党的优良传统，为社会和经济发展做出了新的贡献，受到各方面的好评。

筹建省委老干部局

1982年2月，中共中央《关于建立老干部退休制度的决定》的发表，标志着老干部工作开始进入制度化、规范化的发展时期。次年，中共中央组织部组发出文件规定：“为了适应大批老干部退下来、老干部工作任务繁重的情况，便于加强党委对老干部工作的领导，各省、市、自治区的老干部工作机构，宜统称老干部局，列为省市区党委的部、局级机构，归口省市区党委组织部。它的任务是：贯彻中央关于老干部工作的方针政策和省市区党委的有关规定，加强检查督促，并协同有关部门做好安排照顾退下来的老干部和组织他们发挥作用等工作。”为此，1983年4月，省委指示尽快把云南省委老干部局建立起来。1983年5月，中央组织部在南京召开十省、市、自治区老干部工作座谈会，主要精神，就是讨论如何建设老干部工作机构。我出席了会议。回来后向省委作了汇报，省委领导李启明同志听取了汇报并指示我们分别召开省级机关领导班子一把手和负责老干部工作的同志参加的会议和地州市老干部工作座谈会。在统一认识的基础上，我和谢加林等同志开始了筹备建立省委老干部局的具体工作，经过几个月的紧张筹备，7月19日，省委老干部局正式成立。省委副书记李启明同志亲自主持了成立仪式。省委老干部局为正厅级单位，初建立时下设办公室、调研处（一处）、安置处（二处）、保健福利处（三处），共4个处室，编制30人。

省委老干部局成立后，各地、州、市、县也成立了老干部局。老干部工作主要围绕几方面开展：一是继续贯彻落实中央文件的规定，落实好离休干部的政治生活待遇，把老同志的生活安排好、照顾好；二是进一步完善干部离退休制度，围绕贯彻落实中发〔1982〕13号及国发〔1980〕253号、国发〔1982〕62号文件，针对老干部工作中存在的新情况、新问题，相应地制定了一些具体的规定和办法；三是召开了各种老干部工作座谈会、报告会、经验交流会，利用领导讲话和会议形式指导工作；四是组织离退休干部多渠道、多层次地发挥作用，在社会主义物质文明和精神文明建设中，广大离退休干部做出了显著的成绩；五是建立了老干部活动中心、活动室、活动站，建立了老年大学，购置了交通工具，搞了一些基本建设，为老同志开会、娱乐、学习提供了一个良好的环境；六是老干部工作机构得到充实和加强，老干部工作队伍也得到相应的发展和壮大。

做好老干部工作，不仅体现了我们中华民族敬老尊贤的传统，体现了党和国家对这些为新中国的建立及为社会主义建设和发展做出过贡献的老同志的尊重。我虽然离休多年，但一直关心着老干部工作。许多老同志也愿意与我交心谈心，反映情况。对他们提出的问题，合理的，我帮助他们向组织反映，给予落实和解决；不合理的，我帮助做工作，让他们心平气顺，不给组织出难题。我感觉到，当前，在改革开放和发展社会主义市场经济条件下，老干部工作又面临许多新情况和新问题，这些都需要我们提高认识，与时俱进，认真做好老干部工作。2000 年 1 月 15 日，曾庆红在接见出席全国老干部局长会议全体同志时指出："老干部是中国革命和建设的功臣，是党和国家的宝贵财富。尊重老干部，就是尊重我们党和中国革命的历史；爱护老干部，就是爱护党和国家的宝贵财富。我们要从讲政治的高度，不断提高对做好老干部工作重要性的认识。"2006 年，胡锦涛接见出席全国老干部工作"双先"表彰会的代表时，再次强调各级党委和政府"要切实做到在政治上尊重老干部、思想上关心老干部、生活上照顾老干部。"我认为，做好老干部工作，是保证党的路线的连续性和国家长治久安的根本方针。

建设2500万亩高产稳产农田的回顾

金凤云

2018年是改革开放40周年，借此机会，我就云南省委在20世纪90年代提出的建设2500万亩高产稳产农田，一举扭转云南农业基础薄弱、粮食供应短缺的有关历史作简要回顾。

1989年10月底至11月初，党的十四届五中全会审议通过了《中共中央关于制定国民经济和社会发展“九五”计划和2010年远景目标的建议》。11月14日，省委召开常委会传达学习党的十四届五中全会精神，会上，省委书记普朝柱同志指出：“贯彻落实这次重要会议精神，关键在于制定好我省的‘九五’计划，核心在保持国民经济持续、稳定、协调发展。”“如何保持国民经济持续、稳定、协调发展，云南关键在于加强农业。要下决心搞农业基础设施建设，集中人力、物力、财力搞农田水利基本建设，搞科技兴农，使云南的农业有一个大发展，为粮食自给打下基础。这是一个战略问题。”提出：“要下大决心，建设2500万亩不同层次、不同要求的高产稳产农田，使全省粮食总产量达到120亿公斤，实现粮食自给。”这一设想得到了省委常委会全体同志的一致同意，这便是省委、省政府作出建设2500万亩高产稳产农田重大决策的最早构想。

省委的这一设想，不是凭空得来的，而是对当时云南省农业现状进行深入细致调查研究和分析的结果。1985 年至 1988 年间云南粮食生产停滞不前，省委书记普朝柱在认真分析原因的基础上，于 1989 年 5 月至 9 月先后到保山、德宏、红河以及泸西、宜良等地县，对粮食生产状况、农田水利基本建设现状进行深入细致的调研和分析。得出结论：新中国成立后的 40 年里，云南粮食短缺，供应不足，长期靠从省外调进粮食。1979 年至 1983 年，云南每年调入粮食 5 亿公斤，1983 年后仍吃调进粮，最多的一年达 10 多亿公斤，这充分暴露了云南农业的脆弱性。云南经济发展存在许多深层次的问题，最重要的是农业基础脆弱，粮食不能自给，"短被窝"（顾了头露着脚，顾了脚又顾不了头；顾了粮食，经济作物滑坡；顾了吃饭，顾不了财政收入）现象较为突出，严重影响和制约着云南经济的发展。云南要实现粮食自给，不能靠一味增加种植面积，广种薄收，搞毁林开荒，而是要提高单产，增加粮食总产。因此，加强农业基础设施建设势在必行，建设 2500 万亩高产稳产农田刻不容缓。

11 月 16 日，省委召开四届六次全会，传达贯彻十四届五中全会精神。全会决定，用 6 年时间建设 2500 万亩高产稳产农田，使全省粮食总产量上一个新台阶，实现粮食自给。1990 年 8 月，中共云南省第五次代表大会召开，会议审议并通过了《中共云南省委关于制定国民经济和社会发展"九五"计划和 2010 年远景目标的建议》，确定了今后 5 年的工作重点。第一个工作重点就是集中精力抓农业，使全省粮食总产量达到 120 亿公斤，基本实现粮食自给，促进农林牧副渔全面发展。为此，要从现在起奋斗 6 年（后来延长为 10 年），进行农业综合开发，建成 2500 万亩高产稳产农田。其中 500 万亩建成亩产 750 公斤到吨粮的田地；1000 万亩建成亩产 500 公斤的田地；1000 万亩建成亩产 400 公斤的田地。实行区域开发，治水改土，使全省蓄水量由 50 亿立方增加到 70 亿立方，有效灌溉面积从 1400 多万亩增加到 1900 万亩，水利化程度从 34% 提高到 45% 以上。至此，建设高产稳产农田作为省委、省政府的重大决策开始付诸实施。

省委、省政府的这一决策对云南经济发展全局意义重大，要贯彻落实，统一各级干部的思想认识是关键。省委书记普朝柱反复强调："云南是一个农业省份，80% 以上的人口在农村，75% 的国民收入、70% 的财政收入、80% 的轻工业原料都直接或间接地来自于农业。因此，各级干部要增强对搞好农田水利基本建设的责任感和使命感，力争用 10 年时间建成 2500 万亩高产稳产农田，实现粮食自给、农林牧副渔全面发展的目标。”为确保省委、省政府的重大决策落到实处，省委、省政府在狠抓落实上下功夫，制定了一系列切实有效的措施。一是要求做到各级有目标，县县有计划，项目件件有责任；二是提高认识，做到认识到位、工作到位、资金到位、政策到位、措施到位；三是要求党委、政府带头抓，主要领导亲自抓，各级干部常抓不懈；四是加大督促检查力度。

建设 2500 万亩高产稳产农田的重大决策，得到了全省各族干部群众的热烈拥护和响应，激发了各族人民的积极性，从坝区到山区、从内地到边疆，全省各地掀起了持续 10 年的农田水利基本建设高潮，取得了非常显著的成效。1990 年至 2000 年，建成高产稳产农田 2511 万亩，加上 1990 年前的 764 万亩，全省共有高产稳产农田 3275 万亩，占总耕地面积的 34%。粮食产量由 1989 年的 998 万吨增加到 2000 年的 1468 万吨，农业总产值由 211.7 亿元（当年价）增加到 680 亿元，农民人均纯收入由 396 元增加到 1488 元，有力地促进了农村经济的大发展。

这些成绩的取得，主要依靠省委、省政府采取的得力工作措施：一是大搞农田水利基本建设。发动和依靠群众，利用农闲季节，每年集中一两个月时间，大搞农田水利基本建设。如 1990 年冬至 1991 年春，全省 100 多万干部群众战斗在农田水利建设第一线，高潮时达 230 万人；1991 年冬至 1992 年春，参与农田建设的干部群众达 416 万人，各级投入农田水利建设资金 7 亿多元，比上年度增长了 31.2%，全省实际动工的农田水利建设工程 34 万多件，完成 31.6 万件，建成高产稳产农田 372 万亩。1990 年至 2000 年，全省共投入水利建设资金 168 亿元。省委书记普朝柱曾在 1992 年 4 月召开的省委五届三次全委扩大会议上高兴地说：“全省农田水利建设掀起了新的高潮，其规模之大、效益之好，是新中国成立以来少有的。”二是增加对农业的资金投入。1996 年至 2000 年，全省各级财政累计支出支农资金 274 亿元，比前 5 年增加 141 亿元，增幅达 107%。这期间，云南对农业的资金投入量居全国第一。三是依靠科技发展农业。1990 年 11 月，省委书记普朝柱在峨山县三级干部会议上提出："发展云南农业，要实施两项战略措施和一个基本保证。战略措施之一是搞好农田水利建设，改善生产条件，叫'硬件'建设；另一个战略措施是搞好农业实用技术的推广运用和体系建设，叫'软件'建设。'硬件'、'软件'两个翅膀都过硬，农业才能起飞。一个基本保证是组织保证。要充分发挥农村党支部的战斗堡垒作用，把社会各方面力量动员起来，重视、支持和发展农业。"按照这一要求，全省各级党委、政府在大搞农田水利基本建设的同时，狠抓了农业实用技术的推广运用和体系建设。四是建设商品粮基地。在建设 2500 万亩高产稳产农田过程中，全省又相继建设了一批商品粮基地。至 1995 年，全省有商品粮基地县 34 个，种植面积 2600 万亩，粮食产量达 60 多亿公斤，占当年全省粮食总产量的一半。经过 10 多年的努力，顺利实现了省第五次党代会提出的奋斗目标，做到了粮食基本自给。

"民以食为天，民安天下安"。实践证明，建设 2500 万亩高产稳产农田的重大决策，符合中央精神，切合云南实际，是中央精神与云南实际紧密结合的典范。实施这一重大决策以来，经过 10 多年的努力，从根本上改变了云南长期缺粮的局面，解决了困扰云南多年的吃饭问题，惠及全省 4300 万各族人民，为云南经济社会持续、协调、健康发展奠定了坚实的基础。

中泰合作修建景洪电站始末

刀国栋

修建电站的提出

整个澜沧江梯级电站的开发，国家早有规划。从 20 世纪 60 年代就有许多专家组对澜沧江进行了全面的考察，共规划和确定了 15 个大型电站，总装机容量为 3000 多万千瓦，第一个电站是在迪庆州的德钦县境内，最后一个电站是在勐腊县境内的南腊河口。这些大型电站都由国家统一规划和管理，但因国家财政困难以致未能及早开发。直到改革开放以后 80 年代，国家才把这些电站的修建逐步提上议事日程。在云南省政府的积极努力和争取下，电力部与云南合作开发了曼湾电站。在改革开放浪潮冲击下，为加快开发澜沧江梯级电站，电力部在统一控股指导思想下，同意由云南省电力局先后约请了许多发达国家的财团到云南来商谈合作开发景洪等梯级电站的问题。许多财团知道云南省有这么多的水电项目之后，主动来洽谈的前后有 130 多家。有的财团曾经往返两三次，连泰国正大集团总裁谢国民先生也曾和泰国前总理苏金达先生到昆明，在原副省长李树基的陪同下，对修建景洪电站进行了实地考察。谢国民先生对景洪电站的建设持积极态度，但他有两个问题无法解决，到昆明后他提出来要求我们协助他解决：一是他无法协调与泰国用电单位即泰国电力部的关系；二是他无法解决线路要经过第三国的问题，而当时我方对这两个问题不是很重视，因而合作没有谈成。财团来了不少，但最终没有谈成，这其中有多方面的原因。但从我方来看，主要问题是思想不够解放，是在自己控股的前提下跟别人谈的，而我方资金在哪里还未落实，加之担心电站建起来后没有市场。所以谈判时不够认真，决心不大。再就是眼光只盯着西方发达国家，没有考虑发展中国家之间的合作。从国外方面看，一是他们对我国政策不太了解，思想存有顾虑；二是他们只想发财不想支持，态度不诚恳，认为项目回报率低，时间太长，决心不大。

景洪电站是澜沧江梯级电站中距离城市较近、位置最好的电站。电力部曾考虑把它摆到前面，提前搞前期工作。1991 年由电力部通知国家设计总院，要他们提前进入前期工作，总院向昆明设计院下达了开发前期工作的通知。但由于资金问题落实不了，导致前期工作不能及时推进。当国家决定建三峡电站后，希望国家投资景洪电站的可能性更小了，眼看景洪电站的建设就要落空。这时我与玉溪卷烟厂有关方面联系，争取到了 2000 万元作为省设计院前期工作费用。

但由于种种原因，景洪电站直到 1994 年也未能列入国家计划。按电力部的排列是，曼湾、大朝山、小湾、景洪或糯扎渡，按这样的排列，景洪电站到 20 年以后才能列入计划，还要看看前面几个电站的进展情况，等施工完就需 30 年以上了。眼看景洪电站的建设将变得遥遥无期。一次对泰国的出访使问题出现了转机。1994 年初，我随全国人大常委会乔石委员长一道出访泰国时，拜会了泰国的国王。两国领导人除了简要地相互介绍各自的国内情况、交换重大国际局势的看法、畅谈两国友好关系外，着重交谈了两国经贸合作方面的问题。在交谈过程中，泰国国王反复强调了要加强与中国的合作问题。他说中国资源很丰富，有很好的合作条件和基础，特别是目前泰国很需要电，愿与中国合作解决能源问题。乔石委员长表示欢迎泰国财团到中国合作投资开发能源。我认为两国领导人的谈话为合作开发澜沧江梯级电站提供了有利条件，我借这一机会于 1994 年 2 月 6 日去信给我的老朋友、泰国原内政部长马裕炎先生，请他邀请泰国前外交部长、实力比较强的泰国CNS大众电力公司高级顾问苏宾博士到昆明来商谈合作开发景洪电站、把电直接送到泰国的事。马裕炎部长接到我的信后很快找到苏宾商量，苏宾知道后很快召开了董事会，对与中国合作开发景洪电站问题进行了讨论。大家统一思想后，两位前部长都分别给我打来电话，说财团已经开了会，大家都表示愿意合作并很快就会过来。在连云宾馆开会时，我将情况告诉了在场的两位省级主要领导。他们立刻作出了安排，要求省电力局做好谈判准备。2月19日泰国两位前部长乘泰航飞机飞抵昆明。当时我正在景洪与参加景洪电站前期工作的专家们进行实地考察，而省里也还没做好充分的接待准备。几位负责此事的主要领导因公务繁忙，抽不开身。有的还不在昆明，只好由我与省电力局副局长谢昆生一同接待两位泰国前部长。在宴会上，我当面向两位贵宾对接待不周表示深深的歉意。两位部长都表示理解。为便于及时掌握会谈的情况，我还请国家科委课题组成员吴志纯教授参加了会谈。会谈一开始，苏宾就开诚布公地表示，希望与云南真诚地合作，开发景洪电站。马裕炎部长还特别介绍说："苏宾这个公司是实力比较强的公司。苏宾是搞电力出身的工程师，他不仅业务强，还担任过外交部长，政治、经济头脑都比较好使，是个好的合作伙伴。"苏宾接着说："我们的确是有准备而来的，电站建设所需资金我们都可以解决。"谈判是从全面合作开始的，尽管我方对全面合作的准备还不够充分，但由于当时泰方的确急需要电，对全面合作表现出很高的积极性。由于双方都比较诚恳，谈判很快就结束了，形成了较笼统的全面合作的协议。通过第一次谈判增进了相互了解，吴志纯教授当晚告诉我，双方的谈判都比较认真和诚恳，都是开诚布公的，谈判气氛比较好，所以谈判很快就达成了全面合作的协议。电力局的同志也来告诉我说，泰国这个财团比西方财团更实在、更诚恳，合作的可能性很大。泰方也告诉我，云南省电力局这个合作伙伴比较开明，他们的合作愿望比较高，也比较实在。两位部长在参观完石林和西山后，就带着全面合作的方案回到泰国。他们回国后，很快又召开了董事会，苏宾向大家传达了谈判情况、感想和全面合作的方案。经过董事们的讨论，都认为全面合作虽然投资太大，但可以争取到世界银行、亚洲银行和本国的几家大银行的贷款。为全面合作的成功，1992 年 4 月他们在苏宾的带领下组织了包括工程人员在内的十几人的考察团，对曼湾、糯扎渡、景洪、勐罕、南腊河口等电站进行了实地考察。

促使“生米煮成熟饭”

在合作的过程中，中泰双方都会必然地碰到许多阻力和困难，如果没有人从中加以协调，合作项目可能归于失败。由于我对情况比较熟悉、了解，加上与泰国王室的特殊关系，双方都非常赞同由我充当“红娘”的角色，协调合作关系。我当了协调人后，通过调查和了解，认识到我方有如下几个问题需要解决：

一是当时有关部门的某些领导的思想比较保守，独家垄断的思想严重，在合作过程中随意干涉，这不行那不行，工作很难进展。

二是缺乏战略眼光。没有看到东南亚国家有近 5 亿的人口，在国际关系多元化的条件下，“大东盟”已经形成，成了该地区政治、经济、军事的联合体，成为东南亚地区的一股力量。

三是不相信对方有能力，所以在谈判过程中试探性一般性多，认真性实质性不够，谈谈放放浪费了时间。

四是胆子还不够大。当时大家虽然都说要改革开放，要开展对外合作，但因旧的思想模式没有改变，口气很大胆子却很小，当人家决心要合作时则不敢干。主要表现为：

其一，把再生的水资源与不可再生森林矿产等资源同等看待，片面强调国家资源不能随便与外国人合作。

其二，怕影响与泰国执政党的关系，因苏宾他们是处在反对党的地位。

其三，怕解决不了线路要通过第三国问题。

其四，怕电站建起来后泰国人不要电。

其五，缺乏紧迫感。澜沧江梯级电站的开发是国家早有计划的，泰国需要电，而且有泰国财团的合作，正是开发电站的有利时机。机不可失，失不再来。泰国虽然迫切需要电，但并不是先求于我方。电的出路很多，“东方不亮西方亮”，泰国发展核电和火电也不是不可能的。何况现在由于老挝的积极性，把许多大的电站都让给了泰国来投资开发，并向老挝签订了购买300万千瓦电力的合同，就等于我们把市场让给了老挝。

存在以上种种片面的认识与看法，固然有多种原因，但主要还是缺乏战略眼光和改革开放意识。

在协调工作上关键在北京，因而我多次到北京开展协调工作。

第一次上北京主要找有关领导机关交换意见，因为批准机关是国家计委，管理对外合作项目的是国家经贸委和对外经贸部。我到北京后先找了国务院办公厅、国务院经济研究室先交换意见，然后才找国家计委等有关部门再交换意见。在交换意见过程中，我充分阐明了合作的必要性、目的和意义，并取得了大家的共识。大家都表示积极支持，这样我心中更有数了。在此基础上为扩大宣传，我通过澜沧江·湄公河课题领导小组办公室（设在国家科委）通知课题组成员（包括19个部委的人）开会，会上我讲了关于合作的可能性和必要性，特别重点讲了紧迫感的问题。我说：泰国1985年就预测到2000年共需增加3000多万千瓦的电量，由于他们没有电能资源，解决电的出路问题是泰国当前最紧迫的问题。泰国国王也非常关注，他指示电力部门要尽早解决。电力部门已经开始推动各个财团参与投资，而各个党派和财团的主张则不一样：有的主张吸引西方技术发展核电站；有的主张大量进口油和煤发展火电站；有的主张与中国合作开发水能资源。对发展核电问题，因泰国的科学技术水平达不到，加之人们的心理也接受不了，又担心西方国家控制，所以国王就没有表态。火电问题，主要是担心油和煤的市场变化保证不了供应，加之担心环保问题，国王也没有表态。主张与中国合作开发资源的财团，他们对中国都比较了解，认为中国有丰富的水能资源，只要把澜沧江水能开发出来就可解决泰国所需的全部电量。虽然开发投资大些，但从长远看，既稳定又便宜，也利于环保。他们的主张得到了许多财团和银行的支持，所以1994年乔石委员长访泰时，国王向委员长表示愿与中国合作开发能源问题，实际上就等于国王作了认可。从泰国解决电的出路的几种主张看，他不单纯是电的问题，在一定程度上，反映了泰国内部的政治倾向，是东西方较量的场所。谁能占领这个市场，谁在这个地区就占有主动权。

泰国需要电虽然很迫切，但也绝不是只有与中国合作开发这一条路。他们虽然诚恳地希望与我们合作，但并非完全有求于我，他们可以找别的出路。缅甸、老挝、文莱等国家水能资源都比较丰富，而且实际上他们也已开始寻求多渠道的路子。他们已开始执行每年从印尼进口400万吨煤的计划；参与老挝的电站投资；与缅甸洽谈共同开发天然气等。如果我们只认为是对方求于我而不采取积极主动的态度，就可能丧失良机、丧失市场。19个部委的与会领导听了我的讲话后都表示支持，希望我继续努力，促成与泰国合作开发水电的成功。

第二次上北京是在与泰方做了大量工作及双方合作的可能性比较有了把握的前提下，我专门去找国家计委正式“挂号”。国家计委非常支持并明确表态：可以给予立项。

第三次上北京是在省电力局与泰方谈判到基本可以签订合作协议前，我带着省电力局、省计委等同志去向电力部作正式汇报。这次到北京，毛义强同志也参加了。这次汇报不仅解决电站本身的合作协议问题，也准备通过汇报的形式解决存在的几个片面性的认识问题。汇报的结果除了解决协议的文字内容外，还统一了对几个重要问题的认识：

其一，关于合作的必要性问题。通过交换意见得到了共识，一致认为，通过合作不仅在经济上可以占领市场，为扩大与东南亚国家的合作树立典范，而且为在东南亚地区与西方争夺市场取得主动地位。

其二，关于资源问题。共同认为应把水资源与矿产等资源区别对待。应当放手与国外合作来加快我国水能资源的开发，推动我国社会主义现代化建设的发展。

其三，关于如何看待国外的两党斗争问题。我详细地阐明了泰国的党派斗争是经常发生的，但都是他们国内的事务，谁上台谁下台我们都管不着，也不致于影响我们与该国的经济合作，我们只管和他们开展经济贸易就是了。

其四，关于怕第三国反对的问题。我说澜沧江的确是属于国际河流，他们有反映也不奇怪，但是他们最担心的只是怕影响下游的通航问题。曼湾电站建起来后，泰国、老挝、越南等国都先后派人过来考察，而电站都是先修坝后发电，他们都认为，不但不会影响下游的通航，反而还可以起到调节江水的作用：洪水季节可起到挡洪的作用，干旱季节还可以保持一定水量，有利于通航。而电站是建在我们国内，他们也没有理由来反对。

其五，关于泰国要不要电的问题。我一方面详细介绍了泰国需要电的情况，另一方面介绍了云南正在向广东输送电的情况。大家知道云南电力东边、西边都有市场以后，觉得前景比较乐观，表示放心，设计总院的高院长当场说："原来我最担心是电站搞起来后没有市场，现在听了你们介绍后，放心了，我会积极配合加快前期工作的进度，促成合作项目的成功。"

其六，关于线路要通过第三国问题。部里的一些领导问我：有把握吗？我说："有把握。"因为我知道，苏宾担任外交部长时，正是差猜当总理，在泰国与老挝关系上差猜提出了要把战场变为市场的主张（当时泰老边境常发生武装冲突）。关于线路经过老挝的问题，苏宾在老挝做了大量工作，效果比较好。他的公司在老挝直接投资兴建了几个电站，与老挝上层人物都比较熟悉，苏宾完全有条件完成输电线路经过老挝的工作任务。回到昆明后我写信给苏宾请他过来商量线路要经过老挝的问题，苏宾愉快地接受了这个工作。他回到泰国的第三天就到了老挝，找了老挝外交部和国家的有关部门商谈。老挝方面看到苏宾来了都非常高兴，除同意线路可以经过老挝外，还将三个大电站交由苏宾这个财团来投资建设，苏宾也愉快地接受下来了。工作进展相当顺利，过了一个月泰国总理访问老挝，线路问题就这样交由泰方去解决了。我将情况电话报告了电力部。

通过这次的汇报与电力部共同澄清了一些问题后，电力部门起了很大变化，部里的有关部门和人员都积极起来了，云南省电力局的积极性也得到了充分的发挥。

第四次上北京是去找电力部解决控不控股的问题。原来电力部是坚持要控股的，从地方的角度看，只要电站能建起来谁控股都是一样。

第五次上北京是在许多方面取得了共识前提下，主要解决控不控股的问题。如果这个问题得不到妥善解决，就会影响到与泰方合作，直接关系到景洪电站能否施工的问题。我到北京后，直接向部里提出了六个方面的建议：一、我们赞成部里控股，但要尽快定下来；二、可以联合全国电力系统的力量来投资控股；三、调动全国金融系统联合投资控股；四、调动烟草行业联合投资控股；五、放给云南省自己组织力量投资控股；六、如果几种办法都解决不了，那么就放手让泰国人来投资控股，把电站建成一个两头都向外的电站，为今后在能源建设方面摸索出一些经验。

第六次上北京是因泰国驻北京大使更换，专门去找他通报中泰两国合作开发景洪电站情况。有大使的配合对合作的成功是有益处的，所以找他的目的就是要让他注视和关心这一合作项目，促进合作加快推进。

第七次上北京，是因泰国总理差瓦立带着景洪电站项目和泰国向中国购电问题，到北京直接找李鹏总理洽谈。苏宾担心我方没有准备，在差瓦立出访之前给我通报了差瓦立出访的目的，我知道后从省电力局拿了资料后赶赴北京，将资料直接转送给李鹏总理。两国总理商谈得很顺利，中泰两国合作开发景洪电站和泰国向中国购电300 万千瓦都是通过这次会谈后定下来的。

第八次上北京是根据两国总理定下来的购电协议，我去找电力部有关处室，望能尽快起草备忘录促进尽快签字。电力部很快就起草好了文稿，然后通过传真给对方。双方进行商量修改和补充后，原计划在1997 年 11 月签字，签字地点在北京。我方都已经做好了一切准备，但是泰国政府突然改组，总理差瓦立下台，泰国电力部更换了。川立派上台后，忙于组建新政府，不能按时签字。当泰国新政府组建好了正在商量签字之时，我国机构改革又开始，国家电力部被撤销，谁代表我国政府参加签字定不下来。

第九次到北京，主要是找国务院办公厅，请他们尽快明确谁代表中国政府参加签字的问题。一个多月后终于明确下来。

第十次上北京是 1998 年 11 月 12 日，去参加泰国政府向中国购电

300万千瓦备忘录的正式签字仪式。

在泰国方面，苏宾博士在合作开发景洪电站中做出了巨大的努力，他的真诚与实干精神是保证这两国合作项目能够顺利推进的关键。

苏宾博士不仅是电力工程专家和经济学家，还是外交家。当他看到在谈判中不仅不能谈全面合作修糯扎渡电站，且谈景洪电站合作时也带有试探性时，他就来找我说：从谈判的情况看，中方还不相信我们的实力和决心。他问我该怎么办？我对他说：同中国打交道，一要态度要积极诚恳；二要有信心和耐心；三要争取主动；四要注意到中国的特殊情况，目前中国的许多方面还不能与国际接轨，有些方面该让步的适当让步；五要与省电力局紧密合作，他们是国家在云南的分支机构，配合好了会得到电力部的支持。我具体地向他提出了一些主动进攻的建议，他回去商量后的确采取了主动进攻的行动以表示他的诚意和决心：

苏宾博士前后往返昆明达20多次。1994年3月他率领工程技术人员来昆明和云南省电力局进一步洽谈合作问题。4月又组织董事会成员和工程技术人员过来对曼湾、糯扎渡、景洪等几个电站进行实地考察。5月他带领财务人员来昆明与云南省电力局商谈解决前期费用不足问题。因当时云南还没有直接对外经营业务的银行，经双方共同商量后，共同成立了一个主管前期工作的合作公司，设立了账号。苏宾回去后很快以投资方式将1500万美元打到了合作公司的账户上。6月苏宾来昆明与云南省电力局商谈合作公司的章程和协议。7月苏宾带领人员来昆明签订合作公司协议并商谈合作公司人员配备问题。8月苏宾带着合作公司的成员过来，先参加了第一届昆交会后与省电力局共同召开了第一次合作公司董事会。10月由泰方公司邀请省电力局负责人及工程人员到泰国访问，目的是使我方人员加深对泰国公司的了解。11月苏宾带人过来与省设计院探讨有关设计方案，目的是了解我方设计能力。次年1月，苏宾来昆明同云南省电力局一道与省设计院正式洽谈有关设计的全部费用问题。4月苏宾以合作公司的名义与设计院正式签订了设计合作书。

泰方主动放弃了参与设计的权利。泰方公司是以专门搞电站建设为主的公司，他们的设计力量很强大，有比较先进的技术。4500万元的设计费不算少，他们原先是打算参与设计的，因他们是主要投资者，有权参与设计工作。但后来为促成合作的成功，苏宾主动地放弃了参与设计的想法，让我方一家来完成设计任务。

电站设备选购中国生产的。他们作为主要投资单位，有权决定所有电站设备的选购，他们原打算从欧洲某些国家进口设备，但后来苏宾放弃了这个想法，明确表示，主要设备用中国生产的。

主动邀请中方访问。苏宾以他的名义邀请我带省计委、省经委、省人大财经委、省政府办公厅、省外办、省电力局、省设计院等负责同志访问该公司，目的是要我省有关部门对该公司有所了解，增进合作的信心。出访的所有费用包括来回机票都由该公司负责。在访问过程中，他们不仅详细介绍了该公司的情况，介绍了泰国目前急需电力的情况和该公司采取多渠道解决电的出路问题的情况，还安排访问团参观了该公司几个大的下属企业以及他们正在投资开发的 2 万多亩完全现代化的工业开发区。通过这次座谈和参观，一方面充分显示了该公司的实力，一方面也使我方人员大开了眼界。大家都认为，他们的确有合作的诚意，也有合作的能力，增强了我省与泰方合作的信心。

参加昆交会。1995 年昆交会，苏宾带领了泰国电力部和泰亨银行的负责人前来参加，一方面让泰国人来看看云南，了解云南的经济发展情况；另一方面也让他们过来为该公司作宣传。在宴会上泰电力部负责人再三表示，他们完全支持该公司与云南的合作。泰亨银行的负责人再三地说：苏宾这个财团是泰国实力最强的财团之一，我们银行完全支持他们。1995 年昆交会上，省电力局向该公司提出和介绍了先锋电站、先锋煤矿的合作开发问题，苏宾回去后很快就组织有关人员进行实地考察，并表示了愿意合作的决心，但因电力部门想控股就没有继续谈下去。

由苏宾出面邀请泰国原总理差猜率团访问北京。差猜直接与电力部洽谈景洪电站的合作开发问题，并受到了邹家华副总理的接见，把合作项目直接提高到了两国合作的高度。

通过苏宾的主动出击，起到了很好的作用，推动了“生米变熟饭”的进程。

景洪电站这一合作项目能否尽快成功，关键是加快做好前期工作。云南省设计院承担前期工作的全部，是电站的“首脑机关”。省设计院领导由于担心景洪电站的前期费用无法保障，准备将工程人员和设备撤到省政府前期工作重点小湾电站。我急忙找到两位院长告诉他们：前期费用问题由我尽快给予解决，请他们适当增加力量，加快前期工作的进程。谈完话后，我立即打电话给苏宾请他先打一些资金过来解决前期费用问题，这样既推进了“生米变熟饭”的进程，也解决了前期费用的不足，推进了合作的进展。苏宾接到电话后很快就过来与电力局共同商量，前期费用就这样很快得到了解决。前期费用解决了以后，我到省设计院动员和鼓励大家积极投入前期工作。设计院很快加强了景洪电站前期工作的力量。经过进一步协商和努力，双方终于达成共识，以整体设计费 4400 万元，24 个月内完成设计任务签订了合约。签订合同后，设计院进行了全面动员，所有参加的设计人员几乎没有什么节假日和休息时间，最后终于在合同书规定时间内完成了设计任务。

1996 年 3 月，由国家计委牵头组织了主管项目的司长及其工作人员，在云南省工作人员的陪同下，访问了泰国，受到了泰方公司和有关部门的热情接待。除与泰国电力部和合作公司交换意见外，还参观和游览了工业基地、旅游胜地。通过这次出访三位司长都觉得泰国经济形势不错，合作公司有诚意和实力，对合作项目增强了信心，对这次出访泰国表示满意。

做好泰国方面的工作

泰国人一直把西双版纳视为老祖宗所在地，因而他们对我非常尊敬。我第一次出访泰国时，受到了超规格的接待。由于历史的原因，我与泰国就有着特殊的关系，所以我做泰国人的工作就比较顺利。

一是诚邀泰方人员来华商谈。我第一次去信请内政部长马裕炎先生过来商谈合作开发景洪电站时，他感到非常高兴：既可解决泰国的缺电问题，也利于增进两国的友好合作关系。他很快就去找苏宾商量，而苏宾则对马裕炎说："刀国栋是我们的老大哥，他知道我们泰国缺电，他的建议是对我们的关心，我们一定要好好准备，不能错失良机。"他立刻召开了董事会，统一了意见后由马裕炎部长过来找到我，高兴地说："我把目前实力最强的大公司首脑苏宾带过来了。"他们过来后一谈就成功，第一次会谈就把合作开发的事定下来了。

二是建议泰方访问北京。为打破部门和地区的保守思想，我建议苏宾，要他组织更高层次的代表团访问北京，把景洪电站的合作项目直接提高到两国政府合作的关系上，中国方面由我来配合做北京的工作。苏宾很赞成我的意见，他回到泰国后，很快就聘请了中国的老朋友、在泰国德高望重的原总理差猜带团访问北京。差猜到北京后受到邹家华副总理接见，并直接与电力部进行了会谈。通过这次组团访问促进了双方工作的顺利进行。

三是组织中国代表团出访泰国。为调动云南方面的积极性，由苏宾邀请云南省有关部门的代表团访问泰国，同时还邀请北京的三位司长访泰，都取得了良好的效果，为合作的成功打下良好基础。

四是消除了一次误会。1996 年 5 月，省电力局与苏宾商定：双方认真地进行一次比较具体全面的洽谈，双方还共同确定了洽谈的时间。但因当时电力局领导要到省外开会，就通知泰方暂时不要过来。但因电传时没有把原因说清楚，又把"暂时"两个字漏掉，苏宾则以为我方有意不与他们合作了，心里不高兴。经过疏导和澄清，双方消除了误会。苏宾舒了口气说："这样我就放心了。我们公司这几年把全部精力都集中在景洪电站上，如果不能继续合作，公司就要乱套了。"

五是解决了谁占有设计方案的专利权问题。当时省政府的确缺钱，不仅景洪电站的前期费用不能保障，就连曼湾电站也不能保障，把仅有的一些钱都集中到保障大朝山电站了。而景洪电站的前期费用，红塔集团停止拨款以后，设计院手中只有几万块钱了。在这关键时刻，我建议苏宾汇些钱过来继续进行前期工作。虽然泰方同意了，但又涉及谁多拿钱谁就占有设计方案专利权的问题，有了专利权即便不能施工也可以拍卖这个设计方案。电力部的主导思想是决不能把专利权让给泰国，主要是担心泰方拿到专利权以后就不来投资而高价拍卖专利权。而泰方虽然没有想到要专利权，但他们想要参与设计，从设计中增加一些收入，同时把打过来的钱纳入到投资费之中。但双方都不把话说明。为解决这个问题，我通过做双方工作商定了双方投资设计费用的份额问题。从中方来讲，把红塔集团已拨的 2400 万元纳入到中方的账户上再适当投入一些钱，使中方占 51% 泰方占 49%，这样以中方为主享有专利权。经工作后双方都同意了这个方案，进而成立了合作公司。

六是推动泰国电力部向中国购电。通过了解，中国的电力部和设计总院都担心电站建起来后没有市场，更担心泰国人来投资控股后高价卖电给中国人使用。而苏宾也担心：泰国电力部还不表态，电站建起来后用电单位不接收怎么办？为了解决这个问题，我直接写信给诗琳通公主，把双方合作的进展情况告诉了她，希望她关注这一合作项目并做些协调工作。公主接到我的信后，很快作了批示，并派人转到电力部门，要求他们积极配合苏宾促其合作的成功。泰国电力部负责人很快找苏宾了解了合作的情况。苏宾将公主的指示和电力部找他们的情况电话告诉了我。接着我请苏宾邀请泰国电力部的负责人到昆明参加昆交会，苏宾连新老部长都一起请了过来。我会见新老部长时，强调了合作的重要性和必要性，强调了电站建起来后对双方都很有利，它可以促进两国友好关系，从经济角度看对双方都有好处，特别对泰国未来的经济发展更加有利。通过会谈两位新老部长对我和苏宾再三表示完全支持，并保证购进景洪电站的电量。苏宾听后很是高兴。我接着动员两位新老部长，现在泰国选择以水电为主解决能源问题是正确的，虽然开始投资大一些，但从长远看是很有利的，它既稳定又环保；云南的水电资源相当丰富，仅澜沧江就可开发 3000 多万千瓦；还有金沙江、怒江也可开发，完全可解决泰国所需的全部电量，建议两位部长向中国购电时可多考虑一些，比如 600 万或 800 万千瓦，这样既可促进中方开发电站的积极性，也可满足泰方的需要。但因老挝电力资源多，而且非常积极，在开发上又比较放手，国外几个国家都愿意到老挝去开发，尤其是泰国去投资的更多，所以他们先向老挝签订了购电 300 万千瓦的协议，因此对我方也只签了 300 万千瓦的协议。这个协议签了以后，一方面解决了双方担心的问题，另一方面从实质上解决了景洪电站的合作建设问题。

七是合作项目经受了经济危机的冲击。在东南亚经济危机中，泰国首当其冲，受打击最早，最严重，这时正好又碰上泰国政府更迭总理，差瓦立下台，川立派上台。泰国政局相当不稳定，几家银行和大中型企业都受到了严重的打击，小企业纷纷倒闭，泰国的用电量一下子减少了，景洪电站的合作建设问题，就成了他们考虑的中心问题。苏宾他们的想法是合作项目不变，但由于暂时资金困难可以适当推迟。我也听到不少泰国人议论说合作项目可能搞不成了等。针对这种情况，我首先鼓励苏宾将合作项目坚持下去，告诉他眼前的困难只是暂时的，要相信泰国自己的实力，在大家的共同努力下会战胜眼前的困难。接着我又给诗琳通公主去了信。信中先对东南亚地区的经济危机给泰国带来的巨大灾难表示同情，接着鼓励她：目前出现的经济危机是地区性的，难免相互影响，但是困难只是暂时的，要相信泰国奋斗了几十年所具备的经济实力。并相信在公主阁下的努力下，一定能战胜困难，扭转局面的。诗琳通公主的确做了许多努力。经济危机的坏事也变成了好事，党派之间的斗争暂时停止了，大家都咬紧牙关战胜困难，使经济很快得到好转，用电量又开始增加。2000 年在昆交会上，中泰两国正式签订了电站投资协议和购电协议。

景洪电站的开工，原来计划是在 1998 年进场，1999 年动工。但因经济危机的影响推迟了五年，计划 2003 年动工。而 2001 年开始，泰国政府总理人选更迭，新政府的电力部门对购电意向不明确，说是要 2016 年以后才向中国购电，这又影响了投资公司的积极性。苏宾也很着急，2001 年泼水节前，他到了昆明将情况告诉了我方。我知道后，叫电力局以我的名义给苏宾打电话，向他说明电站建设不是一两年能完工，最快也要六七年。到那时如果泰国经济完全好转需电量加大，就不可能以哪个人的意志为转移了。其次，云南的电力市场不仅是泰国，还有中国东部的市场，即国家西电东送计划。苏宾在这段时间做了大量工作。

从对这一项目的引进洽谈、协调等过程看，要使合作成功的确很不容易。尤其涉及两国合作关系，除了在谈判中对是否能够立项、投资比例、双方经济利益的分配等讨价还价难度比较大外，还有双方对项目的认识不一致，还会产生一些误解。受泰国政府首脑的频繁更迭等政治影响，双方的合作工作也遇到了许多困难，协调的工作量和难度相当大。要做好协调工作需要具备一定的条件：一是要有事业心，不怕麻烦，不怕艰苦，迎难而上；二是要有一定的智慧和能力，不管遇到哪方面的复杂问题都能说出道理，理出头绪，找出问题的实质、解决方法和途径；三是对协调双方的情况比较熟悉，对双方具有一定的影响力；四是要站在全局的高度看问题和分析研究问题。总之，在协调工作上，除在经济利益方面作适当的协调外，大量的工作还是做人的工作。人的工作做好了，合作的项目也就成功了。

回顾20世纪90年代云南处理民族“热点”问题

赵廷光

1988年我从省委调到省人民政府担任副省长兼省民族事务委员会主任，受命于贯彻落实党的十一届三中全会精神，进一步端正思想路线。当时，经过真理标准问题的大讨论，否定了“两个凡是”的错误观点，党的民族政策得到了恢复和贯彻实施。然而，由于我省在“文化大革命”遗留的问题不少，加之正处在社会主义计划经济向社会主义市场经济转变的初期，又出现了新的矛盾。新旧矛盾交错复杂，亟待理顺，加以解决。

根据党中央的指示，1991年6月至7月在中央党校举办了马克思主义民族理论和党的民族政策研究班，全国8个省（区）和30个民族自治州主管民族工作的负责同志参加学习，我也有幸参加了这次研究班为学习。这次研究班为1992年初中央召开的民族工作会议做准备。研究班重点是从理论上解决对民族问题的长期性的认识，同时，讨论中共中央总书记江泽民将在1992年初召开的中央民族工作会议上的讲话稿。讲话稿明确指出我国民族和民族问题长期存在的历史现状，并对长期存在的原因作了详细的分析。这些分析是非常深刻的，完全符合云南实际，启发我们认识民族和民族问题存在的长期性、复杂性、国际性和搞好民族工作的重要性。

中央民族工作会议后，在省委的直接领导下，省民委把中央民族工作会议精神贯穿于整个云南民族工作的始终。当时在改革开放大潮中，各族人民在前进。然而，少数地区民族与民族之间、民族内部之间还存在一定的矛盾冲突。有的矛盾直接干扰了国家机关的工作秩序，直接影响民族团结与进步。其中较为突出严重的是平远地区带黑社会性质的贩毒活动、黑树林地区哈尼族局部争水矛盾冲突、武定县“小众教”闹平反活动等三个问题。针对这三个“热点”问题，在省委统一部署下，省民委抽调一批干部，组成三个调查组，分别深入到三个地区进行调查研究。一组由时任省政协副主席的罗运通同志带队深入文山州平远地区；一组由时任省政府副秘书长的张宝三同志带队进驻黑树林地区；最后一组由我带两个同志深入到武定县。

解决平远地区毒品集散地问题

通过调查分析，我们得出结论，平远地区虽然属少数民族地区和个别民族全民信教的地区，但矛盾性质不是民族问题和宗教问题，而是属于一股带黑社会性质的恶势力与广大各族群众之间的矛盾。这个结论是有充分根据的。一是这股黑恶势力，在短短几年中就把平远地区特别是平远镇变成毒品集散地；二是贩卖枪支弹药，严重地威胁着社会治安问题；三是堵截过往车辆，非法勒索钱财，严重破坏社会治安；四是抗拒公安人员执法，甚至非法打伤执法人员，制造恐怖气氛；五是黑恶势力购买枪支武装自己，引起周围其他人的警惕，也把自己武装起来，大有一触即发之势。局面严峻，必须采取果断措施，摧毁这股黑社会的恶势力，以挽救多数群众。省委开会研究，统一对平远地区问题性质的认识，提出严打措施，派我和尹俊同志赴京向国家政法委汇报。国家政法委表示完全同意云南省委的意见，采取严打的方针。

在严打过程中，主要采取以下措施：一是慎重稳进。在实际行动中，以武装力量为后盾，以政策和法律攻心为主，采取各种形式开展党的政策和国家法律宣传活动，取得了非常理想的效果。在国家政策法律感召下，犯罪人员纷纷投案自首，交代犯罪事实，揭发他人，有的还动员同案人员交代问题和交出毒品，争取从宽处理，改邪归正，争取做一个遵纪守法的公民。二是法不责众。正确处理矛盾普遍性和矛盾特殊性的关系，把处理矛盾普遍性的法律灵活地运用于处理矛盾特殊性的平远地区，严格区分两类不同性质的矛盾，坚持打击极少数，争取和团结绝大多数的原则，层层化解实施。这样做，很得民心，得到各方面群众的欢迎和支持。三是对工作队和武警官兵提出严格要求。在严打活动中严格遵规守纪，保护群众利益。第一，不准动用重武器，以防损坏农民建筑物；不遇到犯罪分子开枪反抗的不准首先开第一枪，以防群众误解。第二，不准动用其他民族的民兵参加严打，以防引起民族之间的冲突以及其他民族问题。第三，不准进入清真寺搜缴毒品和枪支弹药，切实尊重宗教，不干预信教群众的正常宗教活动，以防引起宗教问题。第四，进村入户，不准自己生火做饭、吃荤，严格遵守民族风俗习惯，做到“入乡随俗”。四是相信、团结和依靠民族干部一道搞严打活动。州委派出一名回族副州长，县委也派出一位当地回族副县长，参加严打工作队，并依靠当地回族干部一道做群众工作。这些回族领导干部具有很高的政治觉悟，懂得民族政策，有丰富的基层工作经验，了解本民族的特点，自然民族感情深厚，与群众有密切联系。大家心连心，团结一致工作。平远地区禁毒严打斗争的胜利，本民族干部起了极为重要的作用，功不可没。五是争取和团结宗教人士，取得他们的理解和支持。平远重点严打地区，每个村都设有清真寺。每个清真寺有一位威望很高的教长和一位专门负责主持教仪、讲授经典的阿訇，他们是拥护中国共产党的爱国人士。严打中，我们高度重视做这些人士的工作，我亲自重点深入到松毛坡清真寺拜会马老教长，并戴上白帽同他一起做礼拜，用实际行动感召他们，争取他们的支持，团结他们一道做群众工作。他们到群众中去，面对面地向群众宣传党和国家的政策法律，讲解严打的重要性和必要性，受到群众的欢迎和支持。平远地区的爱国宗教人士为严打胜利做出了贡献。

由于有了本民族干部的密切配合，宗教人士和广大群众的大力支持，经过三个月的严打斗争，取得了完全的胜利。这场严打斗争，是在社会主义计划经济体制向社会主义市场经济体制转变的新的历史时期进行的，是在一块范围不大却影响全省乃至全国社会稳定的地区进行的，是在一个民族聚居区和个别民族全民信教、民族关系较紧张的地区进行的，是在一个由于受毒品诱惑而引发的错综复杂社会矛盾“热点”地区进行的，是在一个社会主义市场经济已经错位，经营方式已经走偏了方向的地区进行的。因此，这次严打是在新的历史时期处理复杂社会矛盾“热点”问题的一次深刻的实践探索。这次实践探索很成功，加强了民族团结，维护了社会稳定，纠正了市场经济的错位，把违法的经营方式扭转到社会主义的正确方向上来。解放和发展了生产力，促进了平远地区经济、教育、文化、社会各方面的全面发展和进步。

1994 年我回访平远地区，看到回、壮民族互相联合，共同开发矿产，兴办冶炼企业。2010 年再次回访，看到的是平远地区得到全面发展和进步，形势喜人。一是社会稳定，砚山县 2010 年上半年的公共安全感调查，平远地区 3 个乡（镇）民众对社会治安的满意度都达到 90% 以上。二是贩毒贩枪案件基本绝迹。三是经济发展，人民生活水平不断提高。2009 年，平远地区实现农业总产值 46723 万元，比 1992 年增长了 986.4%；财政收入 4349.62 万元，比 1992 年增加了 3993.12 万元，是 1992 年的 12.2 倍；农民人均纯收入达 2107 元，比 1992 年的 285 元增长了 739%。四是各民族看到团结起来的伟大力量，看到了大发展的希望，和谐相处，和衷共济，联合建设小康社会。

关于解决黑树林地区民族内部矛盾冲突问题

黑树林是哈尼族聚居区，位于普洱市墨江县和红河州红河县的结合部。长期以来，两县结合部地区的哈尼族同胞为争夺水源械斗了一个多世纪，省民委民族工作队于 1988 年深入到黑树林地区进行调查研究，发现情况很复杂。一是械斗历史长，从清乾隆十六年（公元1751年）土司头人带头挑动时候起，直到20世纪80年代末。二是“战”时仇，停时亲。开“战”时打得眼红，都把对方视为仇敌；停“战”后，气消了，又把对方视为同族亲人，共餐同饮，亲密无间。三是矛盾逐步扩大，由争夺水源扩大到争夺森林等资源。从调查材料看，我们认为：一方面是民族内部的纠纷，另一方面是历史遗留下来的问题，究其原因，是封建社会私有制对资源占有的不公造成的。清乾隆时期，黑树林地区的哈尼族社会还处于封建土司制的发展阶段，资源完全由土司所占有，农奴是没有土地的，完全依附于土司而生存。土司为了自己的利益，挑动自己所辖的农奴进行械斗，互相争夺资源。这就给我们留下了沉重的历史负担。正如江泽民总书记1992年1月在中央民族工作会议上讲话时指出的：“历史留给我们的负担是沉重的，政治上的平等实现后，经济、文化发展上的差别依然存在，剥削阶级在民族问题上遗毒等的社会痕迹，不是短时期内可以完全消除的。”黑树林地区哈尼族内部的械斗，就是封建土司制度剥削阶级留下的历史遗毒，它让哈尼族人民不知吃了多少苦头。

我们在调查研究找到原因的基础上，提出解决措施，向省委报告，具体措施有三条：一是省民委民族工作队继续坚持蹲下去，深入各村寨，结合实际，有针对性地宣传党的民族政策，广泛地做群众思想教育工作。二是以省民委的名义召开座谈会。民族工作队分别深入到对立双方的村寨，做群众工作，选出代表，由当地民族干部带队，到昆明参加座谈会。在座谈会上我作了讲话，内容主要是这样几个方面：进行新旧社会对比，指出械斗的历史原因。在人民当家做主的今天，应该从思想上彻底消除剥削阶级留下的遗毒，在中国共产党领导下，团结起来，走共同发展繁荣的社会主义道路。黑树林地区的水源纠纷，是历史遗留下来的民族内部问题，要采取协商的方式解决，不能采取武力的方式，用武力不但不能解决问题，而且会加深对双方感情的伤害。在社会主义制度下，民族不分大小、历史长短，均一律平等并享有平等权利。作为民族内部也是人人平等的，受国家法律保护，搞械斗，打死人，是犯法的，要负法律责任。社会主义制度是公有制，包括全民所有制和集体所有制，黑树林地区的资源既有全民所有制，也有集体所有制，水资源是大家共有的，应该合理调节，共同分享，不能搞武力争夺。这次座谈会开得很好，统一了认识，一致表示不再搞械斗，双方干部和代表握手示好。三是办实事，体现社会主义制度优越性。通过各种不同形式做思想工作，讲了许许多多的道理，起到了稳定思想的作用，但真正解决问题还是要办几件看得见摸得着的实事。从黑树林实际出发，抓住主要矛盾和矛盾的主要方面，办了两件实事：一是修一个水库，二是修一条公路。修水库，解决哈尼族内部矛盾的焦点问题，成果共享；修公路，解决交通闭塞问题，便于群众走出去，开阔视野，了解外部世界，开展经济、文化交流。政府拨款扶持，群众投工投劳积极参与，经过短时间的努力，水库修起来了，公路也通了车。黑树林地区的哈尼族群众从切身利益中意识到，封建社会土司为了维护剥削阶级的利益，挑动百姓械斗，得利的是土司，流血的是群众，真正代表人民利益的是中国共产党。共产党好！社会主义好！经过短短几年时间的艰苦努力，结束了那不堪回首的百年械斗的惨痛历史。

关于解决武定县“小众教”问题

全世界不存在所谓的“小众教”，为什么在武定县突然冒出一个“小众教”呢？这是“文化大革命”的产物。武定县有相当部分群众信仰基督教，存在相当长的历史，一直是比较稳定的。“文化大革命”中，省革命委员会推行极左错误，派出工作队进驻武定县，开展消灭宗教斗争，妄图通过一夜之间开一个会就把武定县的基督教消灭掉。

这种行为在当时激化了矛盾，部分信教群众丢荒了田地，把家里的猪、鸡杀光，吃了上山静坐，等待“世界末日到来”，以便上天。还在山上成立“天国革命委员会”，从基督教中分化出来，称为“小众教”。

“小众教”群众不断派出代表，到省政府乃至国务院上访，要求平反。1989年春的一天晚上，来了32名“小众教”群众，在省政府大厅静坐示威，要求平反，理由是省革委强迫他们不信教，违反国家宗教信仰自由政策。当时由我接待了来访群众，做他们的思想工作，讲了一些道理，一是明确指出消灭宗教的行为是错误的，是违反国家宗教政策的；二是明确指出全世界没有一个叫“小众教”的说法，参加“小众教”的本来是信仰基督教，脱离基督教不好，因为这是“文化大革命”搞消灭宗教的极左路线造成的；三是揭露“世界末日论”的反动性，明确指出这是一种欺骗性的谣言，绝对不能上当受骗；四是讲解党和国家的宗教政策，我国的宗教政策就是有信仰宗教和不信仰宗教的自由，信仰宗教没有错，不信仰宗教也没错，同时还特别指出，派大批群众上访是不好的，有意见可以用文字反映，也可以派少数代表来反映，要相信党和政府是会重视大家的合理要求的；五是明确指出打倒“四人帮”后，中国共产党召开了十一届三中全会，否定了“文化大革命”，包括消灭宗教的极左路线也被否定了，大家要求平反的问题也随之解决了；六是希望大家抛弃“小众教”，回归基督教，加强团结，共同维护社会安定，搞好生产，发展经济，改善生活，走共同富裕的社会主义道路。我讲的这些话，大家听懂了，也听得进去，表示要回去，不再派人上访。这时已经是晚上 11 点钟，省政府办公厅派了两辆客车，买了一些饼干，送他们回去。

到省政府静坐示威，是一件不好的事，但从辩证观点看，做好这 32 个人的思想工作，为解决问题打好思想基础，不能说不是件好事。上访队伍是高高兴兴地回去的，但效果如何，还不能麻痹大意。省民委领导班子又坐下来开会，冷静地分析后一致认为，上访人员中的大多数思想是有转变的，应该相信群众的大多数，需要警惕的是少数人，他们是成立“小众教”的策划者，是受“世界末日论”毒害最深的人，还有继续活动的可能。于是采取三条措施，跟踪做工作。一是从昆明请了两位爱国基督教人士，配合民委派出的工作队，深入到武定县“小众教”群众中，宣传讲解基督教规，解决对宗教与政府之间关系的认识问题。基督教人士的宣传解释，起了很大作用，上访回去的人员首先响应，带动了“小众教”群众，纷纷表示愿意回归基督教。二是工作队抓住有利时机，在群众中宣传党的宗教政策，强调每个公民都有信教和不信教的自由，支持参加“小众教”的群众改变“小众教”成员名称，回归基督教。三是组织群众投入生产，恢复耕种丢荒田地，在政府的扶持帮助下，积极开展生产活动，使经济逐步发展起来。四是加强扶贫工作，对贫困地区政府直接给予资金扶持，对贫困户由民政部门给予救济。

所以到1992年调研的时候，我又深入到武定县进行跟踪调查，并帮助石腊它乡拟定扶贫攻坚的思路，了解到参加“小众教”的群众基本上已回归基督教，没有放弃“小众教”理念的少数人已不成其气候，武定县基督教活动正常，社会稳定，各级国家机关的工作不再受到干扰。

从1994年至2009年的15年间，我曾先后对这三个地区进行过四次跟踪对比调查研究，其中平远地区两次，黑树林和武定各一次。经过调查，选择了以平远地区为重点，写了一篇《在新的历史时期处理复杂社会矛盾热点问题探索》的文章，以丰富认识。实践证明，我们对三个“热点”问题的定性是准确的，在解决问题的实践中所坚持的指导思想和实行的方针政策是正确的，所采取的工作方法是得当的。我深深地体会到，这是我们在认识和改造客观世界的同时改造自己主观世界的一次生动实践。解决这些“热点”问题的成功经验具有普遍意义：轰动全国的平远地区毒品集散地问题的解决，纠正错位了的市场经济，把错误的经营方式扭转到社会主义经营方式的正确轨道上来，这个经验，既是云南的，也是全国的典范，中央政法委给予了充分的肯定；黑树林哈尼族内部争夺水源械斗问题的圆满解决，结束了剥削阶级遗留下来的械斗历史，把深刻的历史教训转化为切实的经验，是有指导意义的；武定县“小众教”问题的解决，纠正了“文化大革命”中的遗留问题，正确贯彻落实国家的宗教政策，是对党的实事求是、一切从实际出发的马克思主义思想路线的进一步端正，具有很强的思想性、政治性和政策性。

平远、黑树林和武定县三个“热点”问题的圆满解决，是马克思主义民族理论和党的民族政策与民族工作实践相结合的一次较成功探索，是对我们在认识和改造客观世界的同时改造自己主观世界的一次严肃检验；是一次在新的历史时期处理复杂社会矛盾“热点”问题的成功的实践探索；是党的解放思想、实事求是、一切从实际出发的马克思主义思想路线进一步端正的具体表现。这些收获，是在省委的直接领导和统一部署下，团结奋斗的结果，来之不易，值得珍惜。

20 世纪 90 年代末云南解放思想大讨论亲历记

孙官生

时代的列车呼呼啦啦驶向 21 世纪。

世纪末的云南经济社会发展迈上了新台阶，以两烟为代表的支柱产业成就辉煌，农业连年丰收，交通等基础设施建设成绩卓著，对外开放势头良好，群众生活改善……然而云南同全国的差距依然在拉大，尤其是邓小平南方谈话以后，东部沿海在改革开放大潮的推动下经济迅猛发展，迈向新世纪的云南，经济社会发展显得更加不乐观，怎样才能改变在全国经济大发展的格局中落后的状态，奋起直追？云南前进的路上横着一道坎。

问题恰恰出在观念上：思想不解放，观念保守落后。

处于世纪之交的云南各族人民，决心战胜自我，以全新的姿态迈向新世纪，于是，一场从 1995 年开始，历时五年多的解放思想大讨论在云南大地上展开了。我有幸经历了这场大讨论。

东方风来

东风吹来满眼春。1992年1月18日至2月21日，邓小平视察南方，就加快改革开放和经济建设步伐作了谈话，在云南高原引起强烈震动。人心思上，人心思大发展，全省上下热情高涨！

然而不容乐观的消息不断传来：

——我省开放初期曾经引以为骄傲的“四朵金花”（电冰箱、电视机、自行车等），由于观念陈旧，技术落后，已在市场竞争中败下阵来。

——开远市万吨纸机改扩建项目，由于办事效率低，扯皮事情多，因而盖了500多个图章、拖了十余年仍未能建成投产。

——河口边境贸易不能正确处理服务和发展的关系，急功近利，涸泽而渔，条块分割，政出多门，手续繁杂，口岸各种收费标准多达77项，进口一方木材要交纳24种税费，严重制约了边贸的发展。

——省州市许多机关“门难进，脸难看，话难听，事难办”，甚至设置一个个“禁区”，投资环境差，气走了一个又一个外商和国内投资者。

……

这就使省委清醒地认识到，要贯彻落实好邓小平南方谈话，加快云南发展，解放思想、更新观念这道坎是绕不过去的。我们正处在世纪之交的关键时期，肩负着继往开来、实现第二步战略目标的历史重任。难得的机遇和严峻的挑战同时出现在我们面前，只有进一步解放思想，站在新的高度，开拓新的视野，才能更好地总结过去，驾驭规律，创造未来。进一步解放思想，是摆在全省党员干部群众面前的一项重要任务。

1995年8月召开的省第六次党代会提出了到20世纪末初步建成社会主义经济体制和基本实现小康的目标，并且将其具体化为：国内生产总值要以略高于全国的平均速度增长，对外开放达到较高层次，人民生活达到小康水平，综合经济实力登上一个大的台阶。大会特别强调指出，为了实现这一目标，当前的首要任务是进一步解放思想。

15 分钟的决定

1995 年 8 月 26 日，省第六次党代表大会闭幕，次日，《云南日报》在头版头条通栏发表了大会通过的《解放思想，开拓前进，为实现小康目标而努力奋斗》的工作报告。8 月 30 日，省委办公厅发出《关于认真学习宣传贯彻中国共产党云南省第六次代表大会精神的通知》，随后，全省各级党组织传达学习党代会精神，在全省范围内掀起了宣传贯彻党代会精神的热潮。

此时，担任《云南日报》总编辑的我，在思考一个问题：作为省委机关报的《云南日报》，应当在学习贯彻第六次党代会精神的过程中发挥主阵地作用，引导干部群众突出重点，联系实际，切实解决一两个主要问题。否则，一般化地学习，必然流于形式，走了过场。然而，以什么为主题，从哪里突破呢？我认真学习了党代会报告，回顾了几年来云南改革开放过程中的种种问题和曲折，无不是因为观念陈旧落后、思想不解放造成的，思想不解放是总根子。党代会的报告已经指出了这一点，明确地把解放思想作为当前的首要任务。我认为，宣传贯彻党代会精神，就要紧紧抓住这个“首要任务”，切实解决解放思想的问题。我召开编委会进行研究，编委们一致同意我的意见，会议决定，向省委提出建设，以《云南日报》为主阵地，在全省广泛深入开展解放思想大讨论。

我起草好给省委的建议报告后，于 10 月 5 日去省委办公厅。我在到云南日报社工作之前，在省委政策研究室工作，任副主任，直接参与起草省委的重要报告，并随同省委书记下乡，因而同办公厅的领导、处长和秘书特别熟。省委办公厅规定，要请省委常委出席某个会议、参加某项活动，必须事先打书面报告，待批准后安排，要见省委书记更是如此，这个过程少说也得十天半月。我并没有事先预约。我等不了那么长时间，径直来到办公厅。办公厅一处处长和书记秘书热情地把我让到办公室里坐下，即时向书记汇报去了。我刚呷了两口茶水，秘书便来对我说书记要见我。

书记办公室是一个套间，我刚进去，书记便从里间出来，握手，让坐，上茶之后，我便说："书记，我只占用您15分钟时间。"我简要说明来意，送上报告。我说："省第六次党代会确定了到20世纪末实现小康的宏伟目标，提出了实现这一目标的30字发展思路，指出为了实现这一目标，尽快把经济搞上去，当前的首要任务是进一步解放思想。云南日报编委会学习党代会精神后认为，加快云南经济发展，关键在于解放思想，贯彻党代会精神，千头万绪，林林总总，但解放思想是纲，抓住了解放思想，纲举目张，就抓住了加快云南经济发展的牛鼻子。云南日报作为省委机关报，应当充分发挥作用。"我列举了一些从机关到企业，从干部到群众思想不解放的典型例子。最后我说："书记，我建议以《云南日报》为主阵地，在全省开展解放思想大讨论，冲破左的思想禁锢，打破陈旧的框框套套，更新观念，激发干部群众的主动性、创造性，解放生产力。云南在历史上解放思想多次走在全国前列，新时期的这次思想大解放，必将推动云南经济新台阶。在您任上，力争使云南经济主要指标在全国的排位上升一至二位是有希望有。"

"很好。孙社长，你的建议很好，很及时。开展解放思想大讨论，是贯彻落实党代会精神的最好办法。我赞成。"省委书记说完，当即在我给他的报告上批示："云南日报关于在全省开展解放思想大讨论的建议很好，我完全赞成。请官生同志商宝三、天玺同志实施。"当我离开办公厅时，我一看手表，向书记汇报和书记拍板决策的时间不过15分钟。

第二天，我分别向时任省委常委、省委秘书长的张宝三同志和省委常委、省委宣传部部长的王天玺同志作了汇报。将我拟就的《关于开展解放思想大讨论实施方案》报给两位领导，均获一致同意。

最高规格的讨论会

云南省解放思想大讨论的序幕拉开了。

1995年10月16日，《云南日报》举行云南省解放思想座谈会。上午，省委副书记令狐安、省人大主任尹俊、省政协主席刘树生、省委宣传部部长王天玺等省级五套领导班子的领导、省级部门的领导和专家学者、企业家应邀出席。报社组织了最强的文字、摄影记者和总编室夜班编辑到会采访报道。会议地点在老编辑部最高一层五楼（报社新大楼刚开始建盖），不到100平方米的会议室里坐满了人。省委、省人大、省政府、省政协和省纪委的主要领导同时应邀到云南日报社出席会议，这在云南日报社的历史上还是首次，足见解放思想的问题在云南是多么重要，省委省政府是多么重视，全省干部群众是多么的关注与企盼。

会议由我主持。我首先讲了开展解放思想大讨论的由来：省第六次党代会精神；《云南日报》的建议；省委的决定。第二讲了邓小平、江泽民关于当前解放思想的论述，当前的主要危险是"左"，阻碍发展的主要障碍是思想不解放。第三讲了云南历史上发展的教训：几次大的思想解放带来经济社会大发展，几次"左"的灾难造成经济社会大破坏大倒退。第四讲了这次大讨论的部署安排，《云南日报》编委会决心在省委领导下，精心组织好这次大讨论。"开场白"不超过三分钟，把"新闻由头"作了个交代，起个抛砖引玉的作用。

首先发言的是尹俊同志。他说，多年来，特别是在历史的转折关头，中共云南省委始终把解放思想作为工作方针的第一条加以强调，大力推动全省干部群众的思想解放。从现在起到20世纪末，是一个承前启后的关键时期，新形势、新任务和层出不穷的新情况、新问题，迫切要求我们的思想认识要达到一个新的高度。我们一要纵向比、横向比，比发展，看差距；二要历史地、客观地调查分析，找出经济相对落后的原因；三要转变作风，狠抓落实。

刘树生主席的发言言辞犀利。他说，妨碍人们解放思想的主要障碍，是在一定历史条件下形成的主观偏见、小生产的思想观念和陈旧的习惯势力。现代经济要有“不知足”的冲动去推动科技进步和经济增长，而现实生活中却常见安于现状，易于满足，小富即安，略进即满；现代化要求全方位开放式地配置资源和传播信息，而我们却有意无意地自我封闭，对外开放狐疑犹豫，奉行“肥水不流外人田”的陈词古训；现代化建设是千百万人的创造性实践，必须从实际出发，尊重群众的首创精神，应当先干后总结，先干后规范，边干边完善。而现实生活中，墨守成规、死抠条文、一切照抄照传、一切唯“红头文件”的情况还很严重，没有红头文件不办事，有了红头文件也办不了事的现象屡见不鲜；现代市场经济是机遇共享，风险同往，现实中往往是“怕”字当头，只想捞取改革开放的名和利，不愿承担改革开放的风险和责任，“做功不行唱功行，启动不灵刹车灵”，四平八稳的“太平官”往往还是“不倒翁”；搞现代化必须有一大批勇于思考、敢于探索和创新的闯将，在云南“不为天下先”、“枪打出头鸟”的影响太深，敢冒风险的“闯将”本来就很少，而对他们刁难多于支持，非议多于鼓励。要把解放思想引向深入，必须下大力气克服官僚主义和衙门作风这个祸害。官僚主义是小生产的产物，对改革开放和现代化建设祸害匪浅。管理上层重叠、部门林立，办事手续繁多，不讲效率。有权就有利，而且大家都有否决权。一关通不过就别想办成事。一个项目要闯几十道关，盖数十个印，历时几年办不下来。

省委副书记令狐安从培养使用干部的角度谈了解放思想、转变观念的必要性，其他省级领导、省级部门领导和专家学者争相发言，热烈而踊跃。一致认为，以《云南日报》为主阵地开展的解放思想大讨论，是完全必要的、非常及时的。

从 8 月 17 日至 19 日，《云南日报》连续三天以头版整版的篇幅刊登座谈会的发言摘要，同时配发全场照片和发言者照片，在“报眼”刊发大讨论消息和安排部署。

紧接着，省委办公厅下发“通知”，要求全省各级党组织迅速行动起来，认真组织广大干部群众参加解放思想大讨论，领导带头，联系实际，更新观念，务必取得成效。

一场有史以来规模空前的解放思想运动在云岭大地展开。

三篇编辑部文章

解放思想大讨论从实质上讲，是一场意识形态领域的思想观念的大革命：向千年的小生产观念开火；向顽疾“左”的观念开火；向“自己”陈旧的习惯势力、思维方式、生产方式、生活方式开火。这三座“大山”遮住了我们的视线，阻滞了我们前进的脚步。

为此，《云南日报》相继发表了三篇编辑部文章。“云南日报编辑部文章”是省委机关报最高规格的言论，其次才是社论、短评、编者的话等等。编辑部文章决不轻易发表，50 多年来，《人民日报》只是在中苏论战中发过编辑部文章，即著名的“九评”。解放思想大讨论是云南日报社倡议、经过省委批准、以《云南日报》为主阵地的一次全省性的重大活动，主题重大，动员面广，时间长，涉及全局。我们自己也来一次敢为天下先：发表编辑部文章。

于是，由我执笔撰写的三篇编辑部文章相继见诸报端。

12 月 4 日，《云南日报》用头版一个整版的篇幅推出第一篇《云南日报》编辑部文章，从四个方面论述了解放思想的重要性必要性、思想不解放的主要表现、一切从实际出发是解放思想的核心、领导干部要站在解放思想的前沿。文章指出，在云南干部群众中，尤其是领导干部中“思想解放的状况不容乐观，差距是明显的：见事迟，觉悟慢，行动缓，比先进发达地区‘慢半拍’。”文章尖锐地指出了思想不够解放的十种表现：“肥水不流外人田”；温饱即安，小富即满；等靠要；穷光荣；思想僵化、墨守成规；唯上唯书不唯实；不为天下先；叶公好龙，畏“私”如虎；办事拖拉，烦琐低效；缺乏主见，看风向行事，该解放不解放，不该解放的乱解放。文章最后提出，领导干部要从三个方面完成思想转变、观念更新：一、在领导改革和发展中，坚持一切从实际出发；二、在判断改革发展的是非得失上，坚持“三个有利于”标准；三、不唯上，不唯书，只唯实，不断开创新局面。文章立即成为全省各地大讨论的学习文件。由于它的巨大影响和作用，荣获当年云南省最高奖——云南社会科学一等奖。

随着全省解放思想大讨论的推进，广大干部群众进一步认识到了解放思想的重要性，在学习和实践中努力清除“左”的和旧的习惯势力的影响。省委认为，这还不够，还要引导干部群众树立敢于探索，敢于实践，敢为天下先的精神。云南人见事迟，慢半拍，不是人不聪明，而是怕犯错误，总是等别人干了，没事了，再跟着干。历史上一段时间，有一位省委主要领导就曾告诫过“不能为天下先”。这几乎形成了云南的一种精神状态，一种顽疾。这种精神状态不改变，顽疾不除，解放思想仍然迈不开大步。

针对这种情况，《云南日报》于 1997 年 4 月 20 日在头版用一整版的篇幅，发表了第二篇编辑部文章《敢为天下先——再论进一步解放思想》。“敢为天下先是思想解放的一种表现，是思想解放的一种更高境界。一般意义上的解放思想，主要是指清除自己思想上旧的习惯势力的影响，努力按照客观规律办事，而敢为天下先不仅要求做到这一点，还要求冲破各种传统的、世俗的压力，开创别人、前人没有做过的事业。这显然比一般意义上的解放思想要求更高，风险更大，对社会对人类也将作出更大贡献。”文章一针见血地指出了世俗偏见“枪打出头鸟”、诋毁中伤、四处告状、夸大失误、嫉贤妒能——应当予以扫除，敢于为“出头椽子撑把伞”，鼓励、支持人们勇于思考、探索、创新。“敢为天下先应当是我们云南人的座右铭，也是云南 4000 万人民奔向 21 世纪的希望所在。”

此文一出，反响十分热烈。我办公室的电话响个不停，许多领导同志、诗人作家、专家学者、各地州的同志打来电话，说这篇文章说出了他们的心里话，对他们鼓舞太大了，帮助太大了。

题为《打好扶贫攻坚战》的第三篇编辑部文章，意在将解放思想大讨论导向紧密联系实际、切实解决经济发展中的突出问题上。云南是全国贫困面最大的地区，也是攻坚难度最大的地区。文章提出要把扶贫攻坚作为解放思想的重大课题，并提出了打好扶贫攻坚战的一系列政策问题、措施问题。本文在全国引起强烈反响，荣获全国最高奖——五个一工程奖。

从波澜壮阔的大讨论到持续不断的新变化

从1995年11月起，解放思想大讨论在全省省级机关及17个地州市迅速展开。1996年形成高潮，1997年至2000年持续深入发展。

这次解放思想大讨论，发动面广。省及17个地州市的党政一把手撰写文章参加讨论，党政机关部门负责人、各民主党派的负责人、理论工作者、实际工作者和基层干部群众踊跃参加讨论，先后发表文章200余篇。接着，各地州相继组织开展解放思想大讨论，紧密联系本地区、本单位的实际，提高认识，统一思想，寻找差距，改进工作，促进了经济和社会发展。

——理清了发展思路。思想的解放，认识的加深，带来决策水平的提高。根据省委提出的"以经济效益为中心，打基础，兴科教，调结构，建支柱，促进经济社会协调发展"的大思路，全省不同类型的地、县、乡、村，都在重新认识当地情况的基础上，制定了"九五"计划和2010年远景目标，立足本地资源，面向国内外市场，确定了支柱产业和重点项目。西双版纳傣族自治州找出综合经济实力不强、基础设施容量不足、高档旅游景点不多、社会文明水准不高的差距，提出大力推进经济体制和经济增长方式两个根本转变，抓住澜沧江—湄公河次区域合作开发的机遇，把西双版纳建设成具有中国特色、民族特色、区位特色、生态特色的现代化边境城市。曾经遭受强烈地震摧残、尚有28万人口未解决温饱问题的澜沧拉祜族自治县，"远学张家港，近学西双版纳"，提出全方位开放全方位启动，确定了重点建设项目，发展势头喜人。

——改革开放有新举措。以改革求发展，以开放促开发，成为各地的自觉要求和行动。景谷傣族彝族自治县以敢创全区第一强县的气魄，仅一年多时间，多渠道引进国内外资金近 10 亿元，开发以农林产品加工为主的 40 多个项目。县五套班子成员人人与建设项目挂钩，严格实行奖惩责任制，党政机关和事业单位以租地或与农民联营等方式，开发基地 1 万多亩。该县还大力推进国有资产的重组和生产要素的优化配置，成功地组建起林业、糖业、茶叶、建筑建材、运输五大集团公司。该县的正兴乡采取股份合作的形式，引进资金和技术，建成年产 4 万吨的水泥厂兼并了县水泥厂。建起一个酒精厂以及 8600 亩木薯基地，有效地带动了群众脱贫致富。普洱哈尼族彝族自治县不断改革和完善农村经营体制，以土地二级批租、建立新型经济联合体等形式发展咖啡、茶叶、辣椒基地，探索出新的路子。

——干部作风在转变。各地机关干部的精神面貌和工作作风发生明显变化。基础条件较好的地方敢于争先，放开手脚加快发展；贫困地区知难而上，千方百计寻求脱贫门路。以“三个有利于”为标准把经济建设搞上去，已经成为大家的共识。西盟佤族自治县引导干部群众破除落后的生产生活习俗，在困难中求发展，县乡干部分头驻扎基层和农田水利建设工地，狠抓基层组织建设和当前工作任务的落实。为省内外关注的岳宋乡积极行动起来，全乡的农田水利、经济作物基地等项目全面启动，乡干部一人负责一个项目，每个党员联系两户贫困户，机关干部一人援助一名贫困学生，流失的 30 多名贫困生全部返校。该乡干部群众决心用脱贫致富的实际行动和成果，报答党和政府以及社会各界的关怀。

大讨论助推开远糖厂起死回生

解放思想的重点是领导干部和领导机关，因为决策权、批准权在他们手里，他们不“解放”，干部群众只能干着急，什么事情也办不成。机关思想不解放的主要表现就是“衙门作风”。

1995年12月12日，《云南日报》在全省解放思想大讨论的高潮中，在头版头条发表了《奔波十余载，盖章五百余——开远糖厂万吨纸机改扩建项目难产记》，批露了由于机关衙门作风严重，办事效率低，扯皮事情多，因而使开远糖厂万吨纸机改扩建项目盖了500多个图章、拖了十余年、经历了五任厂长仍未能建成投产的事实。见报当天上午，适逢全省经济工作会议在胜利堂开幕，省委书记作报告。会议开始了，书记没有用他事先准备的稿子，而是打开当天的《云南日报》，念了头条新闻，然后就开远糖厂的典型事例严厉地责问“为什么？”当即责成省纪委、监察厅进行调查处理。此事在全省干部群众中引起强烈震撼，痛感机关衙门作风危害之烈。

会后，省纪委召开常委会议，作了认真的研究部署，由省纪委副书记、省监察厅厅长段登录和副厅长毛端信挂帅，组成调查组深入红河州、开远市有关部门和开远市糖厂调查，帮助总结经验教训，并在这项工程以后的建设中实施有效的监督。各级有关部门借助开远市糖厂万吨纸机改扩建项目难产这一典型事例，揭矛盾，找差距，切实解放思想，转变作风。1996年1月15日，由省计委牵头，在开远市糖厂召开了有省、州、市属有关部门和金融单位领导参加的现场调研会，经现场调查分析，反复磋商，形成共识。大家认为，开远市糖厂万吨纸机改扩建工程属于综合利用、治理污染项目，既有社会效益，又有经济效益，应大力支持；既要通过这个项目的建设过程认真总结经验教训，更要抓住这个机遇，积极支持和促成工程尽快建成。现场调研会还对缺口的6000万元工程建设资金的来源及设计修改等方面的问题一一作了协调安排。会后，为使开远糖厂万吨纸机改扩建工程早日建成发挥效益，省计委、省经贸委、省轻纺厅领导挂帅，积极出面协调解决工程概算调整和新增投资在具体落实中碰到的矛盾和问题。省建设厅及时召开会议，本着实事求是，打足资金不留缺口的原则，对工程概算作了调整，为工程建设取得银行贷款支持铺平了道路。省设计院根据工程原设计周期长、参加设计的人员多次变动的情况，组成了开远市糖厂改扩建工程设计复查小组，先后两次对工程原设计进行复查、修改、补齐，并加强施工中的现场服务。工程新增数千万元投资，若按有关要求和程序办完贷前手续要几个月时间，金融单位打破常规，特事特办，与开远市糖厂紧密配合，仅用 20 多天时间就帮助厂里完成了企业资产评估、贷款抵押、还款计划等各项贷前手续。工商银行开远分行还为工程建立了单独的基建账户，深入企业指导帮助用好信贷资金。建设银行开远分行不仅保证资金按时到位，还派专人常驻厂里，对基建、设备订购贷款资金的使用进行监督。省财政厅、省计委、省经贸委、红河州和开远市也千方百计挤出配套资金，支持开远市糖厂的改扩建工程建设。3 月 30 日，金融单位和省、州、市按计划一季度提供的 1200 万元贷款和配套资金全部到位，至 5 月底，二季度工程建设资金也大部分到位。与此同时，开远市糖厂干部职工也联系本厂改扩建项目建设中存在的问题，找问题，究根源，深刻认识到，造成本厂万吨纸机改扩建工程难产的原因虽然很多，但根本的原因在于固守计划经济时代形成的观念，在项目投资上“等、靠、要”，缺乏主观能动性，工程建设上组织领导不力、管理不严、抓得不紧，资金使用上大手大脚，缺乏精打细算。厂党政领导班子决定抓住目前这一难得的机遇，解放思想，敢闯敢干，打好工程建设战役。厂里成立了以厂长为指挥长的改扩建工程指挥部，下设六个项目组，明确各自的职责任务，形成强有力的工程建设指挥机构，严格按上级有关部门规定的工期，以倒计时的方法组织指挥工程建设。厂里切实加强土建工程施工和设备安装队伍力量，同时组织各分厂、车间设备安装队伍上阵助战，白天加班加点，晚上挑灯夜战。工程资金使用实行工程指挥长一支笔审批制度，精打细算，严格控制资金使用。

在骄阳似火的工程施工现场，厂长孙宝权感慨地说：我们厂万吨纸机改扩建工程由“死”变“活”的实践证明，只要上上下下解放思想，更新观念，形成合力，云南人在经济建设中也完全能创造出与东部发达地区同样的快速度与高效益。

随着开远糖厂问题的解决，《云南日报》为了巩固解放思想成果，发表了报道《半年胜十载——开远糖厂万吨纸机改扩建工程在解放思想大讨论中由“死”变“活”》，并配发了评论员文章《解放思想大讨论的威力》，为了在全省各级党政机关改变和清除衙门作风，《云南日报》发表了《评“门难进，脸难看，话难听，事难办”》的评论员文章，在剖析了“四难”的表现和危害之后，文章指出，“‘四难’在机关里虽然只是少数，但其危害实在不可低估，它是瘟疫，是毒瘤，如果不痛下决心加以整治，必然蔓延开来。”

大讨论向医疗商业贿赂开火

省委书记令狐安特别强调，解放思想是按客观规律办事，必须遵循党的基本理论、基本方针和基本政策。他在审阅《云南日报》编辑部文章《敢为天下先》送审稿时指出，敢为天下先不是“乱”为天下先，想怎么干就怎么干，不管是否符合党和政府的政策法令，有的地方为了吸引游客和投资者，兴赌场，建鬼城，对黄、赌、毒等丑恶现象视而不见；有的地方挥霍公款，大吃大喝，甚至行贿受贿。他们确实做了别人“不敢”做的事，这不是敢为天下先，而是乱为天下先。

《云南日报》遵照省委领导指示，连续发表了《力戒文山会海》、《力戒迎来送往》、《力戒大吃大喝》、《力戒无谓评比》，以及《腐朽不能开放》等评论员文章，省纪委下发文件，要求全省各级党组织认真学习《力戒》四篇文章。与此同时，报社编委会决定公开报道几个“乱为天下先”的典型例子。

机动部副主任张福向我汇报了一条新闻线索：昆明市的一家区医药公司，在 4 年时间里，竟将 172 万元人民币作为“敲门砖”，为其经营销售的药品开路，收受贿赂的单位涉及省、市、区的许多医院，计 30 余家、800 多人，收受金额最多的是省第二人民医院（省红会医院）。

1999 年的时候，医疗商业贿赂已经冒头，几乎没有一家医院没有收受过药品、医药器械销售单位的贿赂，群众看病难、看不起病已是不争的事实。我反复询问张福：事实是否准确？他说，材料是卫生厅纪检组长提供的，有文字材料，他做了笔记，没有问题。我让他进一步去核实，他回来说卫生厅纪检组长说，事实确凿，他完全负责。于是我决定公开曝光，并亲自执笔配了一篇评论，与张福写的《救救他们的灵魂》

的报道同时见报。现将评论摘要如下：

一个时期以来，人们总在嘀咕看病求医中的一些怪现象：

为什么市场物价平稳，涨幅呈下降趋势，可医药费却直线上升？单位包给个人每月的甚至每年的医药费，有时甚至不够看一次普通的病？

为什么一些比较普通的药出奇的贵？

为什么有的药疗效特别差，吃和不吃都差不多？

为什么有的医生特别“热情”地向患者推荐某种药物、器械、连配眼镜也在“关照”患者“最好”到某某眼镜店去配？

如此等等。

所有这些“谜”今天大体上都找到了答案。原来是一些推销药品的人同一些医院、医生打了“联手”。

本报今天披露的仅仅是一个区医药公司的情况，相信此类情况不是个别现象。

这是一股“瘟疫”。它在不知不觉之中蔓延着，吞噬着我们原本良好的医德医风，吞噬着我们原本良好的医疗队伍中的某些人的灵魂。

这股“瘟疫”还给社会带来灾难性的后果。其一，使国家、企业、个人不堪重负。制药、售药单位所支出的“回扣”一般都要转嫁到患者身上，从而加重了国家、企业、个人的负担。有的机关付清职工医疗费之后，就不能出差、下乡，难以开展正常工作；有的企业本来效益就不好，再有几个职工住院、花几万、十几万元医疗费，几近被拖垮。其二，它使医疗改革难以推行。“回扣”风使医疗费超出正常的涨幅居高不下，无论怎么动脑筋改革，国家、集体和个人的负担都沉重，使改革难以深入化下去。其三，毒化了社会风气，腐蚀了医药经营队伍和医疗队伍，使假冒伪劣药品和器械得以畅行其道，屡禁不止。

这是全国首次揭露医疗商业贿赂，事实准确，揭露深刻，狠狠打击了刚冒头的商业贿赂之风，在医药界和社会上引起强烈震撼，干部群众莫不拍手称快。涉及的30余家医院大都认真总结经验教训，查处问题，改进工作，而唯独问题最严重的省第二人民医院的主要领导硬说他们没有一点问题。他们找到我纠缠，我找来张福向他们出示采访记录，告诉他们可以直接向卫生厅纪检组去反映，但他们不敢去。我又说，你们还可以到法院告报社“损害名誉权”，他们也不敢去。但他们十分狡猾，向省委领导写了一份“紧急报告”，反诬报纸有问题。个别领导既不调查，也没有听取记者意见，从根本上来说是不认识医疗商业贿赂的严重性和危害性，偏听偏信医院的话，反过来批评报社“不对”。我出于维护省委领导威信的考虑，也不再申辩。

六年前中国媒体首次向商业贿赂的重拳出击并未收到应有的效果，半途夭折，流产。如果当时认真地继续抓下去，今天云南的医疗商业贿赂不至于这么严重。省第二人民医院在医疗贿赂的泥潭中也不至于越陷越深。7 年后的 2006 年 11 月 10 日的《春城晚报》报道了这样一条消息：“医院购买医疗器械后他收 24 万元‘感谢费’，省第二人民医院院长昨受审。”贪“官”、该院院长林世杰于 11 月 9 日站在了昆明市中级人民法院的审判席上，接受审判。我作为当时《云南日报》总编辑是吃了哑巴亏，但我并不后悔，我倡导“敢为天下先”，我自己首先做到了，《云南日报》在全国首先向医疗商业贿赂重拳出击，“铁肩担道义”，我们做到了。

大讨论得到中央领导和省委的肯定

开展全省性解放思想大讨论，从省第六次党代会开始到第七次党代会召开以后再掀高潮，历时五年多时间，在全国产生广泛而深远的影响，受到中央领导、中央有关部门的重视和称赞，受到全国媒体的效仿。

1995 年 11 月 3 日，中宣部新闻局办的《新闻舆论动向》第 359 期载文介绍了在《云南日报》上开展的解放思想大讨论的主旨、做法及有关进展情况，特别指出，此次大讨论受到各方面的高度重视。1996 年 2 月，我应邀在中宣部召开的各省市宣传部长和党报总编辑会议上交流了《云南日报》开展解放思想大讨论的经验，中央政治局委员、中宣部部长丁关根多次插话肯定云南的经验。

1996年2月上旬，中共中央政治局委员、国务院副总理吴邦国在云南考察时，对在《云南日报》上开展解放思想大讨论给予了肯定。他在听取省委、省政府领导汇报工作时说：从《云南日报》上看到，你们正在开展解放思想大讨论，这很好：像云南这样的地方，就是要进一步解放思想、更新观念，走出去，请进来，才能加快经济发展。

1996年5月10日至17日，李鹏总理到云南考察时，对云南正在开展的解放思想大讨论，也给予了充分肯定，并要求在实事求是的思想路线指引下，进一步解放思想，加快云南的经济发展。

省委常委亦从四个方面肯定了大讨论：

——理论上有进步。各级干部在大讨论中认真学习邓小平建设有中国特色社会主义理论，紧密联系实际，对“什么是解放思想”、“为什么要进一步解放思想”、“解放思想与实事求是的关系”、“什么是社会主义的本质特征”等基本理论问题有了较为深入的了解，理论上更明确了，头脑更清醒了。

——观念上有创新。在大讨论中普遍开展了“五破”、“五立”的活动，思想更开阔了，人变聪明了。一是看准了的敢于去试、去闯了；二是能够从变化了的实际出发去思考和指导工作；三是学会了换个角度看问题；四是能够虚心学习和借鉴别人的经验；五是能够战胜“自我”、克服一些不利于思想解放的私心杂念和传统习惯。

——工作上找到了差距。普遍认为，云南与东部发达地区的经济发展的差距主要表现在人才、资金、技术、管理上，并研究了在这些方面改进工作、缩小差距的意见和措施。

——推动了工作。总结了自身的经验，肯定了成绩，鼓舞了士气，同时，进一步改进了作风，不同程度地推进了工作。如澄江县在半年多时间里引资8亿多元，就是在这次解放思想大讨论中更新观念后取得的成果。1997年4月15日《云南日报》报道，据省统计局统计，在解放思想大讨论的推动下，1996年主要统计指标——国内生产总值、人均国内生产总值、人均粮食产量、农民人均纯收入及城镇居民人均生活费收入，在全国的位次都前进了一至四位。

云南民族工作“五个率先”经验由来和决策过程

格桑顿珠

世纪之交，云南民族工作在继续保持良好势头的同时，也面临着社会主义市场经济逐步建立，民族优惠政策减弱，区域间和民族间发展差距日益拉大；对外开放的扩大和民族间交往的频繁，引发矛盾纠纷因素增多；国际形势复杂多变，境外敌对势力利用民族宗教对我国进行渗透等诸多问题。民族问题往往表现为历史问题与现实问题、民族问题与宗教问题、经济问题与政治问题、国内问题与国际问题等相互交织的复杂局面。云南是我国少数民族种类、民族自治地方、实行区域自治民族、特有民族、人口较少民族、跨境民族最多的边疆省份，民族问题复杂，民族工作任重道远。我于 1998 年 1 月至 2008 年 1 月任云南省民族事务委员会党组书记、主任，主持省民委工作整整十年。这十年来，云南没有发生一起因民族问题引发的重大群体性事件，民族地区（自治地方）主要经济指标增幅高于全省平均水平，是云南历史上民族关系最好、少数民族和民族地区经济社会发展最快的时期之一。从云南实际出发创造性地开展工作，取得了显著成就，积累了宝贵经验。其间，值得总结的经验和教训很多，但能够在全国影响广泛而备受关注的主要亮点是在全国率先实施民族团结目标管理责任制，率先在边境沿线实施免费义务教育，率先制定扶持人口较少民族发展的特殊政策措施，率先出台贯彻《民族区域自治法》的实施办法，率先提出并实现25个世居少数民族在省直部门都有一名厅级领导干部等“五个率先”的政策措施深得民心，在加强民族团结、发展民族经济、振兴民族教育、繁荣民族文化和培养少数民族干部等各方面都取得了新进展、新突破，许多经验和做法还在全国交流推广，有的已吸收到中央文件中，云南民族工作得到了党中央、国务院领导的充分肯定。我作为这十年云南民族工作的实践者和见证人之一，亲历了云南民族工作“五个率先”经验的酝酿和决策过程。

一、在全国率先实施民族团结目标管理责任制，确保各民族共同团结奋斗

由于云南的地理位置、民族结构、多种文化、多种宗教、发展不平衡等特殊省情，以及历史上民族压迫和民族歧视比较突出，民族隔阂深，民族关系极其复杂，因此，云南民族关系备受国内外关注。在20世纪70年代前后曾发生过震惊中外的“沙甸事件”以及“瑶山事件”等；80年代末和90年代初，也发生过昭通鲁甸、玉溪“11·19”和文山平远街等事件，但在各级各部门的重视努力下，这些事件都得到了妥善解决，民族团结进一步巩固和发展，云南民族关系呈现出“基本协调、总体和谐”的良好局面。但是，随着国际国内形势的变化，影响社会主义民族关系的因素仍然趋于增多和复杂化，处理难度进一步加大，又缺乏有效的制约机制和抓手，稍有不慎，极易引发事端甚至重大矛盾纠纷事件。

1998年3月我到省民委工作后，与省民委领导班子成员一道，认真学习党和国家的民族政策法规，深入总结云南历史上民族工作的经验和教训，并在深入调研的基础上，坚持从云南地处边疆、民族众多、发展不平衡的特殊省情出发，进一步深化对新时期云南民族问题和民族工作重要性的认识。民族工作涉及方方面面，民委工作千头万绪，但最根

本、最基础的是加强民族团结、维护边疆稳定，这既是全国全省工作大局的需要，也是各级党委、政府对民委工作的要求，是少数民族和民族地区发展进步的根本保障。我和班子成员一道，深入少数民族和民族地区调研，认真研究分析影响民族团结和社会稳定的历史和现实因素。通过深入调研分析，我们认为，由于受云南特殊的历史和各民族“大杂居、小聚居”的分布特点等因素影响，特别是随着我国改革开放的不断深入和社会主义市场经济的发展，民族间和区域间发展差距的拉大，民族问题的普遍性、复杂性、长期性、艰巨性和重要性将长期存在，而且涉及方方面面。因此，维护民族团结不仅要争取党委、政府的领导和全社会共同参与，而且要进一步完善工作思路和强化工作手段。民委工作不仅要强化责任、完善思路，而且必须强化措施，建立长效机制，才能履行好职责。

从 1998 年开始，云南省民委在深入调研分析、总结典型经验的基础上，提出了在全省实施民族团结目标管理责任制的建议，得到了省委、省政府分管民族工作领导的肯定和支持，研究制定了第一份民族团结目标管理责任书。当初的责任书主要是工作思路和几项主要责任目标，后来逐渐总结完善为组织领导、宣传教育、示范带动、协调配合、信息反馈、预警机制、应对措施、督促检查、考核总结、激励表彰等十个方面的具体工作内容，涉及民族团结矛盾纠纷排查调处、应急预警组织机构健全等考核指标。在 1999 年 3 月份召开的全省民委工作会议上，我代表省民委领导班子与 16 个州（市）政府民族工作部门主要负责人第一次签订了民族团结目标管理责任书，明确了省和州、市两级民族工作部门在贯彻党的民族政策、维护民族团结工作方面的职责和要求，以及矛盾纠纷排查化解的重点和处理原则等。当年从省级民族机动金中安排了 130 万元，作为实施责任制的工作经费和奖金，以后逐年增加。此后，省民委与各州（市）民族工作部门每年年初签订责任书，明确任务和责任，年中督促检查，年底总结考核，兑现奖惩。随着民族团结目标管理责任制的不断完善，其成效也越来越明显，得到了各级各部门的积极响应，也深受基层干部群众的欢迎。在取得成功经验的基础上，积极争取省委、省政府把民族团结目标管理责任制作为民族团结工作的一项重要机制，按照“党政动手，各尽其责，依靠群众，化解矛盾，维护稳定，做到小事不出村、不出厂矿，大事不出乡镇，矛盾不上交”的原则，从省到县逐级签订民族团结目标管理责任书，并把民族工作任务较重的乡镇、厂矿、企业和宗教活动场所等也纳入民族团结目标管理范围。到2007年，民族团结目标管理责任书已签订到全省1305个乡（镇），占全省1373个乡（镇）总数的95%，8718个村委会和社区，占全省12879个村（居）委会总数的68%，324个企业和农场，2017个宗教活动场所，切实把工作做在平时，矛盾纠纷解决在基层，化解在萌芽状态。

实施民族团结目标管理责任制，不仅仅是一般的责任考核，更主要的是总结了云南民族工作的成功经验，对全省民族团结进步事业起到了重要的指导作用。在处理涉及民族矛盾纠纷上，我们始终坚持“团结、教育、疏导、化解”的方针，团结和依靠大多数干部群众；始终坚持民族平等的原则，把民族平等作为执行政策、制定政策措施和协调民族关系的出发点和落脚点，努力推进党的民族政策和国家法律法规的贯彻落实，保障各民族在政治、经济、文化、社会等方面的平等权益；始终坚持实事求是，一切从实际出发，具体问题具体分析，是什么问题就按什么问题处理的方法，正确区分和妥善处理两类不同性质的矛盾，防止把涉及少数民族成员的一般民事纠纷和刑事案件都归结为民族问题。对于人民内部矛盾，坚持群众路线，相信各族干部群众，依靠各族干部群众，充分发挥少数民族代表人士的作用，多做解疑释惑、化解矛盾、凝聚人心的工作；对于境外敌对势力的渗透破坏和极少数别有用心挑拨民族关系的人，则依法予以打击。如对黑树林、武定等民族宗教工作“热点”、“难点”地区派驻民族工作队，帮助总结经验，寻找发展路子，引导群众求发展；对红河沙甸、玉溪“11·19”、文山平远街等一些历史遗留问题和特殊地区加强调查研究，深入群众，沟通协调，建立感情，解决实际困难；对巍山永建问题进行综合治理，使问题得到及时处理和妥善解决。对于违法犯罪的，不论涉及哪个民族、信仰何种宗教，都要依法处理，做到法律面前人人平等。

民族团结目标管理责任制的成功推行，确保了维护民族团结工作层层有人抓，事事有人管，矛盾就地消化；实现了维护民族团结稳定工作从“一般”任务到“首要”任务的转变，民族团结工作从“虚”到“实”的转变，民族工作方式从“救火队”式的被动工作到主动工作的转变。从1999年实施民族团结目标管理责任制以来，全省没有发生一起因民族问题引发的重大矛盾纠纷事件，汉族离不开少数民族、少数民族离不开汉族、各少数民族之间也相互离不开的“三个离不开”思想不断深入人心，形成了全社会共同维护民族团结和社会和谐稳定的良好氛围，为云南的改革、发展、稳定营造了和谐的民族关系。这一成功经验，也被国家民委在全国交流推广。

二、在全国率先制定扶持人口较少民族发展特殊政策，促进各民族共同繁荣发展

新中国成立前，云南多种社会形态并存，各少数民族还分别处于原始社会末期、奴隶制社会、封建领主制社会、封建地主制社会等不同社会发展阶段，被称为“一部活的社会发展史”。新中国成立后，在党的领导下，各民族从不同的社会“母体”过渡到社会主义社会，但由于历史、自然等原因，各民族之间乃至一个民族内部的发展极不平衡，特别是从原始社会末期、奴隶制社会“直接过渡”到社会主义社会的边远各少数民族，生产生活十分困难，基本处于整体绝对贫困状态，与内地和发达地区的发展差距越拉越大，民族间事实上的不平等逐渐突出起来，由此而引发的矛盾纠纷事件也不断增多。

由于少数民族和民族地区贫困面大、贫困程度深，一般的、撒胡椒面式的扶持难以达到预期效果。为积极探索扶持特殊贫困民族地区发展的有效思路和措施，促进各民族共同发展，最终实现各民族共同富裕，1998年初，省民委在边境沿线深入调研的基础上，提出对金平县者米乡拉祜族（苦聪人）地区实施并村定居、发展教育、提高素质、加大基础设施建设、发展医疗卫生事业、加快文化科技事业发展等扶持措施，用

5年时间每年解决1000人共5000人的温饱问题，即“155”扶贫工程。在省、州、县的共同努力下。经过几年的攻坚，基本解决了5000人的住房和吃饭问题。在取得成功经验的基础上，又相继在西双版纳景洪基诺山和勐海布朗山、怒江贡山独龙江乡、德宏芒市三台山乡、迪庆德钦羊拉乡等地区开展集中扶贫开发试点。在经过试点、深入总结的基础上，提出了坚持实事求是，实行分类指导，总结推广“一山一策、一族一策、一族几策”和“因地制宜、因族举措”的扶持发展工作思路和工作措施。在边境民族地区，实施“兴边富民行动”，从2000年开始，由省民委组织牵头，用有限的资金，实施基础设施、产业开发、科技教育、人才培养、民族文化等5项工程，得到国家民委的重视和支持，到2005年，上升为省委、省政府的“兴边富民工程”。针对云南民族自治地方多的实际，高度重视民族区域自治法配套法规的建设，推动各级各部门认真落实民族政策，加大对民族自治地方基础设施建设、财政转移支付的支持力度，促进公共服务均等化；在散居民族地区，认真贯彻《云南省民族乡工作条例》，解决少数民族群众的特殊困难和问题，探索并于1999年开始创建“民族团结示范村（点）”，按照“党政领导，民委牵头，整合资金，群众参与，示范带动”的原则，使之成为民族地区建设社会主义新农村的示范点；在民族关系协调任务较重的地方，采取派驻民族工作队等办法，积极开展群众工作，协助当地党委、政府解决了一批“热点”、“难点”问题。由于省民委工作切实有效，省级民族专项资金不断增加，从1997年的8000万元增加到2007年的2.05亿元。这些民族专项资金，在解决少数民族和民族地区的特殊困难和问题，增进民族团结，促进各民族共同繁荣发展等方面发挥了重要作用，取得了良好的经济效益和社会效益，起到了“拾遗补缺”、“花小钱办大事”的效果。

扶持人口较少民族发展，是从2001年集中调研，2002年开始实施的。云南人口在10万人以下的独龙、德昂、基诺、怒、阿昌、普米、布朗7个特有民族，共22.9万人，主要聚居在怒江、德宏、临沧、思茅、西双版纳、保山、丽江、大理、迪庆等9个州（市）31个县（区、市）81个乡（镇）的175个村委会（人口较少民族占20%以上）。这些民族由于历史、自然等原因，生产生活十分困难，是全省最贫困的人群，2001 年人均纯收入 814 元，人均有粮 315 公斤，仅为全省平均数的 44% 和 92%；22.9 万人口中有贫困人口 17 万人；平均受教育年限只有 5.3 年，文盲率最高的村达 33.07%。在认真总结过去几年特殊扶持苦聪人（拉祜族）、独龙族、基诺族、布朗族等特困民族发展经验的基础上，2001 年，云南省民委对上述 7 个人口较少民族的经济社会发展状况进行了全面调研，提出了扶持发展的政策措施建议，得到省委、省政府和国家民委的充分肯定和支持，国家民委继而提出了对全国 22 个人口在 10 万人以下民族进行集中扶持的意见。2001 年，国务院办公厅以国办函〔2001〕44 号《关于扶持人口较少民族发展问题的复函》给国家民委。我们抓住机遇，及时研究并向省委民族工作领导小组、省委、省政府汇报了特殊扶持人口较少民族的意见。省委、省政府分管民族工作的领导高度重视，于 2002 年 5 月召开省委民族工作领导小组会议，讨论并原则通过了省民委关于特殊扶持人口较少民族发展的汇报提纲和实施意见。会后，省委、省政府下发了《关于采取特殊措施加快我省七个人口较少特有民族脱贫发展步伐的通知》（云办发〔2002〕19 号），在全国率先对我省人口在 10 万人以下的 7 个民族以实现“四通五有一消除”（即：村村通公路、通电、通水、通广播电视，覆盖人口达 85% 以上；所有农户和群众有房住、有衣穿、有饭吃、有钱用、有书读；基本消除农户和学校的茅草房及危房）为目标，从 2002 年至 2010 年，采取特殊措施，在人口较少民族聚居的 175 个村委会实施农业产业化、基础设施建设、科教、民族文化和人才培养“五大工程”。2005 年，国家出台的《扶持人口较少民族发展规划（2005—2010 年）》，在云南提出的思路目标的基础上，明确为“四通五有三达到”目标，并召开全国扶持人口较少民族发展工作会议。2006 年 3 月，省发改委和省民委共同编制了《云南省扶持人口较少民族发展专项建设规划（2006—2010）》并经省政府批准。2007 年 4 月，省政府正式成立了云南省扶持人口较少民族发展工作领导小组，由分管民族工作的副省长担任组长，省级 15 个部门的领导为成员，办公室设在省民委。2007 年 7 月 20 日，省政府在昆明召开全省扶持人口较少民族发展工作会议，对实施扶持人口较少民族发展规划进行全面部署。据不完全统计，2005—2009 年，共投入国家、省级和上海市对口帮扶资金 12.7 亿元，使 7 个人口较少民族得到跨越式发展，人口较少民族聚居地区基础设施得到初步改善，村容村貌明显改观，产业结构调整初显成效，社会事业得以发展，群众收入不断增加，生产生活水平逐步提高。截至 2009 年底，175 个人口较少民族聚居村委会的农民人均纯收入达 1956 元。比 2001 年增加 1142 元；人均有粮 426 公斤，比 2001 年增加 111 公斤。有 174 个村委会实现了“四通五有三达到”目标，即通公路、通电、通广播电视、通电话，有学校、有卫生室（所）、有安全的人畜饮用水、有安居房、有稳定解决温饱的基本农田地，人均粮食占有量、人均纯收入、九年制义务教育普及率达到国家扶贫开发纲要和“两基”攻坚计划提出的要求，基本解决现有贫困人口的温饱问题，经济社会发展基本达到当地中等水平，平等、团结、互助、和谐的社会主义民族关系得到进一步巩固和发展。

实施扶持人口较少民族发展工程，不仅有效解决了人口较少民族地区群众生产生活中的特殊困难和问题，进一步增强了人口较少民族与各民族共同繁荣进步的自信心，而且为全省乃至全国加快特殊贫困民族地区发展探索了路子。在扶持人口较少民族发展工作取得成功经验的基础上，按照分类指导、因地因族举措的思路，进一步加大对民族自治地方、边境地区和散居民族贫困地区等特殊贫困地区的扶持，促进各民族共同繁荣发展。一是对民族自治地方。以建设民族区域自治法配套法规为核心，制定优惠政策措施，对基础设施建设和优势资源开发给予政策和投资倾斜，同时加大财政转移支付力度，确保基本公共服务。到 2007 年，云南民族自治地方人均生产总值、农民人均纯收入和地方财政收入分别突破 1000 元、2000 元和 100 亿元大关。二是对边境地区。针对云南边境线长而且处在反分裂、反渗透、反毒品斗争最前沿的实际，从 1999 年开始实施“兴边富民行动”，创建“兴边富民示范点”，2008 年已覆盖到 25 个边境县，每年投入资金 7500 多万元。省委、省政府从 2005 起实施“兴边富民工程”。据统计，2007 年，边境 25 个县实现生产总值达 432.95 亿元，农民人均纯收入达 1933 元。团结、和谐、繁荣的边境地区成为祖国的新长城。三是在内地民族工作特殊地区开展创建“民族团结示范点”活动。按照生产发展、村容整洁、村风文明、民族团结的要求，采取“党政领导、民委牵头、部门参与、群众苦干”的方式，探索在增进民族团结、建设小康社会中能够发挥示范带动作用的路子。截至2007年，全省民委系统共创建了440个示范村，呈现出民族关系和谐、邻里关系和睦、村容村貌整洁、群众生活明显改善的新景象，为民族地区建设和谐新农村探索了路子和经验，很多示范村成为社会主义新农村建设的亮点。四是对莽人、克木人实施集中帮扶。莽人、克木人主要居住在我省红河州金平县和西双版纳州勐腊县、景洪市的23个自然村，总人口3972人，属中华人民共和国成立后直接从原始社会过渡到社会主义社会的“直过民族”。由于特殊的社会历史、自然条件等原因，这两种人群长期处于整体绝对贫困状态，甚至连办身份证的钱也拿不出。为切实解决好莽人、克木人生产生活中的特殊困难和问题，共享改革发展成果，省民委于2006年起组成专题调研组对克木人、莽人的经济社会发展问题进行深入调研。调研报告提交2007年12月省委民族工作领导小组会议研究讨论，决定对莽人、克木人实施集中帮扶。扶持莽人、克木人发展工作引起了党中央、国务院和省委、省政府的高度重视，2008年1月，胡锦涛总书记、温家宝总理相继作出重要批示，国务院扶贫办于2008年3月牵头成立了由国务院扶贫办、国家民委、国家发展改革委和云南省政府等15个部门单位组成的扶持云南莽人、克木人发展工作协调小组，云南省政府研究制定并实施了《云南省人民政府扶持莽人、克木人发展的实施意见》和《云南省扶持莽人、克木人发展总体规划（2008—2010）》，采取特殊措施，整合各方力量，着力推进扶持莽人、克木人发展的各项工作，到2010年6月底，累计投入各类建设资金18901.2万元，使莽人、克木人生产生活条件发生了翻天覆地的变化，温饱问题得到有效解决。同时，通过我们深入调研，在广泛征求莽人、克木人和布朗族群众意见的基础上，2009年2月2日，经省政府报国家民委同意，将莽人、克木人归属为布朗族。

三、在全国率先实施边境沿线免费义务教育，促进民族教育文化事业发展

百年树人，教育为本。边疆民族地区之所以发展滞后，最根本的制约因素是科技教育落后，社会事业发展滞后。1999 年，根据中央民族工作会议精神，针对云南边境地区教育相对滞后，尤其是农村贫困面大、贫困程度深，广大农民难以承担子女读书费用，致使边境地区儿童入学率低，辍学率高，学生外流甚至教师外流时有发生的情况，省民委牵头组成调研组深入 25 个边境县（市）进行调研，并多次召开省级有关部门和基层群众参加的座谈会，提出了对边境沿线实行“三免费”（免教科书费、杂费、文具费）义务教育的政策建议，得到省委、省政府的高度重视，提请 1999 年 12 月全省民族工作会议讨论并形成的《中共云南省委　云南省人民政府关于进一步做好新形势下民族工作的决定》（云发〔1999〕47 号）中明确规定：“对边境沿线乡（镇）、村学校学生实行‘三免费’教育。”从 2000 年起，由省民委牵头，省教育厅、省财政厅配合，对边境沿线村委会的 13 万名小学生实施“三免费”教育，2001 年后每年安排“边境建设事业补助费”1800 万元。2002 年，“三免费”教育扩大到边境一线省定扶贫攻坚乡的小学和初中学生共 26.5 万名，安排专项经费 4400 万元。2003 年，根据全国和全省民族教育工作会议精神及《云南省基础教育振兴行动计划》（云发〔2002〕21 号），省政府把“三免费”教育列为省政府为人民群众办的 8 件实事之一，省政府领导召集省民委、省教育厅、省财政厅多次研究，形成了省政府第 12、36 期专题会议纪要。省民委、省教育厅、省财政厅报经省政府批准，下发了《云南省“三免费”教育实施办法》并安排了经费。实施“三免费”范围在 2002 年基础上扩大到边境沿线乡（镇）的全部农村小学生和扶贫攻坚乡的农村初中生，以及独龙、德昂、基诺、怒、阿昌、布朗等 7 个人口在 10 万以下的少数民族聚居区

和藏区农村初中生、小学生，省级共安排边境建设事业补助费4400万元和教育专款767万元，合计5167万元，使受助学生达到31万多名。2004年，“三免费”教育范围扩大到边境129个乡（镇）、7个人口在10万以下特有民族聚居区的23个乡（镇）和85个村委会以及迪庆州29个乡（镇）义务教育阶段的农村户籍初中生、小学生，安排边境事业补助费7263万元，共有408626名农村户籍的初中生、小学生受益。到2005年，“三免费”教育累计投入经费2.043亿元，政策范围惠及11个州（市）、46个县（市、区）、181个乡（镇）以及85个村委会，受益初中生、小学生达124.8万人次。实施“三免费”教育，不仅为云南边境、人口较少特有民族和藏区的孩子们提供了一个相对平等受教育的机会，也为全国实施“两免一补”提供了思路和借鉴，使边境各族人民深切感受到了党和政府的温暖以及民族政策的优越，增强了他们的凝聚力、向心力和爱国主义情感，对于维护民族团结、国家统一、边防巩固，促进各民族共同繁荣发展起到了重要而特殊的作用，受到各族干部群众的普遍欢迎和周边国家的广泛称赞，被称之为党和政府关心边疆少数民族的“民心工程”、“福利工程”和推进义务教育的“阳光工程”、“及时雨”等。

根据云南省民委的方案，经省政府决定，从2000年开始，在云南农业大学和云南建工学校举办特有民族大中专班，每年各招50人，生活学习补助大专每生每年4000元，中专每生每年3000元，具体工作由省民委组织协调。同时，提高寄宿制民族中小学学生补助标准，加强民族类院校建设和“双语文”教学等措施，大力发展民族教育。到2007年，全省各级各类学校少数民族在校生已达257.17万人，占全省在校生总数的33%。

在加快民族教育发展的同时，把发展民族文化等社会事业作为民族工作部门发挥职能作用，关注和改善民生的重要方面。2000年5月，在全国率先颁布了《云南省民族民间传统文化保护条例》。2000年7月2日—16日，在昆明国际贸易中心成功举办了首届中国民族服饰博览会，全国27个省、自治区、直辖市和香港、澳门特别行政区的29个代表团参加了此次博览会。云南征集了26个民族的服装服饰1100套，充分展示了云南 26 个民族源远流长、博大精深的服装服饰文化，展示了云南政治稳定、民族团结、经济发展、社会进步、文明开放的新形象。2003 年，在全国率先启动了云南省民族民间文化保护普查工作，先后认定和培养了 400 多名民族民间艺人和 200 多名非物质文化遗产（民族民间传统文化）传承人。云南在民族古籍的抢救和保护方面也一直走在全国前列，到 2007 年，全省已抢救保护文献古籍 2 万余册（卷），口碑古籍 3000 余种，25 个世居少数民族都出版了本民族的传统文化书籍。成功举办了第六、七、八届全省少数民族传统体育运动会；参加了第六、七、八届全国少数民族传统体育运动会并取得优异成绩，其中，第七、八届获得金牌总数第一；参加了第三届全国少数民族文艺会演并荣获最高奖项。民族出版、民族宣传、民族语文、民族文物抢救保护等工作也成绩斐然，培育打造了一大批民族文化知名品牌，有力地促进了民族工艺、歌舞、节日、服饰、饮食、建筑、医药、旅游等民族文化产业的繁荣，为云南建设民族文化强省做出了重要贡献。

四、在全国率先出台贯彻《民族区域自治法》的实施办法等法规，依法保障各民族平等权益

1999 年，为迎接中央民族工作会议和筹备全省民族工作会议，省民委组织全省民委系统开展对新时期云南民族工作的调研，当好省委、省政府在民族工作方面的参谋和助手。省委、省政府于 1999 年 12 月召开云南省民族工作会议暨第四次民族团结进步表彰大会并制定下发了《关于进一步加强民族工作的决定》。这个文件的出台，被认为是多年来云南民族工作的结晶，因为这个文件是经过了若干年的调研、酝酿，称之为“八年抗战”的结果，是含金量较高、指导意义最强的一份文件，如“兴边富民行动”、“三免费”义务教育、每个民族在昆明都要有 1 名以上厅级干部等规定都出自于这个决定。2005 年中央民族工作会议后，省委、省政府又及时召开了云南省民族工作会议暨第五次民族团结

进步表彰大会，制定出台了《中共云南省委 云南省人民政府关于进一步加强民族工作 加快少数民族和民族地区经济社会发展的决定》（云发〔2005〕14 号）。这个文件的调研和起草过程，是新形势下云南民族工作创新发展的重要体现。在提交省委民族工作领导小组会议、省政府常务会议、省委常委会议讨论过程中，与会领导和同志们对调研工作和成果给予了高度评价。这两个纲领性文件，是云南民族工作的全面总结和提升，是云南民族工作不断开拓创新的重要体现，是新时期云南民族团结进步事业发展的重要保障。

民族区域自治制度，是我们党和国家解决国内民族问题的基本政策、基本制度和基本法律。云南从 1951 年 5 月 12 日成立峨山彝族自治县开始，到 1990 年 5 月 15 日建立镇沅彝族哈尼族拉祜族自治县止，全省建立了 8 个自治州 29 个自治县共 37 个民族自治地方，民族自治地方共计 78 个县，国土面积占全省的 70.2%，人口近 50%，还先后建立了 197 个民族乡作为民族区域自治的补充。25 个世居少数民族中，有 18 个民族实行了区域自治。从 1986 年起，37 个自治地方都先后制定了自治条例，同时，还制定出台了一批涉及资源保护和开发、民族文化保护和利用、城市管理、民族团结进步等方面的单行条例，为维护民族团结、国家统一，促进各民族共同繁荣发展提供了重要保障。但是，随着经济社会的发展，一方面，这些法律法规中的有些规定已不适合发展的需要；另一方面，许多在实践中探索总结出来的新的成功经验亟须进一步规范和定型。为进一步加快民族法制建设，把《民族区域自治法》的原则规定具体化，确保《民族区域自治法》的全面贯彻落实，2001 年全国人大修订颁布《民族区域自治法》后，2002 年，通过积极协调，省人大民族委和省民委分别向省人大常委会和省政府报送了关于制定《云南省实施〈中华人民共和国民族区域自治法〉办法》的立法建议，成立了实施办法制定协调领导小组，由省人大常委会副主任和省政府分管副省长挂帅，协调领导小组办公室设在省民委，省级 19 个成员单位和 11 个有关部门共同参与起草工作。经过深入调研和广泛征求意见，历时两年多时间，先后修改近 30 次，《云南省实施〈中华人民共和国民族区域自治法〉办法》于 2004 年 5 月 28 日经云南省第十届人民代表大会常务委员会第九次会议审议通过，2004年10月1日起正式施行。实施办法的制定出台，进一步把基本法律具体化，把行之有效的民族政策法定化，把民族工作成功经验规范化，把民族事务工作社会化，为进一步落实民族区域自治法对民族自治地方的优惠政策提供了更加有力的保障。同时，以出台实施办法为契机，省民委积极配合省人大民族委和省政府法制办，努力推进各项民族政策和法律法规的制定修订完善工作，2004年7月30日，云南省第十届人民代表大会常务委员会第十次会议通过了修订后的《云南省民族乡工作条例》，2004年10月1日起施行。到2007年，我省共制定了37件自治条例、88件单行条例和《云南省城市民族工作条例》、《云南省民族民间文化保护条例》等地方性民族法规和规章，以及《中共云南省委 云南省人民政府关于进一步加强民族工作 加快少数民族和民族地区经济社会发展的决定》和扶持民族地区发展规划等一系列综合性文件，初步形成了以民族区域自治法为核心，地方性法规和自治条例、单行条例相配套的具有云南特色的民族政策法规体系。

民族政策法规体系的不断完善，进一步把国家的集中统一与民族自治地方的自治权利有机地结合起来，既充分尊重和保障各少数民族管理本民族内部事务的权利，又保证了党和国家各项方针政策在云南民族自治地方的全面贯彻实施，实现了党的领导、人民当家做主和依法治国的有机统一，最大限度地调动和激发了边疆各族人民全面推进社会主义现代化建设的积极性、主动性和创造性，为国家统一、民族团结、边疆稳定、经济社会全面发展提供了坚实的法制保障。

五、在全国率先提出并实现25个少数民族在省直部门都有1名厅级领导干部

毛泽东说过，政治路线确定之后，干部就是决定因素。少数民族干部不仅熟悉党的路线、方针、政策，而且熟悉当地情况，懂得本民族的

语言、风俗习惯等，了解少数民族群众的诉求，与少数民族群众有着天然的联系，是党和政府联系少数民族群众的桥梁和纽带。少数民族和民族地区的发展之所以滞后，最根本的还是人才匮乏，劳动者素质不高所致。大力培养和使用少数民族干部，对于全面贯彻落实党的民族工作方针、政策，维护民族团结和国家统一，推进少数民族和民族地区政治、经济、文化、社会和生态文明建设，确保各民族“共同团结奋斗、共同繁荣发展”具有十分重要的意义。少数民族干部队伍的状况，既是衡量一个民族发展水平的重要标志，又是检验党和国家民族政策和民族区域自治成功与否的重要标准，也是促进科学发展、实现各民族共同繁荣进步、维护民族团结和国家统一的关键。长期以来，云南省委、省政府始终把大力培养选拔少数民族干部和各类人才作为管根本、管长远的大事，采取一系列特殊措施，加大培养选拔力度。但由于历史、教育、发展等原因，少数民族干部和各类人才仍然存在总量不足、结构不合理等问题，特别是部分少数民族甚至连一个厅级干部也没有，严重影响了民族区域自治政策的贯彻执行，制约了少数民族和民族地区的持续健康发展。

为进一步加强少数民族干部培养工作，提高少数民族干部素质，省民委在深入调研的基础上，积极主动向省委汇报，并协同组织人事部门，针对少数民族干部和人才培养的薄弱环节，提出了“打牢基础、拓宽渠道、重点突破”的人才培养措施建议，并于 1999 年在全国率先提出了“人口在 5000 人以上的 25 个世居少数民族在省直部门都有 1 名以上厅级领导干部、在省直各厅局都有 1 名少数民族厅级领导干部”的目标。通过加强调研，积极当好省委在民族干部培养方面的参谋和助手，努力推进培养少数民族干部政策措施的不断完善。1999 年制定出台的《中共云南省委　云南省人民政府关于进一步做好新形势下民族工作的决定》对少数民族干部培养作出明确要求。2001 年省委办公厅又转发了《关于进一步做好培养少数民族干部工作的实施意见》，省委组织部下发了《关于进一步做好 2001—2005 年培养选拔优秀年轻干部少数民族干部妇女干部和党外干部的贯彻意见》。这些政策措施，坚持以“增加数量、提高素质、改善结构”为目标，坚持干部队伍“四化”方针和德才兼备原则，一方面关心照顾成长较慢的少数民族，使每个民族都能参政议政；另一方面也不分民族、不受限制地大力培养，平等对待，采取在同等条件下优先录用少数民族干部，在省内外大专院校举办民族干部大专班，在各级党校和行政学院举办进修班和培训班等形式，加大上派下挂、跟班见习、考察培训力度。尤其是对人口较少民族和干部成长较为缓慢的少数民族采取放宽学历资格、先进后出、破格提拔等特殊措施，拓宽培养途径，着力解决薄弱环节。同时，进一步健全完善工作机制，组织、人事、民委等部门密切配合，各司其职，抓好政策措施的落实。通过努力，在省委、省政府的高度重视和组织部门的协调支持下，省直部门的干部配备和人口较少民族干部的使用工作取得了历史性突破，从1999年底至2004年先后补齐了9个少数民族在省直机关的厅级干部，实现了云南人口在5000人以上的25个世居少数民族在省直部门都有1名以上厅级领导干部的目标。省直部门配备厅级领导干部工作取得重大进展，一大批优秀的少数民族干部走上了厅级领导岗位，特别是独龙、德昂、阿昌、布朗等人口较少民族自新中国成立以来第一次有了本民族干部担任省直部门厅级领导，并由此带动了全省少数民族干部和人才培养工作的全面发展，得到中央领导和中组部、国家民委的充分肯定。2006年，我省又制定出台了《中共云南省委办公厅　云南省人民政府办公厅关于做好“十一五”期间培养选拔少数民族干部工作的意见》（云办发〔2006〕4号），进一步加大培养选拔少数民族干部工作力度。2007年，全省少数民族人才总量达到29.3万人，比1997年的24.48万人增加了4.82万人，占全省人才总数的比例从1997年的25.6%上升到28.4%。全省有16个州（市）党委班子、14个州（市）政府班子和115个县级党委班子、113个县级政府班子都配备了少数民族领导干部。少数民族干部和人才队伍的不断发展壮大，为认真贯彻民族政策和法律法规，促进各民族“共同团结奋斗、共同繁荣发展”提供了组织和人才保障，为维护民族团结和国家统一，促进少数民族和民族地区经济社会发展发挥了重要而特殊的作用，使多民族的边疆省份长期保持了团结稳定的良好局面。2008年西藏发生“3·14”事件，2009年新疆“7·5”暴乱事件，在国内外产生了重大影响，而云南由于民族工作基础扎实，各民族干部忠诚于党和人民事业，干部队伍工作得力，在团结和带领各族群众维护民族团结和社会稳定、促进边疆民族地区经济社会全面发展中发挥了重要的决定性作用，云南民族地区保持了团结稳定的良好局面，党中央对此予以十分关注和充分肯定。

通过对云南民族工作“五个率先”经验的回顾，我感受颇多，民族工作涉及政治、经济、社会、文化和生态文明建设等方方面面，职责无所不沾、无所不在。民族工作要始终围绕增进民族团结、促进民族发展两项基本职责，以高度的责任感和事业心不断深化认识，创新工作思路。在云南做好民族工作要坚持分类指导的方针。“一山有四季，十里不同天”是云南的真实写照。而且云南各少数民族和民族地区由于历史、自然等原因，发展的基础和起点不同，发展的条件也千差万别，各民族的传统文化特点突出，切忌“一刀切”、一个样。特别是随着国际形势的深刻变化，我国改革开放的不断深化和社会主义市场经济的推进，各民族乃至同一民族内部之间的发展差距越来越大，因发展问题引发的矛盾纠纷日益增多，区域之间、民族之间发展不平衡已经成为影响新时期民族关系的主要矛盾。实践中我们按照科学发展观的要求和分类指导的原则，坚持民族因素和地域因素相结合，把全省民族地区分为自治地方、边境地区、人口较少民族聚居地区、散居民族地区和城市民族工作五类进行指导，因地制宜、因族举措，采取总结经验、典型引路、重点突破的方法，不断扩大特殊政策覆盖的范围。

云南供销社系统的十年变革

和润培

2003年，省委调我到省供销社工作，从认识一个陌生的行业开始，全身心投入拼搏奋斗了十个春秋，这也是我工作生涯中最艰难而最有成就感的一段时间。

临危受命

2003年4月20日，省委组织部常务副部长王学智带我到省供销社，宣布我任省供销社党组副书记、副主任。车行到小西门东风西路南端，进入一个坑洼不平的巷道，在一栋破旧不堪的三层老瓦房前停了下来。供销社办公室人员介绍这就是供销社办公楼，大门顶上还挂着“文革”时用的锈迹斑斑的高音喇叭，一进大门就嗅到一股刺鼻的霉味，因为一楼阴暗潮湿，长期封闭不用，霉味就从这里散发出来。在二楼一个狭窄的会议室里，长凳子破桌子上还留有“文化大革命”时“革委会”的字样，满满当当坐拥着前来参加会议的100余人，其中大部分是白发苍苍的老人，咳嗽声此起彼伏。王副部长讲话时响起稀稀拉拉的掌声，板凳挪动以及交头接耳的声音盖过领导的讲话声。散会后，办公室人员领我去看安排的办公室，使劲推开变形的大门，一眼就看到楼板上两个大洞，还有一股霉臭味直往鼻冲，我本能地去推窗，办公室人员急忙制止，“窗户要掉了，钉死了，打不开”。原省供销社副主任尹建业（后任副省长）曾风趣地说：“在供销社撒尿，撒直了都不容易”，指卫生间风太大。在文山跟随我的驾驶员小朱，本来已联系好调省供销社的，看到如此景况，第二天就说不调了，立即开车打道回府。

供销社从精神面貌到工作生活环境都与其他行业反差太大，与如火如荼推进改革发展的州市相比，这里好像是被遗忘、被抛弃的另一世界。这里生活环境乱、工作秩序乱、职工人心乱，离退休老干部用异样的目光看着你，他们认为一般有点问题的人才到这里受点罪。几天后，我带人到几个州市调研，很多县供销社都名存实亡，一些县只有两三个人留守解决一些遗留问题。部分县没有办公地点，看不到供销社的牌子。听县社领导汇报反映的都是困难，改革发展无经费，人员分流无经费，落实政策无经费，一句话就是没有钱，都希望上级领导下来给点钱。没有人说做什么？发展什么？目标是什么？到乡村看看供销社单位都是房屋破败不堪，院墙内外杂草丛生，一些老员工守着老房子，收着租金过日子。社会上流行顺口溜：“鞋儿破，帽儿破，哪里最破哪里就是供销社”。我在怒江、文山分管农业农村工作十多年，从来没有供销社部门来汇报过工作。到省供销社直属六个企业了解，反映的都是连年亏损，债务沉重，离退休职工多，无发展经费。从来没有一个企业领导信心十足，踌躇满志，讲成绩、讲经验的。直属学校和科研所还在“文革”时一样，内乱成一片，搞窝里斗。在省社机关基本没有外单位人员往来，没有州市领导和基层供销社来汇报，只有省社和直属部门老干部来要求落实政策的，企业职工发不了工资而上访的，办公楼内经常塞满了人，省社领导无法应对而只好东躲西藏，因为许多是涉及政策性问题或资金问题，省社无力解决而越拖越激化了矛盾。省供销社变成了“老干局”或上访“接待办”，领导疲于奔命，焦头烂额，无力再做其他工作了。省社机关 48 人，厅级干部 6 人（一正五副），机关离退休干部 150 多人，其中厅级待遇 40 多人，直属单位正式职工600多人，离退休1500余人。

值得欣慰的是，供销社虽然从人们视线中淡化，但辉煌的记忆犹存。虽然供销社行业已被边缘化，但这个机构架子还在，还是正厅级的省直部门之一，虽然在农村中已大踏步退出，但老百姓争相购买供销社供应的农资化肥，老百姓的口碑中还是供销社的好。我心想，只要“三农”在，不愁供销社无事干。星星之火，可以燎原，何况是曾经为共和国做过巨大贡献、长期辉煌过的一个大行业，总会有用武之地，再有腾飞之时。

云南供销社当时存在的主要问题

没有把事物分析透、研究透，一切决策都是盲目的。调研就是要像解剖麻雀一样把事情搞清楚，逃避现实、逃避矛盾于事无补。通过一段时间调研和了解分析，全省供销系统昔日辉煌早已不在，问题多多，矛盾重重。从表面上看到的是破破烂烂的办公楼、吵吵闹闹的上访群体、懒懒散散的工作人员，其实更深层次的问题是：

（一）身份不明，政策不顺

供销社是什么单位？是行政单位吗？它没有行政职能。是事业单位吗？它没有事业经费。是社会团体吗？它没有经费来源。是企业吗？它没有经营收入。在全国当时统称供销社为“四不像”单位。实力强一点、发展好一点的省份，把“四不像”作为优势、作为护身符，有机关人员都发年薪的；有坐等收租发工资，与世无争享清福的；也有被边缘化，举步维艰等解散、找解脱的。云南供销社属于最后一种状态，财政不拨一分工作经费，企业亏损无力上缴管理费。1995年国务院出台了5号文件，供销社退出政府序列，目的是在体制上与市场接轨，打破计划经济行政行业垄断的体制，让供销社在市场经济体制下创新机制，形成新的发展业态。然而云南供销社行业就形成政府已经断了奶，在市场上又找不到食物的饥饿状态，领导下乡调研靠自己掏腰包先垫着，办公楼被城建部门鉴定为危房十多年了，无钱修建。老干部和机关职工没有住房补贴和生活补助。机关下海人员多次强烈要求回单位，既没有钱让他们分流，又没有编制让他们回来上班，有人扬言要拿汽油桶烧大楼来要挟。省社为建香宫大酒店向寻甸县供销社借款400多万元，15年不还，县供销社企业职工来省社静坐要钱。培训中心原幼儿园老师退休10多年，无法领取退休工资，已经向省政府上访几十次没人解决。在一些县有些乡镇干部调整到县供销社，到了才知，这里没有待遇，连公务员身份都丢了，大呼上当，坚决要求调出。

问题的关键是供销社身份不明确，财政没有经费预算。

（二）思路不清，方向不明

供销社的宗旨是服务“三农”，一切工作围绕扎根农村，服务农民，振兴农业。但是在调研中发现，在乡村已难以找到供销社的影子了，供销社已在社会视线中消失，在农民心中逐渐淡忘，只有县一级有些半死不活的农资和农产品加工销售企业，但都已不挂供销社的牌子了。在各种商贩蜂拥而进农村大地时，供销社却大踏步从农村退出，这同中央对供销社改革的初衷和农民群众的愿望已大相径庭，供销社改革采用了“破、送、卖”的方法，为了解散职工，把基层社能破产的破产，能送的送，能卖的卖。把新中国成立之始就打造的供销社网络体系基本推倒，造成“线断、网破、人散”的局面。全国供销总社提出以参与农业产业化改造基层社，增强服务能力，在云南供销社实力不存在了，基层社不存在了，哪有什么活力和能力参与农业产业化呢？没有政策支撑，没有行政手段，没有经济实力，没有网络体系，何谈服务“三农”呢？据办公室人员讲，有些省社领导下乡，找基层政府部门协调，但他们推说忙，没有时间听汇报。找基层供销社了解情况他们说没有什么汇报的，很冷淡。只能匆匆回省社，再不愿意下乡了。吆喝鸡都要撒把米，你为基层出不了思路，解不了难题，难怪没有人理你了。

（三）体制不顺，机制不活

首先是全行业亏损严重。省供销社直属企业有 6 个（农资公司、棉麻公司、副食公司、土产公司、储运公司、日杂公司），有 3 个事业单位（经济贸易学校、食用菌研究所、教育培训中心），全系统所属社有企业共有 480 个。到 2003 年，全系统连续亏损 11 年，亏损额累计 15 亿元，其中年最高亏损额为 3.12 亿元（1998 年），云南供销行业评比为全国倒数第二名，在全国行业中是出名的发展滞后，亏损严重，腐败不作为的典型，名声不好，全国总社领导基本不愿意来云南调研。省社直属企业在职 600 多人，离退休职工 1500 余人，是在职的 2 倍多。其中省日杂公司在职 40 人，离退休 180 人，一人养 4 人还多；省储运公司在职 60 人，待岗 60 多人，下岗 100 多人，离退休 150 人，连续多年亏损发不了工资，有的到省社大院静坐，有的甚至到东风西路大街上乞讨抗议。企业经营惨淡，竞争激烈，省农资公司在化肥经营上与州市县农资公司抢市场、争利益，经常有州（市）县供销社来告状，而省内外大型企业已在农村大开农资供应市场，建立经营网点（如云天化天盟农资连锁）。在市场竞争中供销社企业优势不多，活力不足，有些企业除了靠一些门市出租养活自己外，没有明显的主营产品，更没有具有带动农业产业化的能力。企业不活，行业无望。实力不存，服务“三农”成为空谈。

（四）债台高筑，资产流失

全行业债务累累，纠纷不断，另一方面资产大量流失或缩水，发展实力大为减弱。省供销社是一个行政管理机关，但它又是云南供销集团的法人单位，下属的香宫大酒店，同样是债台高筑，官司不断，纠纷不断。香宫大酒店从 1989 年开始筹建，1991 年开工，设计变更 5 次，历经 4 任省社主要领导调整，停停建建工期长达 8 年之久，向交通银行、工商银行、农业银行等贷款，加上经营后连年亏损，原省社领导被不法分子骗取贷款资金和各种借款，债务高达 2 亿多元。而酒店因各银行还不了贷款，向昆明市中级人民法院和省高院起诉，2003 年后被法院查封。法院请专门机构评估为 8000 多万元，已是严重资不抵债，最后由法院公开拍卖还了银行账，一幢大楼就这样易主消失了。我和领导班子据理力争，多次向全国最高法院起诉，但最后都以败诉告终。省社机关在危楼中办公，想借用几间香宫酒店房间却被法院拒绝了。大家都想不通，但无力还债是现实，历史造成的事实只能接受，而处理权和解释权只有省高级法院。省农资公司是省社直属企业中最有实力的企业，在 1996 年企业改制评估时资产评估为 4000 多万元，省社占股份为 20%，成为小股东，没有多少话语权，由农资公司自己控股，自己说了算，在经营和管理上已不理省社了。由于公司内部老干部们没有得到相应的股权和收益，多次向省委政府上访和检举农资公司隐瞒资产、违规改制问题，经省纪委组织 8 个部门组成联合调查组，为时两年查实，清理出农资公司改制时资产额为 3 亿多元，隐瞒资产为 80%，省纪委和法院对公司班子进行了纪律处分和法律惩处，省供销社重新控股，股权为 87%，挽回了损失。这种现象在全行业为数不少，后来逐一进行纠正查处。供销社行业的债务一部分为经营性贷款还不了利息造成不良贷款或借款造成的，另一部分是国家政策性贷款造成的。如在自卫反击战中供销社企业先贷款向前线供应物资，战后不能及时处理的债务，还有救灾物资供应，边疆民族地区困难物资供应等，由政府行为指定供销社担保贷款而形成的债务。债务的压力使机关无法工作，企业无法运转。

（五）内部矛盾重重，人心涣散

由于供销行业职能职责不明确，政策指导不清晰，形成了无权无钱无作为的部门。机关内老干部提出的各种待遇和诉求长期解决不了，越拖矛盾越激化。在职干部和离退休干部已公开挑战，当面相互谩骂，最后直接到省委政府以及省组织部、省老干局频繁上访告状。省社在号召下海创业时有 20 多人下海创业，离岗创业按合同本应 3 年收回或给予待遇分流。因无人过问，久拖不管，导致最后没有编制收回，没有资金分流，10 多年过去始终解决不了，矛盾激化，随时以过激行为相威胁。省社培训中心有 10 多名退休老师，原是省社幼儿园老师，退休 10 多年工资无处领，集体到省委政府和省老干局上访，情绪激动，有时号啕大哭，场面十分不忍。实际上也就是省社和培训中心都拿不出为他们进社保的垫本资金几十万元，导致他们退休工资无法发放。

省社直属企业对省社解决不了改革中的矛盾和困难意见很大，省社直属企业同州市农资公司的内部抢夺市场闹矛盾，省社在职和离退休人员的矛盾，机关与直属企业的矛盾，还有班子内部矛盾；州市社同省社往来不多，除开会外很少来汇报工作的；全国总社领导到云南，主要看直属单位就尽快走人，很少来省社的；省社向外单位就更没有什么往来工作人员，机关关着门上班，低着头下班，生怕遇麻烦。

我从热火朝天的一线到这个单位，更多的是十分诧异和不解，这里正常的事变成不正常，不正常的事反而很正常。比如怎样巧妙地躲过上访人，怎样应付老同志纠缠，怎样渡过无聊的时光，作为小窍门而相互传授，令人哭笑不得。

死而复生的改革蜕变

我于 2003 年到任，2004 年省委指定我主持供销社工作，随后任命我为党组书记、主任。面对存在的一系列问题，没有余地挑选和逃避。既来之，则安之。上级让我挑起这个担子，是信任，是鞭策，更是考验和锻炼。我作为在贫困地区、艰苦环境中磨炼几十年的老党员、老同志，没有惧怕困难的习惯，更何况供销社存在问题虽然错综复杂，但也不是枪林弹雨那样危险，也不是什么逾越不了的高山绝地或无底深渊。我和党组一班人，迎难而上，利刀快马，排雷破阵，在很短时间内，争取了政策，破解了难题，凝聚了人心，重建了网络，迎来了云南供销改革发展的新春天，一年扭转亏损局面，两年打基础上台阶，三年破纪录共创先进，五年后形成了国务院向全国力推的“云南供销改革模式”。

（一）破解身份不明、政策不顺问题

要解决供销社存在的一系列政策性待遇和困难问题，首先要解决供销社干部职工的身份问题，把“四不像”定位好才能解决其他问题。此事在班子讨论时有些同志提出进入公务员序列比登山还难，因为1995年国务院有文件，不可能逾越，而其他方式无法解决供销社根本问题，总而言之，多少年都解决不了的事你也解决不了。我坚定地提出，要大胆争取，就算没有达到目的，但也比什么都不做强。为此我们采用了“三招”：一是千方百计把供销社机关争取列入公务员序列；二是身份明确后，争取省财政按政策解决干部职工存在有关问题；三是构建制定和明确供销社管理企业、服务“三农”的职能职责，争取理顺扶持政策和行业管理经费。

在上述采取的招数中一个关键问题就是明确身份问题，要解决这个问题的关键就是让省委、政府领导了解供销社，支持供销社，解决供销社存在的难题。我们改变过去领导不叫不到、一到就叫苦的方式，主动向省委、政府领导汇报我们扭亏决心和服务“三农”的设想。分管农村工作的省委副书记王学仁原来也在供销粮食部门工作过，对供销社过去和在“三农”中的作用十分了解并且很有感情，在我们汇报后，作了一系列指示。我们整理好材料后一次又一次向省编办和省政府领导汇报，曾经有一天我三次来回五华山（省政府）。我们坚韧不拔的努力，终于感动了省编委领导小组。在我主持工作后的2004年10月把省供销社机关参公问题解决了。省社参公管理，为第二步州市县供销社参公问题打下了良好的基础。

参公问题解决了，我们第二招就紧锣密鼓向省委组织部、省劳动人事厅、财政厅、政府机关事务管理局等部门协调汇报，把供销社离退休干部养老金问题解决了，住房补贴解决了，房改产权证解决了，机关工作经费问题解决了。供销社干部职工终于看到了一缕希望的曙光，感到云开雾散，露出笑脸了。特别是老干部们多少年诉求、上访，甚至同在职领导发生隔阂矛盾也烟消云散，和睦相待了。我们成为参照公务员管理的部门，各种经费就名正言顺列入财政预算了。工作有经费了，大家干劲十足了，有了奔头了，特别离退休后不用愁哪里发工资问题了，解决了一系列后顾之忧。省社参公后，为第二步争取州市县参公管理打下了基础，给整个行业解决了一系列难题，有了突破口，供销社改变和发展就有希望了。供销社身份明确了，我们名正言顺向秦光荣省长汇报后，省政府给予了建盖新办公楼的经费，通过两年多施工，一幢崭新的供销大楼建成了。我还通过省公路局局长的张长生同志协调，把供销社大院和巷道道路路面全部铺筑了柏油，院内绿树丛荫，鲜花盛开，一个整洁明亮舒心的办公区和生活区形成了。

我们第三招及时提出供销社的定位为：农村流通服务的主渠道和骨干力量，农村合作组织的指导和带动力量，农业产业化的推动力量。供销社与“三农”紧紧联系在一起，是全党工作重点不可忽视、不可替代、不可分离的重要部分和骨干力量。省社机关为全行业指导、协调、监督和服务机关，是社有资产的管理和法人机关，上述职能职责都有突破和赋予了新的含义，为进一步理顺政策、争取政策打下了有力的基础。

（二）破解思路不清、方向不明问题

中央和省委每一年都下发一号文件，重视加强和推动“三农”工作和农村改革问题，而涉及供销行业一般都是一句话：“深化供销社改革”或“继续推进供销社改革”，但是具体怎么改不十分明确。从1995年中央出台一个关于供销社改革文件后，到2005年没有一个新的文件，云南省委政府也十多年没有出台过一个专门推进供销社改革发展的文件。

为了理清改革发展思路，明确发展方向，从2004年我主持供销社工作，直到2013年离开供销社，一直坚持不懈地探索、完善和超越，直至取得突破性成就，被国务院在全国推广和借鉴，主要是采用了三招。一是学经验、抓示范。二是强作为、争职能。三是争政策、定方向。

第一招：学经验，抓示范。

在对云南供销社现状基本摸清后，我盯着全国各省供销社的发展趋势，通过全国总社领导推介和我们分析，全国有企业实力很强的山东、北京、浙江等供销社，也有像云南基本已无资产无作为的甘肃、西藏等供销社。我关注到重庆供销社在“三农”服务中提出“两社两化”的思路（专业合作社、综合社和农业产业化、流通现代化）。我从事“三农”工作十多年，对此引起了极大兴趣。供销社宗旨是服务“三农”，根基在农村与“三农”水乳交融，密不可分，如果离开“三农”供销社就死路一条了。于是，立即组织了昆明、玉溪、曲靖、临沧等供销社主任和省社几个处室组成的考察组，并特邀了省委政研室农村处的黄云波同志前往重庆和四川考察。重庆和四川供销社热情接待了我们，详细介绍情况并带我们到农村、企业和现场实地考察，同农民和专业社负责人现场了解经营管理情况运作方法。经过一星期考察后形成了考察报告和我省如何借鉴的意见，并呈报给省委副书记王学仁批示。王副书记在省供销社呈报的材料上批示：“重庆、四川经验，值得学习借鉴，望省社进一步理顺思路，服务好三农”。我们及时借鉴四川、重庆经验，提出在农村发展“两社一会”的发展思路（农民专业合作社、农村综合服务社和专业协会），并迅速在曲靖、昆明、保山等地安排示范点。2004 年底完成近 100 个示范点，2005 年我们在全省铺开，当年就完成了 2500 多个。在实施农村发展“两社一会”的同时，我们根据农民要求和省委、政府对“三农”的发展思路，又推出“四进村五个有”的工作思路（便民超市进村、管理培训进村、市场信息服务进村、行业管理服务进村，每个村都有一个专业合作社、有一个综合服务社、有一个行业协会、有一个农贸市场、有一批农民经纪人）。省委王学仁副书记批示“四进村五个有”是云南供销社改革的创新的新举措，希望认真实施和总结做出成效。

我们所实施的“两社一会”和“四进村”思路、目标，是把供销社紧紧贴近农村、贴近农民、扎根于农村，实实在在为农民服务，重新树立起农民心中的信任感和依托感，使供销社这个金字招牌在农村亮丽起来。我们在楚雄南华沙桥镇田心村最边远偏僻的彝族村，建立了一个综合服务社和试点，农民就近买到需要的日用百货，可以赊销拿到化肥和农药，到秋收后用粮食来交换，可以把农民自己家的土鸡蛋交给供销社，一个换两个洋鸡蛋改善生活，综合服务社把农民的粮食、蔬菜送到城里，再把农民需要的东西换回来，极大方便群众节约了劳动力，甚至住院买药都由综合服务社垫支。村中有个“五保户”老人在过年时，综合服务社就把她家一只公鸡送到城中卖了后，筹买了年货送到她家。综合服务社在村中是休闲的中心、购物的中心，又是群众解救困难的中心、信息服务的中心，这个社还展开文化、医疗和婚丧嫁娶等服务内容。综合服务社在这里变成了群众的主心骨、靠背树。我把这个综合社情况写了调研材料上报省领导阅，省委领导和全国总社领导都做了批示，肯定这种农村供销社的服务模式。贡山县供销社把综合服务社和农贸市场建在独龙江乡，时任省委书记李纪恒到独龙江考察调研时说：“供销社腿长步快，我到哪里都见到供销社网点建设，得到老百姓的欢迎”。

第二招：强作为，争职能。

我们边实施“两社一会”，边把进展和实施效果、经验，及时向省领导汇报，在获得肯定和新的批示的基础上，及时起草了《关于大力发展“两社一会”推进农村流通服务体系建设的意见》，报省政府批转下发。省政府办公厅以〔2005〕171号文件下发各地政府和供销社，这是云南供销社几十年来第一次被省政府认可的发展思路和专门授予的职能职责，对争取新的政策打下良好基础。文件下发后，各州县供销社名正言顺在政府支持下，大力推进发展速度，创新发展模式，省供销社也名正言顺同各州市供销社签订了责任状，制定了考核办法，通过一年多抓试点和推广工作，各县都热情高涨，各地党委、政府高度肯定和赞扬，农民高兴地说：“供销社又回来了”。

虽然“两社一会”有良好的开端，但是省政府没有安排供销社发展“两社一会”的经费，各州市县供销社翘首以盼省社给予工作经费和补助资金。我们多次向省政府和发改委、省财政汇报都解决不了，无奈之下，在2006年全国人代会在北京召开，我带办公室人员上北京找省领导汇报。3月9日，北京还很冷，我早上6点赶到云南代表驻地，由于时间太早，无法进去，在门外冻了一个小时才进去找到省委领导汇报，省领导召唤省发改委、省财政厅听了我的汇报后，答应2006年安排500万元财政资金支持发展“两社一会”。这项发展经费是省财政几十年来第一次对供销社的补助，同时也启动了云南供销社“二次创业”，省社也几十年来第一次向州市县下拨了发展经费，并要求各级政府财政给以配套补助，省有政策，有经费支持，各地供销社积极性很高，各显神通争资金、争政策，大力推进发展速度。从2004年至2012年“两社一会”已发展到2万多个。时任省委副书记李纪恒调研供销社时感动地说：“两社一会推动了农业产业化，带动农民增收，感动了农民”。

第三招：争政策，定方向。

2007年全国总社党组书记王君到云南视察调研，时任省委副书记李纪恒陪同调研。在听取我汇报工作后，王君书记说：“你请求总社和省委政府出台关于供销社改革发展的文件，我很赞成，总社文件我回去争取，云南省委政府文件就请纪恒书记帮忙了。润培他们把云南供销最艰难的时期闯过来了，现在他们有强烈的工作热情干事，我们都支持一下”。纪恒书记当即表态，请王书记放心，云南保证出台一个您满意、润培满意的文件。

李副书记一诺千金，在送走王君书记的第二天，就召集省委政府研究室和省供销社，专题研究起草文件事项。李副书记专门对我和政研室主任王兴明交待，要组织有关部门深入调研，全面弄清全省供销社现状，要组织到全国供销社做得最好的省考察，把好的文件和经验学回来，我们要出台一个在全国最好的文件。我和兴明同志研究，分组到各州市再一次调研，随后又到山东、广东、浙江、广西、四川、上海、湖北、湖南等省考察学习。调研考察后向纪恒副书记汇报，他又强调了起草文件一定掌握以改革创新为动力，服务“三农”为目标，在解决问题和发展方向上都要务实、管用上下功夫，真正成为推动云南供销“二次创业”的行动纲领。依照李副书记的要求，我们同省发改委、财政、人事、农业、商务等部门召开了一系列协调会，在反复协商和分析研究后逐步形成了共识，在确定供销社推动乡村流通工作经费问题上，我反复向秦光荣省长、罗正富副省长和其他分管副省长汇报，经过他们同意后才提交省委常委会，在县级联社以上机关工作人员参公问题上，同省人事厅、编办多次商议，时任厅长谢毅在多次讨论未决后，同处室干部强调，新时期的供销社是一个全新的概念，省领导已经定了调，就不要争论了，上报省委定夺吧。经过近半年的调研考察协调后，文件初稿终于形成，报省领导同意后，于 2008 年 6 月省委召开常委会研究通过了。最后以云委〔2008〕14 号文件正式下发，标题是“关于深化改革推进供销合作社‘二次创业’的意见”，文件共 23 条，明确了供销社职能职责、改革目标任务、各项保障措施和落实办法。文件出台后上报党中央国务院，国务院副总理回良玉在文件上作了批示转全国供销总社参考。

该文件的出台，表明云南是在全国第一次率先提出供销社推进“二次创业”的省，是第一个提出实施乡村流通工程，由省财政每年补助 3000 万元，并由各级配套逐年递增的省，是当时在全国由财政对供销社扶持力度最大的省，是在全国第一家提出县以上联社全部列入参照公务员管理的省，是在全国第一家把供销社职能职责表述最完整最明确的省。

国务院经济发展研究中心在云南调研总结“供销改革云南模式”报告中提出：云南率先出台供销改革发展文件，为国务院出台〔2009〕40 号文件提供了范本和贡献。

全国总社原主任李成玉在全国会议上讲，“云南省委出台的文件，是至今我看到的一份最好的文件，足见云南省委政府对供销社的重视，更是体现云南供销社的能力水平和开创精神”。李春生副主任讲，“云南的文件条条有含金量，招招有硬措施，希望全国各省借鉴学习”。现任总社主任王侠指出：“到目前为止，没有哪个省文件能胜过云南 14 号文件的”。

好文件出台了，是否落实贯彻好是一个大问题。来之不易的文件，哪能被推诿、拖延或打折扣而落空呢。我立即组织省社研究提出了贯彻落实的方案，向李纪恒副书记汇报，李副书记确定了三条重要措施：一是省委政府每年召开一次州市党委、政府领导参加的供销“二次创业”推进会；二是由省委督查室牵头组织有关部门深入到县督查，落实情况；三是供销社对每个县进行工作督查指导，完成“五个一”行动（召开一个贯彻落实动员会，出台一个贯彻落实文件，建立一个领导小组，制定一个工作机制，确定一批示范点）。一场紧锣密鼓抓落实、强推进、重实效的供销社“二次创业”在云岭大地展开。省社班子集体到一个县一个县召开现场推进办公会。现场督促“五个一”的实施，现场解决存在问题，制订发展规划。在我离任时已经在近100个县召开了现场办公会，每个县存在的问题就一并解决，思路理顺，措施落实，给基层创造了一个干事创业的好环境，县级很多部门都羡慕供销社的举措。各级党委政府领导反映说，从来没有推进一个行业工作，在落实上有如此强势和超常规的力度。截至2010年底，全省系统共发展“两社一会”组织25000多个，其中农民专业合作社6156个，农村综合服务社18000多个，农民专业协会1000多个。其中县级配送中心190家，乡级连锁经营网点3576个，村级连锁经营网点11467个，农村便民超市5453家，乡村集贸市场363家，农资放心店3578个，再生资源回收市场18个，回收网点163个。星罗棋布的“两社一会”组织，已经把农村的千家万户连接起来，形成了以供销社为神经中枢的流通网络。

18000多个综合服务社，覆盖全省90%以上的行政村，不仅提供农民所需的生产资料和生活资料，而且把服务的范围延伸至文化娱乐、婚丧嫁娶、育儿养老、运输行业，几乎是无所不包。

6100多个专业合作社，有34.8万农户入社，带动了218.8万农户生产，实现了农民增收、产业增效。专业合作社在发展信息、营销、技术、农产品加工服务，推动规模化种养，标准化生产，品牌化经营，农村生产的产业化程度，农民的组织化程度，生产的规模化程度诸多方面，取得显著成效。

1000余个流通协会，覆盖了云南省的主要农产品种养和一部分加工行业，还涉足了运输、培训等第三产业，在完善服务功能、实现行业自律、反映行业诉求、推动行业诚信建设、制定行业产业政策、行业规划产品标准化等方面发挥了十分可观的作用。

（三）破解体制不顺、机制不活问题

供销社不消灭亏损，亏损就消灭供销社，这是当时全国供销总社提出的口号。云南供销社企业全部亏损，时间长达 11 年，最高年亏损额为 3 亿多（1989 年）。主要原因是体制不顺，机制不活，债务沉重，人员臃肿。

针对企业存在问题，我们提出了“三转三减四改造”的改革措施，即职工转身份、企业转机制、联社转职能；减人减债减包袱；以参与农业产业化改造基层社，以产权多元化改造社有企业，以社企分开，开放办社改造联合社，以发展现在经营方式改造传统网络。

通过细核算、强管理、堵漏洞的方法和领导分片负责，采取处室联系重点企业负责包干和定期检查督促三招，通过一年多努力，过去 11 年的亏损终于画上了句号。2005 年在澄江县召开的全省农村工作会上，王学仁同志激动地宣布全省供销行业扭亏为盈。

针对供销行业职工及分流人员长期拖欠养老金问题，通过向省财政协调，省财政拨付 6000 多万元专项资金，各州市县配套，解决了全行业几千人的长期上访而未决的大事，缓解了压力，维护了稳定。

针对由政策性欠账，致使供销行业背上巨额银行贷款问题，通过与发改委和财政协调后省政府批准，逐年一共安排了 4 亿多资金，全面化解了行业沉重债务问题，同时解决了一系列行业职工政策上兑现不了的积压问题。

针对供销社长期未处理的坏账，同多家银行协调进行处理，减轻了包袱。几年来，全行业 10 多亿债务化解，3 万多职工分流，3 万多离退休干部职工得以安置。处理了各种坏账 6 亿多元，剥离不良资产 6 亿多元，处理了积压产品 6 亿多元。从 2004 年至 2012 年，企业经营总额增加 5 倍，利税总额增加了 10 倍，资产总额翻番，所有者效益翻番，农产品购进增长 10 倍，培训职工和农村经纪人从零到每年万人以上。“两社一会”从零发展到 2.4 万多个，县县有企业、配套中心，乡乡有超市，村村有综合服务社的乡村流通工程和服务体系框架基本建成。

一批县级企业利润突破千万元，一批内引外联、机制灵活的企业应运而生；一批由政府投入、供销社主导的农贸市场已经形成，特别是几千个专业合作社中都有供销社的股份和紧密的服务合作关系，它铺垫了供销合作社这个合作经济组织发展壮大的深厚沃土和根基，走出一条由组织化带动产业化、产业化促进农业现代化的路子。省社直属企业，实行社领导挂帅，限时限点帮助清资产，理机制，找项目，给扶持，改造旧房，调整班子等一系列措施，面貌焕然一新。

（四）化解信心散失、人心涣散问题

真正为干部职工着想，解决疑难问题，凝聚人心，增强信心，打好“二次创业”的新战役。针对省社机关 150 多名老干部与省社在职干部矛盾激化问题，采用了三招：一是千方百计解决政策不兑现，生活有困难问题；二是千方百计解决他们活动场所问题；三是关心重视和倾听他们意见。通过供销社机关参公问题的解决，老干部们不断上访要求解决的事，千方百计协调一一解决。机关直属培训中心十几位老师退休工资无着落问题，一方面同社保部门协调并把省社一套住房出售，支付了社保资金；另一方面同教育部门和人事部门协调享受其他教师同等待遇，十几年苦诉无望的工资问题终于解决了。机关下海的十几位同志，在多次向人事部门协调编制未果的情况下，从社有资产收益中给予工龄补偿，解决了他们的问题。老干部们对我们从不信任到信任，从信任到感激、敬佩。在省社机关办公楼正在修建期间，我们首先改造老干部活动场地，配套了一整套活动设施，被省老干局认为是省直机关最好的活动场地。我们及时配齐了老干处服务班子，建立了新的服务规章制度，配备了新车和驾驶员，随时服务老干部。特别是我们制定的一年两次通报会，两月一次座谈会，老干部住院看望制度和班子成员联系制度，使老干部十分感动。老干部处由我直接分管，每次会我都亲自参会通报情况和听取意见，现场答复，现场解决问题。老干部和在职干部心齐了、气顺了，大家都表示我们要稳定后院、守住后院，支持你们往前冲，搞好“二次创业”。省委老干局专门到省社感谢我们给他们减少了压力，原先到老干局上访的常客供销社老干部们，现在反而向老干局和省社写感谢信了。全国供销总社老干局专门到云南省社总结老干部工作经验，写了专题报告，省委副书记李纪恒在该材料上批示，要求全省老干工作都要向供销社学习，努力做好老干部工作。省社老干部工作从此在省直机关一直排前列，年年受表彰。

针对机关在职干部埋怨调不出去、请不进来、提拔不了，前途渺茫、悲观泄气的状态，一是向省委组织部多次请求，对供销社班子缺位的岗位职务在内部提拔，并对班子中不安心人员给予对外交流；二是从科处级中提拔干部；三是加强教育和培训工作。使用“三招”后，省社一批老处长提拔为厅级干部，一批科员成长为处长，一批科员得到了相应待遇。并争取到了监事会和教育培训处等新的机构编制，增加岗位，增加了职数，注入了新鲜活力，更重要的是干部使用渠道畅通了，提拔无望、进修无门、交流无路的状态彻底改变，形成了干事创业的好环境，奋发向上、积极作为的好势头。

针对行业上下不沟通、不团结、不往来的问题，动员县级供销社主任到省社汇报工作，我们表态第一次来省社汇报的县社主任给思路、给工作经费、给予安排食宿的条件，这在全省也是特别部门的特别招数。通过他们上来汇报和我们下乡去调研两相结合，了解了情况，交流了感情，开拓了思路，学会了工作方法。各县反映到省社汇报一次进步一次、思想解放一次，每个县来汇报我都要参加，启发他们的思路和工作方法，尽力给他们一点工作经费。

通过交流沟通，我们比较全面了解了全省行业实情，也掌握了基层干部的真实能力和素质，对能力强、信心足的县社主任通过启发、指导和支持，一个县工作很快见成效；有些多次指导支持，没有思路、没有干劲的县社主任，建议县委对班子给予调整。我们始终把县社主任的培训教育、提高素质放在工作首位，每年不断举办培训班进行培训，又不断地组织到外省考察学习。一批有思路、有开拓精神、有协调组织能力的县社主任在推进“二次创业”中成长，成为骨干和带动力量。

针对直属单位省经济贸易学校和科研所内部矛盾多、工作开展难的问题，首先调整充实班子，配好一把手；第二是加强监督管理，严格规章制度落实实施；第三是争取政策和项目给予扶持壮大。特别是加强党委领导和发挥党员骨干作用，树正气、讲团结、齐心协力抓改革、谋发展。通过几年的整治，学校成为全国重点中专，变成教育系统的先进单位和省级文明单位。省社科研所得到科技部和全国总社的表彰，党建、工会、共青团工作都得到上级表彰，科研项目成果累累，原来外部名声不好听，内部前途堪忧的单位，现在成为省社的两个品牌单位，是全国总社和省委政府到供销社视察都必到的部门，他们为行业争了光，树立了新的形象。

针对供销社机关自我封闭、对外关系差的问题，主动走出去联系联络，到相关部门汇报工作。除了经常性向省委、政府汇报外，每年多次向省人大、省政协领导汇报工作，不断得到他们的工作指导、批示和视察。省直各单位在我们的主动协调下，也主动向省社沟通工作，主动帮我们解决难点热点问题。省社办公楼从原来只有上访人员，很少有其他人员来往的情况，现在转变为上下左右各单位部门和来汇报工作的各州市县领导人来人往，络绎不绝。院内停满了车辆，整个机关井然有序而忙碌地运转，成为全省供销社“二次创业”的指挥部和推进器，云南供销社不但绩效考核在全国行业排前列，教育培训、工会、老干部等工作都在全国行业排前列。

云南供销改革模式及其在全国的影响

2011 年 7 月，国务院发展研究中心主任张玉台、副主任韩俊带国务院调研组深入云南调研农村改革的问题。调研组到云南后，省委、政府专题召开汇报会，李纪恒如数家珍般地把云南供销改革情况做了汇报，韩俊副主任惊奇地说，我们到全国各地调研“三农”问题和供销改革，没有哪一家说得到位，说得清楚的，而您把这么一个行业工作讲得如此清楚，我们真想不到。他当即决定这次调研以供销社改革为重点，分组深入州、市、县，要细、要深、要实。经过他们两次调研了 10 个州市、20多个县、10多个企业、几十个农村网点及专业合作社，历时3个多月，于2011年10月17日形成调研报告，上报国务院。

调研报告标题为“供销社改革的云南模式”。报告指出：“近年来云南省加快发展供销社系统改革，力度之大，工作之实，起色之明显在全国少有，在一些重大问题上取得了突破，走出了一条创新机制，增强活力，服务三农，互利共赢的发展路子，实现了由衰到兴，由弱渐强，由落后变先进的重大转变，形成了供销社改革的云南模式，为全国供销社系统改革发展提供了重要经验”。

报告指出：云南供销改革主要做法，一是推进“二次创业”，建立新型供销合作组织；二是以“乡村流通工程”为抓手，形成贯通联系城乡的流通网络；三是大力发展“两社一会”，搭建组织农民合作的重要载体；四是推进“四进村五个有”，将服务延伸到千家万户；五是深化供销社机构改革，增强供销社发展活力。供销改革取得的成效是供销社成为农业社会化服务的骨干力量，农村现代流通体系的主导力量，农民专业合作的带动力量，成为“以商促农”的重要载体。

报告指出：云南供销社改革对全国的借鉴意义，一是供销社的发展扎根在农村，服务农民，在为农服务中壮大自己。二是供销社的发展要发挥系统优势，整合资源，加快形成农村现代经营服务网络。三是供销社要打破行政性工作思路，发挥骨干龙头企业的辐射和带动作用。四是促进供销社可持续发展，必须大力发展现代物流和新型流通业态。五是供销社的发展离不开政府强有力的扶持。

调研报告上报国务院后，回良玉副总理及时批转全国供销社总社。总社主任杨传堂及时作出批示，“请总社同志认真领会回副总理的批示，从深层次总结云南供销社经验，推动国务院40号文件的贯彻落实。另对李伟同志和韩俊、秦中春同志表示感谢！”

2011年10月26日，国务院《经济日报》和中国经济网举办部长访谈会，专题对云南供销改革模式采访韩俊副主任和云南省社领导。韩俊副主任和我专题介绍了云南模式的形成过程。2012年，韩俊应省委邀请在省委党校的云南县以上干部培训班上，专题对云南供销改革与“三农”工作作了讲话。

2010年6月，全国供销社改革会议在云南召开，总社主任李成玉和班子成员都来参会，高度总结和评价云南供销改革发展模式。省长秦光荣和省委副书记李纪恒参加会议，李纪恒副书记在会上作专题发言，介绍云南供销改革发展经验。他指出：供销社改革党委政府重视前所未有，行业发展速度和态势前所未有，行业干部职工工作热情和积极性前所未有，农民对供销社的期盼也前所未有。

经过十年变革，云南供销实现“十大转变”：由全面亏损向快速发展转变；由低迷滞后向行业先进转变；由机制不顺、机构臃肿向机制灵活、精简高效转变；由债务重重向轻装上阵转变；由消极等待、无所事事向服务“三农”、争做贡献转变；由“线断、网破、人散”向构建农村新型流通服务体系转变；由单一、封闭的商品经营向开放的综合服务转变；由人才短缺、素质偏低向广纳人才、提高素质转变；由形象差、困难大、矛盾多向团结干事、和谐稳定、良好的形象转变；由边缘化、环境差向党委政府重视、社会支持、外部环境良好转变。

云南供销实现“四大创新”：一是改革创新经营体制，构建农村现代流通服务体系。创新经营体制的核心是构建农村现代流通服务新体系，换句话说，也就是以现代流通方式改造传统经营网络。根据全国总社的“新网工程”建设要求，以基层社为骨干，实行开放办社、多层次、多形式打造现代流通网络体系。云南省以“两社一会”和“四进村五个有”为载体，全面建立乡村营销网点，直接服务到村，解决农民买难问题，使农民就近、方便、快捷、安全地购买到生产生活资料；二是改革创新组织体制，建立农村合作经济组织服务新体系。采取创办、联办、领办、合办等方式，发展“两社一会”，构建合作经济组织新体系，积极探索服务“三农”的新途径，在发展中规范，在规范中发展，完善合作机制，拓宽合作范围，创新合作模式，提高合作水平；三是改革创新管理机制，建立供销行业管理服务新体系。按照云南省优势特色经济发展的思路，以市场为导向，以资源为优势，以利益为纽带，加大对社属企业和基层社提升、改造、整合和优化的力度，积极培育市场前景好、运行机制活，着力实施“龙头企业带动工程”，形成龙头带大户、一企兴一业的新格局。省社提出了组建省直属企业八大集团的目标，抓住“壮大实力，增强竞争力，提高带动力”三个工作重点，以产权重组、招商引资等多种方式，组建龙头企业，并与农户、合作经济组织对接，形成龙头企业 + 专业合作社组织 + 农户集团化发展模式，省级成立了裕农工业植物油集团和副食果品集团公司，食用菌集团筹建工作基本结束。同时，在全省各地涌现出了一批在服务“三农”和助农增收中依靠特色产业建基地、联农户、办公司、兴加工、发展壮大起来的龙头企业，在助农增收和新农村建设中发挥积极的作用；四是改革创新服务体制，构建新农村社会化服务体系。不断加大改革发展力度，大力拓展综合服务社的功能，其服务范围已经远远超出了供销职能，办起了庄稼医院、文化娱乐室、幼儿园、餐厅、沐浴、理发室，开展农业科技培训，还提供农村婚丧嫁娶、庆寿迁居等服务。省州（市）县供销社还承担了信息提供，农民经纪人、行业、市场知识培训。有的县还进入到房地产开发、公共交通、旅游等产业，为这些产业提供各种服务。另外，全系统还把教育培训活动作为构建新农村社会化服务体系的重要内容，从省到州（市）县社都做了全面安排部署。与当地组织、人事、农业等部门联合，按照全国总社职能培训的要求，加强对乡村干部、农村个体能人大户、供销社职工的业务知识、实用技术的培训。

供销社改革的“云南模式”有十个特点：

坚持创新思路谋发展。抓住助农增收的重点，把握流通服务的特点，以发展“两社一会”为切入点、以实施“四进村五个有”为结合点、以推动“乡村流通工程”建设为平台，点面结合、上下联动、全面推进，一年一个新台阶，整个行业发生了根本性变化。

坚持深化改革，创新体制、转换机制。推进以“三减”、“三转”（减人、减债、减包袱，职工转身份、企业转机制、联社转职能）为主要内容的改革，扭转了连续 11 年的亏损，卸下了机构臃肿、债务深重的包袱，化解了历史遗留的重重矛盾，社有企业改革改制面达 95% 以上，经营效益连创历史新高，农村流通主体地位基本确立。

坚持发展农村合作经济组织，努力提高农民组织化，增强社会服务。大力发展“两社一会”，以发展综合服务社为农民提供内容丰富的社会化服务，方便农民生产生活；以发展农民专业合作社，提高农民组织化，实现助农增收；以发展行业协会为农民提供技术和信息服务，加快行业的发展。

坚持重构乡村流通网络，打基础、强基层。以“县配送、乡中心、村终端”的思路，重构乡村流通网络，改善农村购物环境，提高农民消费水平，解决农民买难卖难问题。

坚持增强县级社服务能力，提高整体实力。盘资产、引外联、强投入，实现“四百四三”计划，一批县级社服务能力和实力大大增强，一批辐射带动作用明显的龙头企业正在迅速壮大，一批新的合作项目全面启动，一个有服务能力、带动实力、创新发展的新型供销网络，正在成为云南农村流通的主导力量。

坚持开放办社，多元化联合促发展。依托各地资源优势，通过“走出去、引进来”，加强与不同所有制、不同区域、不同行业的联合，引进先进理念、管理和技术，依托龙头企业带动，提升供销社的整体实力和为农服务水平，合作办社、开放办社，成为全行业快速发展的有效途径。

坚持“人才兴社”，全力抓好行业培训工作。走出去学，引进来教，上下结合，突出重点，全力抓职工素质建设，年年有新举措，层层有新动作；壮大供销社队伍，提高农民经营能力，大力培训农民经纪人，在培训中做到“五结合”（与扶贫结合，与边疆民族素质培训结合，与军地人才培训结合，与乡村干部培训结合，与妇女素质培训结合），闯出云南特色培训的新路子。

坚持党委、政府领导，协调各部门合力推动。勤汇报、多请示、强沟通，为政府分忧，为群众解难，把行业工作列入党委、政府的议事日程。省委、省政府一年一次工作会，一年一个新文件，5 年省州（市）县党委、政府下发文件 150 多个，各部门联合下发文件 30 多个。明职能、定目标、解难题、缓热点、给政策。云发〔2008〕14 号文件在全国引起极大反响，给云南供销社“二次创业”提供了强有力的保障和支持。

坚持和谐发展，注重解决难点、热点问题。深入调查研究，为基层排忧，为职工解难；做好老干部工作，深入基层慰问；做好职工保增收，企业保增长，行业保稳定，促进了行业和谐；内外联合，上下统一，增强信心，振奋精神，形成团结统一、和谐发展的好氛围。

坚持合作社文化建设，增强行业凝聚力，树立新形象。重宣传，通过广播、电视、报纸、网络等多种媒体进行宣传报道，树行业形象；强文化，广泛开展文体活动，增行业凝聚力；创立了“团结进取、勤奋务实、拼搏创新”的云南供销精神。

俗话说：一分耕耘，一分收获。付出总有回报，从2007年至2012年，云南供销社连续荣获全国供销社系统综合业绩考核省级优胜单位特别奖，在全国行业中一直处于排头行列，云南省供销社展示了一个全新的新形象。

墙内开花墙外香。全国各省供销社纷纷来云南考察学习。山东、安徽、四川、贵州、重庆、广东、广西、北京供销社不但是省级社组织到云南考察，还动员市县供销社来考察学习，学习回去就立即召开会议定思路、定规划目标、定措施，在短短几年内发生根本性变化。2016年云南省人大农委专题对供销社工作做调研，农委副主任张海祥同志带队组成调研考察组到四川、贵州、广西考察，他们惊奇地发现，各省汇报都说，我们供销改革是从云南考察学习后才开始加快改革发展的。

在云南一个濒临消亡的行业，在几年内成为全国供销系统高度关注的行业，成为省委、政府大力总结和推崇的行业，成为国务院领导力推的改革发展模式，这是云南供销行业广大干部职工艰辛拼搏和奋斗取得的，是值得庆贺和自豪的。但更主要的是，继续巩固完善和提高取得的成就，更加奋发在“三农”中的作为，使云南真正成为供销改革发展的开拓者、引领者。

2012年7月16日，全国总社主任杨传堂专题写信给省委、政府：光荣、纪恒同志，为了进一步加强对系统工作的指导，全面整合系统合力，全国供销社于7月13日召开了全系统电视电话会议。会上云南省社润培同志的发言，有内容，有特色，有亮点。经验可贵，得到与会同志的积极反响和广泛赞同，这都得益于您们长期以来对省社的高度重视和大力支持，现将发言材料呈上，请继续给予指导帮助。

大营街之路

任新明

大营街，一个生我养我的地方，一个具有600多年历史的农村集镇，位于玉溪市红塔区西南部，距离玉溪市中心城区5公里。大营街居委会辖3个自然村，总面积2.6平方公里，有耕地面积513亩，总人口5208人。2016年大营街街道经济总收入73.14亿元，工业总值33.26亿元，人均可支配收入14540元。大营街被誉为“中国西部小康之星”、“云南第一村”、“中国农村共同富裕的榜样”。党和国家领导人胡锦涛、田纪云、王恩茂、费孝通等先后视察过大营街，法国、加拿大等22国驻华使节和专家也来到大营街参观考察，对大营街建设中国特色社会主义新农村作了充分的肯定和高度的评价。

改革开放以来，我作为大营街农民的儿子，亲身经历了大营街走过的一条以农业为基础，二、三产业全面发展，农村集体经济不断壮大，人民共同富裕的成功之路。经过多年的发展，大营街从一个无钱、缺粮的贫困村变成了今天环境优美、社会稳定、人民安居乐业的小康村。我深切地体会到：大营街的发展变化，靠的是党的改革开放的富民政策，坚持社会主义方向，贯彻科学发展观，不断发展壮大农村集体经济，走共同富裕之路。

依靠党的富民政策，抓住机遇乘势而上

改革开放以前，我们大营街曾经是众人皆知的穷村子，因“吃粮难、喝水难、住房难、行路难、娶媳妇难”的“五难村”而远近闻名。1978 年，大营街农村经济总收入仅有 98 万元，农民人均纯收入仅有 167 元，吃粮还得靠返销。一个“穷”字，曾经压得我的父辈们喘不过气来。

党的十一届三中全会以后，改革开放的春风使大营街贫瘠的土地焕发了生机。“穷则思变”，在党的富民政策指引下，我们大营街人决心摘去那顶“五难”帽子。我们几个党员聚在一起商量后决定先从解决“吃饭”问题入手。此后，大家推举我做领头人，依靠家庭联产承包责任制的农村改革政策，带领农民在原有的千亩土地上，不断提升传统农业，实现高产稳产，使大营街人在有限的土地上，率先解决了“吃粮难”的问题。

在温饱问题解决后，大家又面临着花钱的问题。出路在哪里？当时我就在想，我们大营街有依托国家好政策的“天时”，邻近玉溪城区的“地利”和大营街人想找出路的“人和”等的有利条件，我们出路就在我们的脚下，关键在于我们是否能够抓住机遇，乘势而上。于是，我们研究后决定，在现有的社队工、副业的基础上发展乡镇企业，其中又从建筑业起步，成立了大营街第一支建筑队，由我担任队长。经过一段时间的发展，这支建筑队伍由 30 多人增加到 400 多人，年收入达 60 多万元，固定资产达 50 多万元。有了一定资金积累后，我又带领大家创办了投资小、见效快的芝麻片厂、红砖厂等企业。

20 世纪 80 年代末期，卷烟行业快速发展，需靠进口的辅料滤嘴棒和水松纸价格高，制约着我国烟草产业的发展。我们看到了这一潜在的大市场，在玉溪卷烟厂的帮助下，1988 年建起了玉溪卷烟厂滤嘴棒分厂和玉溪市水松纸厂。这两个厂起点高、规模大，当年建厂当年见效，实现收入 390 万元，上缴利税 65 万元。有滤嘴棒分厂和水松纸厂的支撑和带动，我们相继又建起了铝型材厂、铝箔纸厂、油墨厂、铜材厂、太阳能厂等一批科技含量高的新兴企业，形成了新型工业园区。这些乡镇企业不仅为大营街的后续发展积累了资金和技术，还为缩小城乡差别奠定了基础。

通过发展壮大集体经济，自我积累，自我发展，自力更生，艰苦创业，大营街实现了农村工业化的起步和腾飞。1992 年，大营街农村经济总收入首次突破亿元大关，成为玉溪的第一个“亿元村”。到 1995 年，全村乡镇企业发展到了 28 家，农村经济总收入突破 10 亿元大关，农民人均纯收入达到了 6000 元。大营街实现了巨变，被省委、省政府命名为乡镇企业“云南第一村”，我亲自从省政府领导手中接过了“云南第一村”的证书和匾额，大营街从“五难村”变成了名副其实的“云南第一村”，成为了玉溪的一大品牌。

科技强村，发展壮大集体经济

“科学技术是第一生产力”。我们党总支一班人认识到，乡镇企业只有依靠科技进步，不断创新思路，实现持续稳定发展，才能立于不败之地。

1998 年后，我们采取集中使用企业积累进行企业的技术改造，下大力气对影响农民收入最大的所属乡镇企业进行了新一轮技术革新与改造，依靠科技提质增效。一方面注重对高素质人才的引进，仅玉溪水松纸厂就从省内外知名科研单位引进博士后 1 名、教授级科研人员 4 名。另一方面，花巨资引进国外先进技术和设备，如玉溪水松纸厂引进了意大利先进技术和设备，使之成为亚洲技术最先进、规模最大的水松纸厂，企业年收入超过了 5 亿元。此外，我带领党总支一班人深入调查研究，找厂领导、科技人员座谈，群策群力，集思广益；带领全体员工刻苦攻关，终于实现突破。水松纸厂自行研制的高精度水松纸分切设备技术性能达到国际先进水平；研发的具有自主知识产权的高精度“薄型机材激光打孔”技术设备，技术水平达到了国内领先水平和国外同类产品先进水平。我们还先后组织实施了两个国家级星火项目、1个国家级火炬项目、1个省级重大科技攻关项目和1个省院校项目等10余个科技项目，开发了3个“国家级新产品”，取得了7项填补国内空白的科技成果，有力地促进了企业实现新的腾飞。滤嘴棒厂和水松纸厂一跃进入“云南省百强乡镇企业”前列。玉溪市水松纸厂的科技创新成果受到了国内行业权威机构的高度评价，被认为是“中国水松纸的技术革新与质量突破”。依靠高科技提质创新的一系列重要举措，有效地加快了大营街新型工业化的前进步伐。

1998年，在乡镇企业实行改制过程中，我们积极争取上级党委、政府的批准，大营街所属的乡镇企业没有搞“一刀切”，保留了年总产值达12亿元的8个大型骨干集体企业，并实施强化内部管理的机制改革，为共同富裕的可持续发展提供了有力的经济保障。对20个中小型企业则实行租赁、拍卖、兼并、转让股份等多种形式的产权制度改革，建立起了多种经济成分共同发展的经济结构，为企业更好更快发展奠定了基础。经过改制，效益好的企业更上一层楼，原先亏损的3户企业彻底实现了扭亏为盈，不再需要集体补贴，还为集体创收。改制一年后的1999年，企业实现销售收入19.04亿元，比改制前的1997年增长26.39%，占总收入的99.9%，人均纯收入增长了7%，实交税金增长174%，利税总额增长了134%。

走共同富裕之路，建设社会主义新农村

共同富裕是我们大营街人的发展理念和发展目标。我始终认为，少数人致富不算富，全村人民共同富裕了才能真正算富。为此，我们始终把“共同富裕”的目标贯穿于每一个发展阶段和每一项决策之中。

以共同富裕为目标，我们在大力发展乡镇企业的同时，对传统农业实施了改造，积极探索一条“以工补农”、规模化发展、基地化生产、企业化管理、市场化运作、产业化经营的新路子，投资数千万元大搞农

田水利建设，大力发展优质高效农业，种植花卉、蔬菜，养殖猪、鸡、鱼等，并形成产业规模。过去3000多人耕种的土地，如今仅用6个农民就可轻松完成，其余劳动力全部转移至乡镇企业，成为有文化、懂技术的企业生产者或经营管理人才。

以共同富裕为目标，1985年我们用办乡镇企业积累的资金补助农民，实施“拆旧村建新村”工程，采取集体投资与群众投资相结合的办法，实行统一规划、统一标准、统一施工、统一分配、统一管理，水电路、集镇公共设施、生活设施等相配套，对1300多户破败陈旧、杂乱无序的住房进行拆除新建。经过10年时间，原来破旧的民房不见了，一排排整整齐齐、三楼一底的住宅拔地而起，农民人均住房面积由原来的8平方米增加到50平方米，家家户户住上了宽敞明亮的楼房。

为打造安定祥和的新农村，从1995年至今，我们先后筹资3亿多元，建起了汇溪公园、玉泉湖公园、玉泉寺、映月潭公园、汇龙生态园。同时组建了有320人的专业绿化环卫队，把公园和街道美化得整洁宜人。两条高等级公路，从东面和北面把大营街与市中心连成一个有机的整体。人均绿地面积达到69平方米，建成了功能配套、设施齐全的休闲娱乐区、住宅机关办公区、会展商住产业园区，成为独具特色的“农村里的城市”。

集体经济的大发展，我们大营街老百姓的生活水平大大提高。我们集体出资4000余万元，为全体居民投了保险金，居民只要一出生，就可享受到农村社会养老保险。投资100万元，建起了一流水平的幼儿园，年满3岁的孩子即可免费入园，并按春夏秋冬配给4套衣服。学生从小学到大学，每人每年都有250元至500元补助金，年终还有3600元的分配。参军人员每年按人均纯收入的80%享受分配，退伍回乡时，作为安家费一次兑现。年满54岁的居民实行退休制度，退休后每月领取250元至660元不等的退休金，并享受年终分红。投资400多万元建盖了老年活动中心，让居民老有所乐。投资160万元，建盖液化气供应站，对1400多户居民免费发放液化气灶具。居民的粮食、肉、禽、蛋、蔬菜等实行免费供应。父老乡亲们充分享受着改革发展、共同富裕带来的幸福生活。

发挥党组织的战斗堡垒作用，建设一个坚强有力的领导班子

大营街的发展变化，关键在人，得益于我们有一个坚强有力的领导班子。长期以来，我们大营街党总支一班人不断解放思想，更新观念，开拓进取，无私奉献，努力实践“代表先进生产力的发展要求、代表先进文化的前进方向、代表最广大人民的根本利益”重要思想，带领大营街干部群众共同致富奔小康。党总支和党员在群众中树起了一面光辉的旗帜，享有崇高的威望。

1999 年底，大营街农民直选“村官”，经过 3000 多选民的直接选举，选出了包括我在内的 7 名居民委员会委员，我被选为直选后首任大营街居委会党总支书记、主任。在新当选的 7 名居委会委员中就有 5 名是党总支委员，这是群众对党的高度信任和真诚爱戴。在这信任和爱戴的后面，是我们每位党总支委员们的辛勤劳动和无私贡献。改革开放之初，由于缺乏资金，我将自己创办建筑队积累的 50 万元全部拿出来，作为发展集体经济的原始积累。为了实现大营街人民的共同富裕，1998 年，我把红塔区委、区政府从大营街居委会的企业股份中划给我的 1.3 亿元创始人股金，分文不动地留在集体资金的账本上，为居委会的经济发展提供了有力的资金支持，使乡镇企业又一次获得了新的发展活力。

我清醒地认识到，必须加强学习，才能增长才干、促进工作。为此，党总支作出规定：“两委”成员每天上午上班时在居委会集中，议事谈心，商讨工作；每月召集“两委”成员、居民小组长、妇女干部集中学习政治业务知识。把党支部建到企业，加强党对企业的领导，党支部把党员政治理论培训同文化素质提高，业务能力、实用技术培训结合起来，建立健全定期轮训制度。对参学对象进行考评奖惩，创造条件，鼓励自学，并选送部分专业技术人才到省内外大专院校深造培养，形成

了一个多渠道、多层次的综合性职业教育格局。

在党员队伍的管理、教育和培养上，我们有着一套更为严格的标准。从推荐到发展预备党员都层层张榜公示，不仅党总支（支部）进行严格考察，认真履行入党程序，还要接受广大群众的监督与评议，除了政治思想过硬外，还必须具备一定的专业技能和特长，严把“入口”关。几年来，党总支没有出现不合格党员，更没有一名党员受到党纪、政纪的处分。通过抓班子和党员队伍建设，为大营街的快速发展提供了坚强有力的组织保证和政治保障。在大营街，当“老板”、腰缠万贯不稀奇，而当一名中共党员才令人崇敬。

大营街经济发展和社会进步所取得的突出成就，受到了党和政府的表彰。我先后被评为全国劳动模范、全国优秀乡镇企业家、全国“创业之星”，并荣获“五一”劳动奖章；总支委员陈宝荣也被评为全国杰出青年星火带头人。

“致富思源，富而思进”。面对形势的发展变化，如何寻找新的发展支撑点，推动大营街经济社会的可持续发展？我们党总支提出了“扩张规模，拉开框架，完善设施，改善形象，美化环境，繁荣经济，大力发展第三产业”的新一轮发展思路。我相信，大营街在建设社会主义新农村，构建社会主义和谐社会，实现共同富裕的未来进程中，必将实现更大的跨越，大营街的明天会更加美好！

怀念杨善洲

自学洪

我叫自学洪，是施甸县大亮山林场的原场长。

1988年3月1号，县里通知我到林业局报到。林业局的领导说：“杨善洲老书记退休了，省里安排他到昆明休息，但是杨书记婉言谢绝了，他要回我们老家施甸种树。现在抽调你们15个同志，和老书记一起上山筹办大亮山林场。”从那时起，我就和老书记在一起，工作和生活了22年。

我清楚地记得，1988年3月8日，老书记带着我们，雇了18匹马，驮着帐篷、工具、粮食、锅碗瓢盆，登上了“半年雨水半年霜”的大亮山，开始了他22年的造林生涯。在张家大坪子，他把群众代表找来，召开现场大会，宣布成立“施甸县大亮山国社联营林场”。在大会上，老书记说：“办大亮山林场，是我多年的愿望，过去我当地委书记，没时间来种树，现在，我退休了，有时间了，我就和大家一道上山种树，绿化我们的家园。”

那天晚上，我们搭起帐篷，挤在里面休息。当天夜里，大亮山就给了我们一个下马威：半夜，突然“呼呼”地刮起了狂风，一下子就把帐篷掀翻了，我们赶紧跳起来，这时，狂风裹着黄沙，吹得我们眼睛睁不开，脚也站不稳，远处还传来“嗷嗷”的野狗嚎叫声。等我们安顿下来，天就亮了，炊事员准备做早饭，这才发现锅不见了，我们四处寻找，终于在山谷里找到了被风吹跑的锅，锅里全是沙子。面对恶劣的环境，大家七嘴八舌，老书记坚定地说："等到山绿了，风沙就会越来越小。栽下一棵树，山就会绿一小块，栽下几棵树，就会绿一片。我就不信这山绿不起来。"

老书记带领我们一边想办法改善生活条件，一边进行植树造林规划。他领着我们钻山沟、爬山坡，鞋子磨破了，裤脚撕烂了，脚底磨起了血泡，腿上又被旱蚂蟥咬得血迹斑斑。老书记不退缩，我们也不敢叫苦叫累。他带着我们走了整整 12 天，走遍了具备造林条件的每一个山头。

摸清情况后，老书记决定当年造林 1 万亩，建设苗圃 100 亩。当时，我们都有些担心，连住的地方都没有，吃的也成问题，人手也不够，更重要的是没有树苗，造林 1 万亩的计划恐怕完不成。老书记看出了我们的担忧，就说："事情都是人做出来的，只要大家齐心协力，就一定能完成。"

要把大亮山变成林海，需要大量的树苗，老书记四处奔波采购苗木。有一次，老书记打听到龙陵县有树苗，就急急忙忙地带人赶到了那里，可是树苗已经卖完了；打听到昌宁县可能有，他马上又赶到昌宁，树苗买好后，天色已晚，他又连夜赶回了施甸，这一趟来回有 300 多公里。我们以为老书记太累了，会在施甸县城休息一晚，第二天才会上山，没想到他竟然赶着马帮，连夜把树苗驮运上山，当他们把树苗驮到大亮山时，已经是凌晨 3 点多钟了。林场职工看到满身泥水的老书记，都惊呆了。老书记却轻松地对大家说："天亮就可以栽树了，这树苗多耽误一天，就会影响成活率。"

为解决苗木紧缺的问题，老书记又想到捡果核育苗的办法。每次回到城里，老书记就到大街小巷甚至垃圾堆里去捡别人扔掉的果核。开始是他一个人去捡，后来我们也跟他一起去捡。有一次，在街上捡果核的时候老书记不小心撞到了一个小伙子的自行车上，小伙子大发脾气，我赶紧把小伙子拉到一边，告诉他，这位老人以前是保山地委书记！小伙子大吃一惊，他怎么都想不到这个毫不起眼的老人还当过那么大的官，会做这样的事，他赶紧向老书记道歉，老书记只是摆摆手，又低下头继续捡。一次，他当年的一个部下劝他："老书记，你不要捡了，多不光彩啊！"老书记微笑着说："我这么弯弯腰，林场就有苗种了，有什么不光彩的？等果子成熟了，我就光彩了！"无论做什么事，老书记都抢在最前面。他每天都带着他的蓑衣、竹叶帽、砍刀、收音机、嫁接工具和常备药品等"六件宝"，跟大家一起去挖坑种树，十个指头都磨破了，缠满了白胶布。我看着心疼，他却对我说："年轻人，学着点！如果手被弄伤了，只要裹上胶布，这样使锄头、挥大刀就不会震着伤口，手就不会流血了……"到了年底，我们造林 1.2 万亩，超额完成计划 2000 多亩。

除了种树，老书记又带领大家种茶。种下的茶苗长势喜人，但不久发生了一场严重的鼠患，老鼠把将近 400 亩的茶苗啃死了，职工们非常心疼。老书记鼓励大家说："茶苗毁了可以重新种，人的精神不能垮。"然而鼠害在短时间内无法根治，看到大家泄气的样子，老书记说，种不成茶叶，我们就种松树。然而，华山松种下去之后，又被一种叫作"飞机草"的野草侵害。"飞机草"和小树苗争夺养分，很快就能把小树苗困死。这一次，受灾面积达到了 5000 亩。面对大家失望的样子，老书记说，你们看，只要小树苗长到 50 厘米以上，根深了，叶壮了，"飞机草"就抢不过树苗了。我们种下十棵树，哪怕只能活一棵，也是一个胜利。只要我们坚持下去，今年活一棵，明年活一棵，后年又活一棵，总有一天，我们会让大亮山都长满大树。

1999 年 11 月，老书记在给树木修枝时，踩着青苔，不幸滑倒，左腿摔成粉碎性骨折，几天后，我去医院看望时，他迫不及待地问："小自，快给我讲讲山里的情况。"我讲完林场的情况后，他拉着我的手，难过地说："唉，我恐怕再也上不了山了。"半年后，老书记出院了，又回到了他热爱的大亮山，只是手里比以前多了一根拐杖。

经过 20 多年的奋斗，林场如今已人工造林 5.6 万亩，有的树直径已经达到了 40 厘米，建起了茶园 700 多亩。当年老书记带着我们捡来的果核，已经长成了一棵棵枝繁叶茂的果树，那 300 多亩果园，桃子、李子、桂圆、芒果，硕果累累，香飘十里，成了大亮山林场最美丽的一道风景。正是因为有老书记带着我们干，我们才能克服一个个困难，才能在艰苦的环境中一步步挺过来，把光秃秃的大亮山变成今天的几万亩林海！

2010 年 8 月，老书记旧病复发住进了医院，我闻讯立即上山采了两个松果和两个木瓜，赶到医院去看他。老书记不停地抚摸着从大亮山采来的松果和木瓜，对我说："我一定要活下去，我还要回到大亮山上去种树！"

坐在病房里，看着一天比一天虚弱的老书记，我想起老书记的身体一直都不好。大亮山常年雨雾，非常潮湿，老书记患上了严重的风湿病和支气管炎。夜深人静的时候，总是听到他的咳嗽声。他还患有严重的哮喘，为了不让大家担心，他一直瞒着大家，实在忍不住时，就偷偷地吃几片药。好几次，被我无意中发现，他拍拍我的肩膀说："小自，你要为我保密。"

当时我听他的话，真的为他保了密，现在看着病床上的老书记，我真后悔没有早一点把他的病情报告组织，或者告诉他的孩子，让他早一点下山休息、疗养。

我陪着老书记度过了他最后的 50 多个日子。临终前，老书记用微弱的声音，断断续续地交代："你们一定要继续种树，一定要管好林子；一定要把林场的收益按比例分给群众，不能让群众吃亏。"

2010 年 10 月 10 日下午 3 时零 8 分，老书记永远地离开了我们。当我们为他擦净了身体，穿好衣服，把一面鲜红的党旗覆盖到他身上时，我禁不住热泪纵横。

老书记曾经对我说过："等我死后，就把我的骨灰埋在雪松下。你们想我了，就到树下来坐一坐。"按照老书记生前的愿望，我把他的一部分骨灰带回了大亮山，安葬在当年他带领我们上山，第一次召集群众开会的张家大坪子。

青山可以作证，老书记已经化作了大亮山上的一棵青松，永远站在山顶，凝视着家乡的山山水水，守望着大亮山下的父老乡亲！

父亲这棵树

杨惠兰

我叫杨惠兰，是杨善洲的二女儿。

记得上小学时，有一天，老师教给我一首好听的儿歌："爸爸是一棵大树，妈妈是一棵大树。我们是快乐的小鸟，在两棵大树间飞来飞去。"回到家，我背诵给姐姐听，背着，背着，我们姐妹俩就哭了。

为什么哭呢？因为我们很少见到当时担任保山地委副书记的爸爸。我是三岁多的时候才第一次见到爸爸，妈妈让我叫"爸爸"，我却害怕得直往妈妈身后躲。

那时候我们还小，不懂事，不光是为我们姐妹哭，也为我们的妈妈哭。爸爸常年在外，妈妈成了家里的顶梁柱。家里粮食不够吃，她就上山找来野菜充饥；我和妹妹没有钱上学，她就清晨上山摘野果，夜晚熬夜编粪箕、扎扫把，然后挑到街上去卖，一分一分地凑学费……后来，妈妈经常自豪地对我们三姐妹说："你们三个，是我像鸟妈妈给小鸟渡食一样，一嘴一嘴渡大的。"

慢慢长大了，有人对我说："你爸是地委书记，靠着这棵大树，你们一家有享不完的福。"其实我知道，爸爸这棵树，根本靠不上。不但靠不上，他还经常"阻止"好心人对妈妈和我们姐妹的帮助。那时候，我感到的不仅仅是委屈，甚至开始跟他怄气了！

1970年，我妈妈生我妹妹，家里缺粮，一家人靠野菜掺杂粮度日。有一天，乡民政干部经过我家，看到这种情况，就送来了30斤救济大米和30斤粮票。后来爸爸知道了，责怪我妈说：“我是党的干部，我们不要占公家的一点便宜，领导的家属决不能搞特殊！这大米和粮票要攒了还给公家！”差不多过了半年，我妈妈硬是东拼西凑，才还清了这笔粮款。妈妈说：“他就是这样一个人，公家归公家，个人归个人，我晓得他的性格，我可以少吃点，只是娃娃们饿着可怜啊……”

1970年的雨季，家里的老屋一到下雨就漏得不行。我妈妈让人捎信给爸爸，让他凑点钱回家修整老屋。爸爸寄回了一封信和30元钱，他在信里说：“我实在没钱，这一点，身边的工作人员可以作证。现将这30元钱寄回家，先买几个盆盆罐罐，哪里漏雨，就先接一下，实在不行就挪一下床铺，暂时躲避一下；眼下，比我们困难的群众还很多……”

更让我们姐妹不能理解的是，爸爸担任保山地委书记的时候，按当时的政策，妈妈和我们姐妹都可以“农转非”。爸爸身边的工作人员填好申请表后，向他报告，他却把申请表要了过去，转手把申请表锁进了抽屉里。一个地委书记，老伴和三个孩子竟然在老家当农民，说起来恐怕谁都不会相信，可我的爸爸就是这样做的。

我没能考上大学，想回施甸找点事情做。先是到茶厂做零工，后来又到小学代课。有一次，公安局招人，我去报考了，还特意给爸爸打了电话，请他打个招呼。可是录取名单出来了没有我。原来爸爸根本没打招呼。当时我真是气坏了。后来，我和妹妹通过自己的努力，考上了学校，毕业后有了固定的工作，可我的大姐，仍然还在农村务农。

1988年，爸爸退休，上了大亮山，带领群众种树。为了方便他进城给林场办事，全家向熟人借了5万多元钱，在施甸县城附近盖了一间新房。房子盖起后，我妈妈和爸爸商量，让他凑点钱帮助儿女们还账。爸爸东找西搜，才拿出了9600元。后来，为了不拖累我们，爸爸硬是把刚刚盖起还没入住的新房给卖了。

也就是在爸爸退休上山种树之后，他和一家人在一起的时候多了，我听到老百姓对爸爸的感激和好评多了，这才渐渐理解了他。

爸爸去世后，在整理他的文稿时，我们读到了多年来埋藏在他心里的对家庭的歉疚："我出来工作，家庭是很困难的，家有老母亲、老伴儿，后来又有 3 个娃娃，就靠老伴儿在家养老供小，我根本没有时间照顾家庭……我对家庭欠债很多……我从地委书记的位置上退下来，回到大亮山种树，除了想为家乡的群众做点实事，就是想离家近一点，每个月都争取回家看看。"

林场建设逐渐走上正轨之后，爸爸仍然住在山上，但是他每个月的 25 号，都要到保山，参加老干部支部的组织生活。回山的时候，除了顺道给林场办一些事情，总是会回家住上一两天，第二个月的 1 号再上山。和爸爸相处时间多了，我渐渐走进了爸爸的内心世界。我这才知道，他担任地委领导的时候，工资并不低，但他用钱很"散"，哪家没有粮食他出钱买，哪个生产队缺种子他出钱垫上……他把"大家"当成了"自家"，怎么可能有钱呢？关于当年不让妈妈和我们姐妹"农转非"的事情，在爸爸晚年，我曾经问过他。他说："当时，在我们地委机关，大多数局长、科长的家属都在农村，我这个'班长'的家属怎么能够先转呢？"

爸爸其实是个很有感情的人，无论是对群众，还是对自己的家人。

我读初二的时候，爸爸把我接到保山读书。在保山，每个月爸爸给我买好饭菜票，还给我 6 块钱的零花钱。有时候，他还会带我去看场电影。有一次，我发现自己的枕头下多了一把梳子，后来才得知是爸爸给我放的，细心的父亲知道女儿已经到了爱美的年龄。还有一次，学校放假，爸爸特意回施甸老家来接我，因为担心赶不上客车，爸爸带着我早上四五点钟就起来走小路。半路上，我听到狼叫声，非常害怕，他就紧紧拉着我的手，让我不要害怕。我结婚时，爸爸没有给我买过什么，后来我有了孩子，爸爸来看我，发现一家人的衣服乱七八糟地塞在一个大纸箱子里，就给了我 100 块钱，让我去做个衣柜。

1990 年春节过后不久，爸爸回家看过奶奶和妈妈，准备返回林场的时候，奶奶和妈妈起身送他，爸爸忽然注意到奶奶走路摇摇晃晃，他赶紧放下行装，扶奶奶坐下，马上去找医生。晚上，爸爸在奶奶的屋内搭了一张小床，整夜守在奶奶身边，陪奶奶说话，给奶奶端药递水。

9 天后，奶奶安详地离开人世，享年 89 岁。

在爸爸的内心深处，他觉得这一辈子，歉疚最多的，就是妈妈。1996 年我妈妈因胆结石住院 16 天，2005 年因肺气肿住院 13 天，两次住院，爸爸都从大亮山赶下来，一直守在妈妈身边。他每天都会早早地买好早点带给妈妈，守到夜里很晚才回去；每次吃饭，他都要亲自端到妈妈的床前。然而他生病了，却不要妈妈去看他，陪他。就在爸爸最后一次生病住院时，妈妈到医院去看望他。爸爸一看见妈妈就说："你怎么来了？你晕车，以后别来了，我不会有事的。"妈妈说："我来看你一眼，你好了就回去。"妈妈在医院守了爸爸三天，这三天，不管如何疼痛，爸爸都强忍着不出声，那是因为他不想让妈妈担心。

意识到自己的日子不多了，爸爸在状态稍好的时候，反复向我们交代："我这辈子最对不起的人是你们的母亲。市里奖给我 20 万，我捐了 10 万给保山一中，6 万给了林场，专门留了 4 万元给你们的母亲，你们要好好用，让你们的母亲安享晚年，她这一辈子不容易。"弥留之际，他挣扎着叮嘱我们，要把一部分骨灰埋葬在老家的后山上，将来陪伴妈妈。

爸爸去世后，大姐找出了珍藏多年的爸爸买给她的白衬衫；我一遍遍抚摸着搬了几次家都舍不得扔掉的，爸爸给我 100 块钱做的那个衣柜；妹妹想起粗心的爸爸竟然会不止一次给她买卫生用品……我们知道，爸爸是很关心我们的，只是他太忙了，忙得顾不上太多地照顾我们，他心里装着的是千千万万群众，无论他以什么样的方式陪我们走了多远，作为家人，我们骄傲，我们自豪，我们无怨无悔！！！

对怀念父亲的人民群众来说，爸爸走了；对妈妈和我们姐妹来说，爸爸终于可以回家了，永远地回家了。如今，只要我想到爸爸，浮现在眼前的，就是矗立在他埋骨之地的那棵参天大树。爸爸就是那棵大树，他虽然没有弯下腰，把妈妈和我们姐妹护卫在怀抱里，但是他张开双臂，为老百姓遮风挡雨了一辈子。

后 记

为庆祝改革开放40周年，原中央党史研究室组织地方党史部门对征集到的一些领导同志、亲历者的口述史进行整理，选取反映地方贯彻落实党中央改革开放重大决策部署中具有全国意义或地方特色的典型事件的史料，编辑为“改革开放口述史”丛书。

本丛书在策划、选稿、编辑、出版过程中，得到各位作者和地方党史部门的大力支持。原中央党史研究室主任曲青山和副主任吴德刚给予了精心指导，并分别担任编委会主任和副主任。中共党史出版社的领导和编辑们为本丛书的编辑、出版付出了艰辛的劳动。在此表示衷心感谢。

由于工作繁忙，编辑时间紧迫，编者水平有限，书中难免存在不当之处，欢迎广大读者提出宝贵意见。

编 者

2018 年 11 月